金融创新与经济增长耦合的机理与模式研究

喻 平 著

国家社会科学基金项目资助
武汉理工大学研究生教材专著资助建设项目资助

科 学 出 版 社
北 京

内 容 简 介

本书从耦合的视角深刻揭示金融创新与经济增长之间的作用机理，尤其是将耦合风险及其动态演进规律纳入研究框架，探求两者之间复杂的因果关系和反馈关系，这不仅是对传统理论研究范式的突破，也是耦合理论和系统动力学在经济领域的创新应用，为解释中国快速发展的"中国之谜"和"货币消失之谜"提供了一定依据。在此基础上，本书提出我国金融创新与经济增长的耦合协调模式及其实现路径，并给出相应的政策建议，为政策决策者提供理论依据和具体措施，为实现我国金融创新与经济增长的良性互动做出贡献。

本书既可以作为在相关领域做研究的硕/博士研究生和教师的重要文献资料，也可以供金融部门工作者和政策制定者进行参考。

图书在版编目（CIP）数据

金融创新与经济增长耦合的机理与模式研究 / 喻平著. —北京：科学出版社，2022.12

ISBN 978-7-03-071487-9

Ⅰ. ①金… Ⅱ. ①喻… Ⅲ. ①金融改革–研究–中国 ②中国经济–经济增长–研究 Ⅳ. ①F832.1 ②F124

中国版本图书馆 CIP 数据核字（2022）第 027027 号

责任编辑：邓 娴 / 责任校对：姜丽策
责任印制：张 伟 / 封面设计：无极书装

科 学 出 版 社 出版
北京东黄城根北街 16 号
邮政编码：100717
http://www.sciencep.com
北京盛通商印快线网络科技有限公司 印刷
科学出版社发行 各地新华书店经销

*

2022 年 12 月第 一 版 开本：720 × 1000 1/16
2022 年 12 月第一次印刷 印张：16 3/4
字数：338 000

定价：168.00 元

（如有印装质量问题，我社负责调换）

前　　言

2008年国际金融危机之后，在全球经济增长放缓、复苏、乏力的大背景下，包括中国在内的很多国家都面临着经济转型的历史性目标。对于当时的中国而言，在人口和资源红利逐渐消失、后发优势相对减弱及贸易保护主义的多重影响下，推动中国实现绿色、高效、可持续的经济增长的意义凸显。金融产业作为经济系统的核心环节，表现出明显的独立性，无论在金融资源汇集、配置方面，还是在投资、贸易方面都发挥着重要作用，全面满足现代经济增长的需求。金融产业的健康程度与经济的持续增长休戚相关，经济发展促进金融进步，金融发展推动经济增长。因此，完整梳理金融创新与经济增长之间复杂的作用机制，探讨金融创新对经济增长的作用具有重要意义。

本书第 1 部分运用系统动力学建立包含金融创新系统与经济增长系统输入变量、运行变量、输出变量及其他相关变量的复合模型，基于中国真实数据对经济现状进行仿真与预测。第 1 部分解读金融创新和经济增长二者之间的复杂关系，金融创新与经济增长是中国经济发展中的重要变量，理论分析表明，二者之间的关系已经不再是简单的因果关系，而是相互影响、相互作用，同时又协同一致。第 2 部分借助耦合理论分析二者间的耦合机制，从协同论的角度研究两个系统的耦合协调关系能更好地揭示两个系统的相互依赖关系，并进一步分析其影响因素。基于此，第 2 部分我们主要进行以下研究：第一，耦合基础知识的学习和其在经济学中的运用及成果；第二，深入探讨金融创新与经济增长的耦合机制和影响因素；第三，建立合理的指标体系为科学量化分析两个系统之间的关系做铺垫；第四，通过实证分析中国金融创新与经济增长之间整体耦合特征、区域耦合特征及归纳耦合的影响因素。为了进一步厘清新发展理念下的金融创新与经济增长之间的关系，第 3 部分主要从技术驱动下金融创新与经济增长的关系、效率视角下金融创新与经济增长的关系及绿色理念下金融创新与经济增长的关系三个方面进行研究。

通过理论分析和实证研究，本书发现，第一，通过政策模拟证明了金融创新与经济增长相互影响的四项机制的客观存在，分别是利益驱动机制、竞争协作机制、信息决策机制、学习教育机制。第二，通过实证分析发现中国金融创新与经济增长整体耦合特征总体提升程度大，阶段性特征明显。第三，通过对金融创新与经济增长区域耦合特征分析发现，协调度比耦合度能更好地反映金融创新与经济增长的发展关系。根据协调度能将中国除香港、澳门和台湾地区以外的省级单元分为金融创新与经济增长和谐区、磨合区、拮抗区和低耦合区四类。第四，空间相关性检验结果表明，中国整体上金融创新与经济增长耦合协调度存在明显的空间正相关性。第五，空间效应分解结果表明，本地区的金融创新与经济增长耦合不仅对本地区经济增长具有正向促进作用，还对邻近地区经济增长具有正向促进作用，总效应显著为正。第六，创新驱动因素、创新效率因素、资本市场结构因素、经济效益因素均会显著地促进金融创新与经济增长的耦合发展，要素投入因素已经开始对系统耦合产生副作用。第七，中国金融科技对实体经济区域差异的贡献度结果显示，金融科技对实体经济发展的促进作用较大，且中国东部地区金融科技贡献度低于中部、西部地区金融科技贡献度。第八，从全国来看，金融效率短期乘数大于 0，说明当期金融效率越高对经济高质量的正面促进作用越强。东部地区实体金融效率短期内对经济高质量有积极影响，并且相较于全国平均水平其实体金融效率的长期负面影响更小，中部地区实体金融效率对经济高质量发展的短期正面效应远小于全国平均水平，西部地区短期内实体金融效率对经济高质量发展的正面作用强于全国平均水平。第九，从时间维度上来看，中国所有区域的绿色金融与高质量发展已经达到“磨合阶段”，证明绿色金融发展能较好地推动高质量发展；各区域绿色金融与高质量发展的耦合协调度呈现稳步上升的势态。从空间维度上来看，各区域绿色金融与高质量发展的耦合关联度和耦合协调度存在差异。

本书是国家社会科学基金项目（17BJL031）的主要成果，是课题组集体智慧的结晶，是课题组经过四年来反复研究、讨论后，形成的一系列研究成果的集合。课题组主要成员包括胡国晖、沈蕾、郭春风、马玎、杨曼、王灿、常悦、李超、刘钰枫、李晓璇、豆俊霞等教师和硕/博士研究生，教师都是武汉理工大学经济学院金融系的在职教师，硕/博士研究生已经顺利毕业，王灿、李超、常悦、刘钰枫、李晓璇等五位硕士研究生的硕士学位论文立足本书项目的研究，在此对课题组各成员的辛勤劳动表示衷心感谢和崇高敬意。本书的顺利出版也要感谢国家社会科学基金五位盲审专家给出的有建设性的评审意见，为成果内容完善提供了思路。最后感谢科学出版社邓娴编辑的辛勤劳动！

作　者

2022 年 1 月于武汉

目　录

第 1 部分　金融创新与经济增长的研究背景、理论基础与关联性研究

第 2 部分　金融创新与经济增长耦合协调机制、效果及其影响因素

第 3 部分　新发展理念下的金融创新与经济增长之间关系研究

第 1 部分　金融创新与经济增长的研究背景、理论基础与关联性研究

1 金融创新与经济增长研究背景

自古以来，金融便在人类社会中扮演着重要角色。20 世纪 70 年代，金融得到跨越式发展，大量长期廉价资金涌入生产活动，工业革命拉开了西方社会“解放双手”的序幕。经济发展是社会进步的重要基石，经济增长作为经济发展的重要标志，离不开两个源泉，即生产要素配置效率与生产活动效率。在长久的实践中，多数学者已肯定金融活动在配置效率的提升和生产效率的改善上，起着至关重要的作用。金融创新与经济增长之间存在相互依存、制约又促进的关系。经过 40 多年的高速发展，中国经济已经跨过要素驱动与投资驱动阶段，在工业化、城镇化、农业现代化、信息化——四化同步的新常态下，创新驱动已成为新的增长方式。

1.1 金融创新与经济增长初探

现代经济社会的目标之一就是实现国民经济持续、稳定、协调增长。金融产业作为经济系统的核心环节，表现出明显的独立性，无论是在金融资源汇集、配置方面，还是在投资、贸易方面都发挥着重要作用，全面满足现代经济增长的需求。金融产业的健康程度与经济的持续增长休戚相关，经济发展促进金融进步，金融发展推动经济增长。

虽然从表面可以大致看出金融发展与经济增长能够互相促进，但关于金融发展与经济增长关系的运行规律、作用机制等方面的结论众说纷纭，理论研究与实践分析也明显局限于传统的解释方法和统计分析方法，因此，还有一系列相关问题需要我们进一步深入思考。如何理解金融作为独立的系统与经济发生作用？金融发展到底是领先于经济增长还是紧追其后促进其发展？如何在众多指标中选取衡量金融发展与经济增长的核心指标？如何测度二者相互作用效力大小？如何利用研究结果，在作为新兴的市场经济国家的中国制定独特的促进经济持续、稳定增长目标的政策？党的十八大报告中明确指出“完善金融监管，推进金融创新，提高银行、证券、保险等行业竞争力，维护金融稳定”[①]。党的十九大报告中强调“健全金融监管体系，守住不发生系统性金融风险的底线”[②]。金融监管约束金融创新，引导和纠正金融创新的发展方向。不合理的金融创新或者过度的金融创新是 2008 年经济危机爆发的首要原因，金融创新创造的新工具加速了资本流动性，同时也创造了被忽视的新风险。金融监管在金融创新中的缺失暴露了经济增长的脆弱性。金融创新导致的很多金融问题都需要良好、完善的监管制度和法律体系来改善。

囿于金融监管和金融创新的复杂性，相关研究大多是定性分析，缺乏强有力的经验证明。实际上，对金融监管和金融创新的定量分析不仅有助于解释二者的关系，还有助于揭示金融监管在金融创新与经济增长之间的作用。虽然金融监管制度受到广泛关注，但是这些监管措施对金融创新的激励及对经济增长会产生哪些影响尚不清楚。因此，通过理论上研究金融创新路径，分析金融创新与金融监管的博弈行为，来发现金融监管在金融创新与经济增长之间的作用。同时，创新是引领发展的第一动力，是建设现代化经济体系的战略支撑，而如何进行高质量的金融创新并使其服务于经济增长更是必须回答的问题。完整梳理金融创新与经济增长之间的复杂的作用机制，探讨金融创新对经济增长的作用具有重要意义。

金融创新与经济增长之间的关系十分复杂。本书通过三个不同的角度对金融创新与经济增长之间的关系进行剖析：①构建一个同时包含金融创新和金融监管的内生经济增长模型，以新的视角分析金融创新和金融监管如何影响经济增长。研究表明，首先，金融创新的发展会促进经济增长并提高经济增长率；其次，金融监管和经济增长之间存在倒 U 形关系，经济增长率随着金融监管规则的完善而增加，但是过于严厉的金融监管会使创新部门出现无效率的创新，经济增长率开始下降；最后，更高的总劳动、知识生产效率和金融监管规则的融资放大效应弹性系数会得到更高的均衡经济增长率。②运用灰色系统理论，选取金融发展系统和经济增长系统中具有代表性的指标，实证测度中国 1995~2014 年金融发展和经济增长的耦合程度。研究发现，金融发展和经济增长存在显著的非线性相互促进关系，其耦合度在 2009 年之前上升，之后下降；发展金融总体规模水平比发展单一股票市场更能促进经济增长；以第二产业为主的投资水平和金融业总体发展水平有较强的相关关系；调节对第二产业的投资比增加消费和进出口更能拉动金融发展。③利用系统动力学建立包含金融创新系统与经济增长系统输入变量、运行变量、输出变量及其他相关变量的复合模型，基于中国 2009~2016 年的真实

① 胡锦涛在中国共产党第十八次全国代表大会上的报告（2012 年 11 月 8 日）. http://cpc.people.com.cn/n/2012/1118/c64094-19612151.html，2012-12-18.

② 习近平. 决胜全面建成小康社会 夺取新时代中国特色社会主义伟大胜利——在中国共产党第十九次全国代表大会上的报告（2017 年 10 月 18 日）. http://www.gov.cn/zhuanti/2017-10/27/content_5234876.htm，2017-10-27.

数据对经济状况进行仿真与预测。仿真结果证明模型能相对稳定地模拟中国经济情况，并且预测的 2017~2019 年中国的经济增速与实际情况相符，金融业仍存在“脱实向虚”的压力。

同时，通过政策模拟，本书证明了金融创新与经济增长相互影响的四项机制的客观存在，分别是利益驱动机制、竞争协作机制、信息决策机制、学习教育机制。研究发现，相较于外部环境（如全社会固定资产投资比例变化带来的投资机会增加）促使金融创新活动的进行，增强教育投入能更为显著地增强金融创新；在经济增长的制约下，金融业通过提升系统要素素质、提供创新活动能量来源，促进系统要素的理性投资行为，逐步与经济增长相匹配，进而最终实现金融创新与经济增长逐步向高级协调发展进化。

1.2　金融创新的内涵及发展历程

1.2.1　金融创新的内涵

熊彼特在《经济发展理论》中首次提出了创新的定义，认为创新就是建立一种新的函数，即把一种从来没有过的生产要素和生产条件的新组合引入生产体系，并提出了五种创新模式，包括新产品、新生产方式、新市场、新材料及其来源和新组织形式。基于此，金融创新就是指金融技术、金融工具、金融服务、金融机构的创新和更完善的金融市场的出现。从系统观的角度，金融创新是一个复杂的综合体。石丹（2007）提出金融创新系统是指通过一定的机制与制度的各类主体要素关联实现金融创新从而促进金融与经济协调发展的网络体系。曾龙（2009）和彭慧娟（2011）剖析了金融创新系统的自组织演化机理，提出了系统内部主体间的物质与信息交换关系，主体与外部环境间的物质与信息交换关系。田原和陈炜（2015）认为金融创新的实质即金融创新过程和金融创新环境之间的相互作用、胁迫，其发展过程由低级协调共生向高级协调发展进化。

基于以上研究及其观点，金融创新系统的概念至少包括以下内涵：①在一定的地域空间范围内具有开放的边界；②以企业、研究与开发（研发）（research and development，R&D）机构（部门）、高等院校、政府机构和服务机构为创新单元；③创新单位之间具有关联性并构成金融创新系统的组织结构与空间结构；④创新单元通过组织与空间进行自组织活动并与环境相互作用，实现创新与可持续发展，并对社会、经济、生态等环境产生影响。

金融创新系统包括三个层次的要素，即系统投入、系统运行、系统产出。其中，系统投入包括生产企业、研发机构（部门）、高等院校、政府机构和服务机构为实现金融创新而进行的资本投入与人力投入；系统运行包括资金供求状况与科技科研状况，是创新扩散的体现；系统产出为创新成果，代表金融业发展情况。系统要素又与环境发生物质、信息的交换，从而实现其自组织功能与经济功能。金融创新运作规律如图1-1所示。

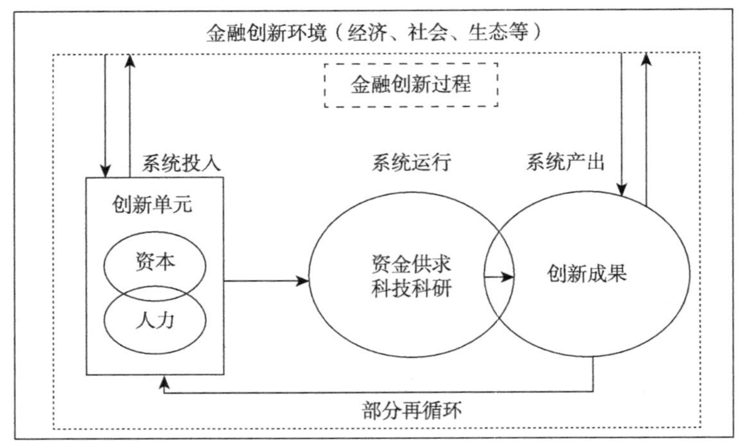

图1-1　金融创新运作规律示意图

1.2.2　金融科技的概念及分类

金融创新的范畴包括金融技术、金融工具、金融服务、金融机构的创新和完善。其中，金融科技是金融创新不可分割的重要部分。金融稳定委员会（Financial Stability Board，FSB）在2016年首次发布的有关金融科技的特别报告中对“金融科技”（financial technology，FinTech）进行初步定义：金融科技是指能通过使用新兴技术带来金融创新，并可以创建新的金融业务模型、应用程序、流程或产品，从而对金融机构、金融服务或金融市场的运作方式产生重大影响。我国对金融科技的定义主要将金融科技拆分成“金融+科技”，李贤（2017）将金融科技定义为技术驱动的金融创新，李光磊（2016）也认为金融科技是金融和科技的结合。

对于金融科技的分类，主要有以技术演进划分的横向划分法和以时间推进划分的纵向划分法。从技术角度看，金融科技关键技术主要包括区块链、大数据、人工智能、云计算等。根据Christensen（1997）的颠覆性创新理论可将金融科技分为两类：“可持续金融科技”通过渐进式创新使用IT（information technology,

信息技术）来保护市场地位的成熟，金融服务提供商运用成熟的技术给新公司和初创企业提供“颠覆性金融科技”新产品和服务（World Economic Forum，2015；Chiu，2016；Lacasse et al.，2016）。戈什（2016）的研究报告从金融科技业务角度将金融科技进行划分，主要将金融科技划分为六大行业，分别为零售支付、网络借贷、智能投顾、医疗保险、个人理财及众筹，其中网络借贷和零售支付是金融科技公司的主营业务。对于金融科技纵向分类，主要是基于巴曙松（2017）的观点，将金融科技发展过程划分为三个阶段。第一阶段是金融科技 1.0 时期，即金融 IT 应用阶段。在这一阶段，金融机构将 IT 运用于日常经营活动，提高了金融机构运营效率。第二阶段是互联网金融阶段。随着互联网技术的广泛运用，汇集了大量用户信息的金融和机构，开始搭建在线金融业务平台，使金融资产支付交易及资产的资金端实现网络化与电子化，实现了信息共享和金融业务一体化。在互联网金融阶段，许多金融创新业务被催生，实现了传统金融业的创新。第三阶段是金融科技 3.0 阶段。在这个阶段，出现了金融科技新兴 IT，金融机构通过高新 IT 的运用实现传统金融业务的变革，创新信用中介角色及风险控制方式，从而提供更加个性化与创造性的金融服务，提高了金融机构服务效率。

1.2.3　金融科技的驱动因素

目前，金融科技产业正处于金融需求爆发、金融技术变革及金融制度改革的爆发阶段。21 世纪初，美国的金融科技处于全球领先位置，主要是因为亚马逊、苹果及谷歌等科技巨头的发展态势良好。近年来，在数字经济浪潮的推动下，我国金融科技也逐渐崭露头角，遍布在金融业各行业内，为我国经济增长注入了新的动力。国内外学者对于金融科技驱动因素的分析，主要归纳为普惠金融发展的需求、新技术驱动及监管要求的升级。

李淼（2016）将互联网金融和金融科技相结合进行研究，分析得出，金融科技会在我国普惠金融方面做出巨大贡献。我国传统的金融体系使我国的普惠金融供给不足。在金融监管方面，传统的金融业务与互联网金融存在明显差异，互联网金融的成本低、易获得及覆盖面广等特征可以很大程度上满足我国普惠金融的发展要求，而金融科技可以看作已经具备科技创新能力的互联网金融，因此，未来金融科技在很大程度上推动我国普惠金融的发展。陈文琪（2018）认为金融科技可以利用其信息集聚和识别功能，有效地扩大小微企业信贷的可行范围，提高商业银行对小微企业的风险控制能力，为小微市场开拓新的发展路径，有效缓解小微企业的融资问题。

Mishkin 和 Stranhan（1999）经过研究得出，信息和通信技术将大大降低信息不对称程度并降低交易成本，从而促进金融服务创新，拓展市场容量，加速金融脱媒。Niehans（1983）、Hannon 和 McDowel（1984）的研究表明，IT 通过各种渠道促进金融创新，可以降低金融交易成本。Chemmanur 和 Wilhelm（2002）认为，通信 IT 的进步有效降低了金融交易成本，促进了新的管理概念出现，为金融机构创新金融产品和金融工具提供了思想来源。韩梅（2016）认为技术创新可以促进金融服务的创新，即金融科技公司运用新兴 IT 完善客户的金融服务和定制化，促进金融服务的个性化并减少服务成本，提高服务效率，同时金融服务的不断创新也对金融科技的发展提出了更高的要求。Zimmermann 等（2001）认为人工神经网络比其他传统方法更适用于投资组合管理，主要作用有以下两点：①更合理地分配投资者约束；②更大程度地控制投资组合的风险。在调查研究过程中，他们利用不同国家的 21 个金融市场建构国际多元化的投资组合来进行测试，结论显示人工神经网络胜过传统的投资组合理论，如 David（1952）的均值–方差框架。Thieme 等（2000）认为神经网络决策支持系统可以在管理者做出比较复杂的投资组合产品开发时给予指导。West 和 Dellana（2005）提出，相比于“单一最佳”的多层感知器（multilayer perceptron，MLP）模型，神经网络集成可以提高金融决策的泛化精度。Olanrewaju 等（2011）认为人工神经网络是一种非参数方法，但是与回归模型相比，其对于投资组合预测管理的有效性较强。Francesco 等（1986）认为在进行投资组合项目时，人工神经网络相比其他传统方法，其优点如下：①使用较为简单；②可以根据不同行业、不同项目投资进行框架制定；③人工神经网络动态学习能力强，可有效评估投资组合生命周期。

2008 年金融危机后，国内外监管机构加强了监管。交易量较大的金融机构，特别是商业银行，对监管机构提出了更高的要求，并提高了传统金融机构的运营成本，这种形势为金融科技公司带来了机遇，推动了金融科技的发展。Koyuncugil 和 Ozgulbas（2012）利用数据挖掘方法为中小企业设计了一个财务困境预警系统，他们对 7 000 多家中小企业的模型进行测试，并制定了一系列可用于缓解财务风险的风险概况、风险指标、预警系统和财务路线图。Gray 和 Debreceny（2014）探讨了数据挖掘技术在财务报表审计中的欺诈检测应用，并提出了支持和指导未来研究的分类法。De Nederlandsche Bank（2016）在研究中发现，就风险承受能力而言，P2P（peer-to-peer，点对点）网络借贷及其他领域投资者的风险承受能力较弱，在经济不景气期间可能会更快地缩减投资，从而扩大金融的顺周期性，并带来更大的系统性风险。系统性风险的扩大反过来倒逼金融科技在风险管理中的发展。张景智（2018）认为“监管沙盒”的产生可以创造一个监管放松、测试创新的试运行地，此时与金融科技相关的新兴产业可以利用宽松政策，来支持一些创新企业顺利渡过其发展初创期，促进金融科技等新兴业态加速发展。Ricardo 等（2018）认为大数据可以帮助提取数据的价值，从而可以在没有运行组件的情况下做出更好的决策。通过这些技术，预测哪些客户的付款会成功时，金融公司的风险就会降低。

金融市场价格的不断变动，影响着金融科技机构的最终投资目标和政策，金融科技可替代传统的软件计算模型来预测金融市场中的价格变动。Jin 等（2015）强调大数据对金融业发展的潜在贡献，因为它致力于改变和升级研究方法，促进并便于进行跨学科研究，有助于预测现在并更准确地预测未来金融业变动趋势。另外，使用大数据预测经济和社会变化可以带来巨大的收益。例如，Van 等（2015）认为大数据方法已被证明可以提高经济指标（如失业率水平）的预测，帮助管理人员检测市场趋势，以便他们能够预测机会，并帮助政策制定者更快速地监控一系列政策和公共资助的影响。Eduardo 等（2016）对作用简单的机器学习模型展开分析，通过一系列交易模拟实现盈利的交易外汇市场，预测未来外汇市场波动情况来帮助金融交易中的投资者决定开始和结束交易的最佳时机。Qiao 和 Beling（2016）提出机器的进步可以驱动学习方法和计算优化，并且通过这些技术可以使数据大量增加，有效解决金融和经济领域预测分析。Ricardo 等（2018）提出进化机器学习来设计高频金融时间序列预测的 IDL（increasing-decreasing-linear，增减线性）模型，观察高频率变动的股票市场，预测未来股票市场的变动情况，从而降低交易过程中的成本。一些金融经济学家指出，在高效率的金融市场中，价格的可预测性可能会导致有利可图的交易。为了解决这个矛盾，Stefan 等（2016）利用 34 个财务指标进行广泛的预测模拟，结果证明这类机器学习方法比其他计量经济模型可以更好地用于预测某些金融市场的价格变化。经济和金融系统中的决策分析和机器学习决策分析可被看作预测建模技术的组合使用。

1.3 经济增长的内涵及发展历程

1.3.1 经济增长的内涵

经济增长是指经济总量的增长，主要考察一国商品和劳务总量的变化，属于宏观经济范畴。经济增长系统的构成要素包括劳动、资本、技术、土地及自然资源，各要素间的配置比例约束、平滑替代效应、对国内生产总值（gross domestic product，GDP）做出贡献的变化，构成了经济增长系统的运动与变化。经济增长系统则是满足经济增长的，包括劳动、资本、技术、土地及自然资源等在内的各种要素及其之间的相互关系。在此种包含关系下，经济增长系统可视为金融创新系统的环境，也可将金融创新系统视为经济增长系统的子系统。

从投入产出角度将经济增长系统要素分为三个层次，即系统投入、系统运行、系统产出。系统投入包括财力、人力方面，鉴于土地与自然资源变化微弱，不纳入系统投入范畴，默认为不变。为研究在某一技术条件下金融创新与经济增长之间的关系，此处不将技术变化纳入投入范畴。系统运行包括自然人主体情况、法人主体情况，是经济运行过程、要素配置情况的体现。系统产出包括增长平稳和居民生活情况两方面，是经济增长成果宏观与微观的直接体现。经济增长运作规律如图 1-2 所示。

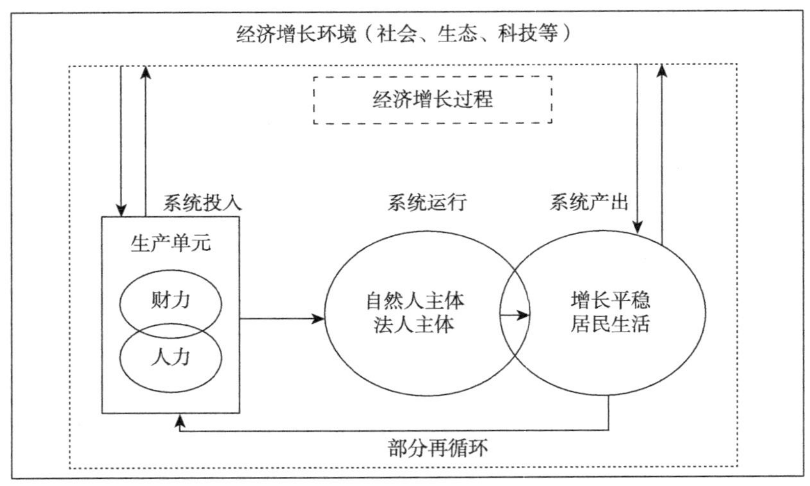

图 1-2　经济增长运作规律示意图

1.3.2　实体经济的概念及影响因素

国民经济的发展来源于实体经济的推进。在西方观念中，实体经济似乎被视为创造附加值的经济，即增加产出的经济，因此国外学者对于实体经济的研究主要围绕经济增长来进行。万存知（2016）认为实体经济包括农业、工业、运输、商业和物流、建筑及其他提供实物产品生产和服务的部门，也包括制造业，除此之外，它还包括教育、文化、信息和艺术、精神产品生产和服务的部门。

金融创新通过金融系统内部作用机制或金融对技术进步、政策实施等外部因素作用从而对实体经济产生影响。彭俞超（2015）在研究过程中发现，金融功能不断改善，即金融效率、金融稳定性、金融可及性的提高，金融结构市场定位的改善将继续促进经济增长。陈享光和郭祎（2016）在研究过程中发现，金融创新使得虚拟资本与现实资本产生较大的分歧，而我国金融业的发展在资本虚拟化的带动下不断发展，这对实体经济的发展将会产生较大影响。因此，要合理避免金融创新过程中的资本虚拟化现象。纪敏等（2017）具体分析杠杆率结构水平和金融稳定关系，研究结论得出，随着金融创新的不断发展，其产生的高杠杆率会对实体经济产生负面影响。有部分学者认为金融创新可能会对实体经济产生负面影响。Chiu 等（2011）利用传统的内生增长模型来探讨金融创新与实体经济发展之间的关系，研究结果发现无论是在高通胀国家还是低通胀国家中，金融创新对实体经济的发展作用都是十分有限的。

技术创新对实体经济发展的促进作用较为明显。Ngai 和 Pissarides（2007）在研究技术进步对经济增长的作用时，建立外生技术进步多部门增长理论模型进行分析，结论得出，技术进步在一定程度上可以促进经济增长。Florida 等（2008）结合结构方程模型（structural equation model，SEM）分析了我国 31 个省（区、市）的数据，发现以专利授权数量衡量的技术创新将推动经济增长。周煊等（2012）以我国制药上市公司为例，利用上市公司数据来研究技术创新对企业发展的影响，研究结果表明技术创新水平高的企业，其盈利水平和销售收入相对较高，说明技术创新可以给企业带来更高收入，推动企业发展。但是，并非所有的技术创新都能促进实体经济的发展。唐未兵等（2014）认为，由于技术差距、消化和吸收能力等，技术创新在促进实体经济发展中的作用可能不会一直发挥。此外，一些学者认为，技术创新对经济增长的拉动作用具有空间外部性。张继红等（2007）、马骥（2011）、陈蕴涵（2011）、李恒（2012）、张文武和熊俊（2013）在探究不同省（区、市）的技术创新与经济增长之间的关系时，利用空间计量模型进行分析，研究结果表明，技术创新可以促进各省（区、市）的经济增长，并且空间溢出效应对经济的影响具有重要意义。因此，在分析不同省（区、市）的技术创新与经济增长之间的关系时，应考虑技术创新的空间效应。

1.4 金融创新与经济增长的关系研究现状

1.4.1 金融创新与经济增长关系分析

如前文所述，经济增长系统可视为金融创新的环境，金融创新系统也可视为经济增长系统的子系统。前者是外部环境对金融创新过程的作用，后者是金融创新对外部环境的作用。

环境的变化促使金融创新发生，普遍认同的金融创新动因一方面是外部环境问题，包括市场的不完全性与信息不对称、监管与税收政策、宏观经济环境变化、科技科研发展等；另一方面是内部环境问题，包括为降低交易费用而在运营成本、金融风险、信息管理等方面做出的行动等。金融创新对外部环境发生作用即对经济增长的影响，通过四项机制进行。

（1）利益驱动机制。其是以金融企业为主导的在高额预期创新利润驱动下的主动创新活动。刘光辉（2003）、张阳（2012）、刘迎春（2013）等均认为利益最大化或追求利润是主动创新的主因。

（2）竞争协作机制。一方面是金融企业间由于竞争进行的创新活动，另一方面是金融企业间、金融企业与政府、生产企业、服务机构、高等院校等主体部门间的协作创新活动。

（3）信息决策机制。其是创新决策主体对金融创新的目标、方案的选择、方案的实施与过程监控做出决策的过程。

（4）学习教育机制。创新单元间互相学习吸纳新知识，应用、扩散创新成果，从而提升创新主体的创新意识与能力，促进系统要素整体素质的提升。

在创新成果转化的基础上，一系列金融创新活动对经济增长系统的法人主体与自然人主体行为产生影响，通过更有效率的资源配置方式，改变系统资金供求与科技科研状态，促进经济增长系统进化。经济环境的变化又通过环境促使金融创新过程持续发生，从而使得金融创新系统与经济增长系统从低级共生发展为高级协调发展。金融创新与经济增长复合系统运作规律如图 1-3 所示。

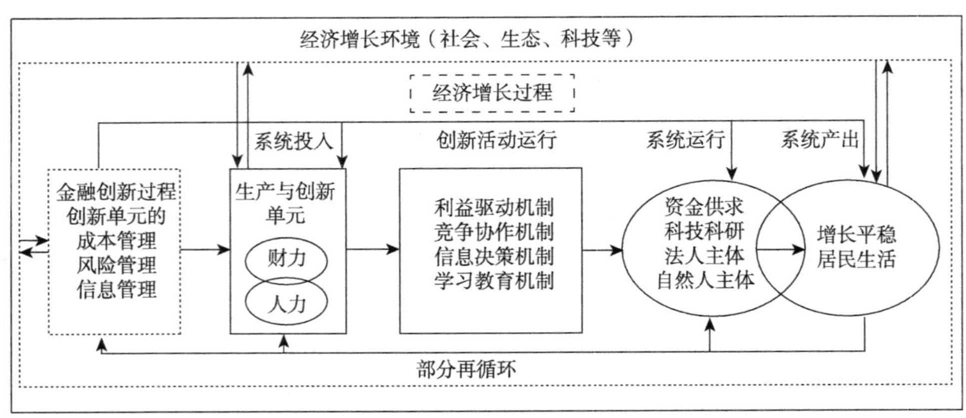

图 1-3　金融创新与经济增长复合系统运作规律示意图

1.4.2　金融创新与经济增长文献综述

近年来，有关金融创新与经济增长关系的研究主要集中在三个方面。第一，金融创新能推动科技革命，从虚拟经济促进实体经济的发展，此观点得到国内外学者广泛认同（Amore et al.，2013；Laeven et al.，2015；Beck et al.，2016）。第二，金融创新为实体经济的支柱产业提供流动性，金融创新拓展有效的资源配置渠道（Kung and Schmid，2015）。典型的金融创新成果是政府不断推出的对中小企业技术创新的投融资优惠政策。然而实际上，在解决中小企业融资问题上起着关键作用的金融创新主体的典型代表是商业银行。第三，金融创新是经济危机产生的根本原因。2007~2010 年的金融危机表明，资产支持证券（asset-backed security，ABS）、信用违约掉期（credit default swaps，CDS）和抵押贷款证券化给经济稳定增长带来很大风险。很多学者研究金融创新在金融危机中扮演的角色，他们认为与忽视小风险的投资者或存在预期偏差和制度化约束的投资者，或过度竞争的银行市场相关的金融创新会带来经济不稳定性。

金融监管在金融创新与经济增长之间的作用路径有两种。第一种路径为金融监管制度限制金融企业的创新活动。金融行业的风险和金融监管力度有关（Brown et al.，2013），金融创新加速了金融脆弱性积累和市场风险的恶化（李泽广和王刚，2014），金融监管的激励功能引导实现合理的金融创新，避免金融创新产品和制度的滥用，保证经济的稳健发展。第二种路径为金融监管制度约束企业追求融资福利行为。金融创新的“放大融资”效益体现为突破时空限制，减轻和消除信息不对称和逆向选择问题，降低交易成本和融资门槛，进而实现“普惠金融”（周孟亮和李明贤，2016）。金融监管约束企业研发投资，企业遵守金融监管规则获得金融创新带来的“放大融资”效益，违背金融监管规则会遭受惩罚，从而面临更严峻的研发投资融资约束。因此，金融监管通过企业的融资目的来调节金融创新对经济增长的促进作用。

金融发展与经济增长之间的关系一直是国内外学者专家关注和研究的焦点，其研究内容涉及金融发展与经济增长的理论研究、机制研究和评价方法研究。Fisher（1911）首次提出货币数量论的“交易方程式”，将流通中的货币数量和实体经济联系起来。英国剑桥学派的 Pigou（1917）在 Marshall 的货币数量论的基础上提出“剑桥方程式”解释货币需求量和国民收入之间的关系。后来对货币、银行、经济之间关系的理论研究逐渐丰富起来，如 Keynes（1936）的经济增长理论、Solow（1956）的新古典经济增长模型、Romer（1986）的内生增长理论等，众多理论层出不穷。Pagano（1993）用 AK 内生增长理论证明了金融发展与经济增长之间存在的显著联系。Goldsmith（1969）通过分析35个国家近100年的资料，发现金融相关率（financial interrelations ratio，FIR）与经济发展水平存在比较明显的相关关系，金融发展通过促进资本积累进而促进经济增长，在经济快速增长的时期，金融一般都会超过平均速度的发展，该研究为此后的学者提供了研究金融的重要方法和理论基础。Shaw（1973）在研究发展中国家的金融发展时提出了“金融抑制论”和“金融深化论”，认为合理的市场机制可以促使金融发展并推动经济增长，阐述了金融发展与经济增长的一般关系。中国学者也开始深入进行金融发展与经济增长关系的理论研究。白钦先和谭庆华（2006）提出金融功能演进说，其他大部分学者集中于对已有理论和国内数据进行演绎和解释。

金融发展从四个渠道促进经济增长。第一，金融发展能分散和降低金融体系内部的流动性风险。流动性金融工具能将短期投资供给用于满足长期融资需求，实现不同流动性资本的转换，白云霞等（2016）发现金融发展通过解决企业面临的长期投资问题从总量上促进中国经济增长。第二，金融发展促进技术进步。资本的流动性促进技术创新和进步，保证技术创新的成果运用于市场，提高经济增长率，贾俊生等（2017）和张钟文等（2017）认为创新是金融发展影响经济增长的重要渠道，高技术产业发展依赖于源源不断的技术创新，而高技术产业发展促进经济增长和就业。第三，金融发展通过降低企业的资源和信息搜寻成本，从而降低产业融资成本。互联网金融能有效降低借贷双方的信息不对称性，王宗润等（2016）在传统融资模式中引入第三方，发现互联网金融能减少融资方的信息租金，缓解信息不对称造成的中小企业融资难问题。第四，正规金融和非正规金融的发展能提升金融机构吸收储蓄的能力。徐丽芳等（2017）认为当企业部门存在金融摩擦时，国民储蓄率随着金融发展而提高，资本市场均衡意味着储蓄等于投资，因而经济获得强劲的增长动力。

值得注意的是，在不同时期采取不同数据，使用不同的金融发展和经济增长指标，在金融发展与经济影响的因果研究方面得出的结论存在差异。一种观点认为二者存在明显的正相关性。Zhang 等（2012）通过传统的横截面回归分析和一阶差分系统广义矩估计方法（generalized method of moments，GMM）研究表明传统的金融发展指标同经济增长呈正相关关系。Ozturk（2015）认为金融发展与经济增长之间有显著的正相关关系，进行金融改革和提高金融系统效率能通过刺激储蓄向投资转化，带来长期的经济增长。Caporale 等（2015）发现金融系统中高效的银行部门能加速经济增长。有观点认为金融发展对经济增长没有促进作用，如逄淑梅和陈浪南（2016）。Valickova 等（2015）认为金融发展让经济增长变得坎坷，金融发展提高了金融复杂性，而金融复杂性是造成经济危机的内在原因。还有观点认为二者之间没有固定关系。Deidda 和 Fattouh（2002）用门限自回归模型实证分析得出金融发展与经济增长存在非线性关系。黄智淋和董志勇（2013）

研究发现，当通货膨胀率低于阈值时金融发展与经济增长呈正相关关系，当超过阈值时则呈负相关关系。Samargandi 等（2015）在动态非均衡面板模型中运用混合组群平均数估计法发现金融发展与经济增长在长期呈现倒 U 形关系。李强和李书舒（2017）发现在经济发达地区金融发展与经济增长呈正相关关系，而在经济欠发达地区存在抑制效应。

学者在金融发展与经济增长关系的研究领域上主要通过实证研究的方法分析二者的内在联系，理论研究较少。在实证检验方法上较常见的诸如 Pradhan 等（2013）运用了 Granger 因果检验，Jung（1986）、马轶群和史安娜（2012）运用了向量自回归（vector auto-regression，VAR）模型，Ozturk（2015）运用了 VEC（vector error correction，向量误差修正）模型等，但是使用较为先进的诸如 Zhang 等（2012）运用的动态面板数据、随机模型等方法的研究还不多。黄智淋和董志勇（2012）运用门限模型研究不同通货膨胀水平下金融发展与经济增长的关系。杨友才（2014）运用面板门限模型，得出当金融发展水平存在差异时，中国的金融发展对经济增长的作用也存在差异，表现为门槛效应和边际效率递减的非线性特征。于成永（2016）运用元分析技术得出金融发展促进经济增长的结论，且银行发展比股票市场发展作用大。陈创练等（2016）采用非线性的面板平滑转换回归（panel smooth transition regression，PSTR）模型实证检验了金融发展与工业资本配置效率的关系，发现改善资本等要素配置效率能实现经济增长方式的转变。徐圆和赵莲莲（2015）研究了金融发展促进经济增长的非平衡效应，运用系统广义矩面板估计方法控制模型中潜在的内生性问题，以克服可能存在的反向因果关系及消除不可观察的时间和地区效应。

王仁祥和喻平（2004）总结认为金融创新是金融当局或金融机构为更好地实现金融资产的流动性、安全性和盈利性目标，利用新的观念、新的技术、新的管理方法或组织形式，来改变金融体系中基本要素的搭配和组合，推出新的工具、新的机构、新的市场、新的制度，创造和组合一个新的高效率的资金营运方式或营运体系的过程。关于金融创新的既有研究主要有三个方面。一是金融创新的动因理论方面。在顺应需求动因的研究中，Greenbaum 和 Haywood（1971）认为经济发展和居民财富增加加大了对金融资产与金融交易的需求从而引致金融创新的发生；Ross（1989）认为金融创新是化解金融市场中信息不对称带来的道德风险的方法；Finnerty（1993）从避税、降低代理及交易成本、风险再配置、流动性管理、躲避监管、改变利率与价格波动、学术需要、会计好处等方面系统论述了顺应需求的金融创新动因。在顺应供给动因的研究中，Niehans（1983）、Hannon 和 McDowell（1984）通过理论或实证发现，技术、管理理念和管理模式进步带来的交易成本降低促使了金融创新发生。规避管制动因理论则结合了前两种动因理论，认为金融机构逐利、摆脱内外部约束是金融创新的主要原因。二是金融创新的运行机制方面。王仁祥和喻平（2002）从静态和动态两个角度对金融创新扩散进行分析，建立了金融创新扩散体系并提出金融创新在国际扩散的模式；刘春香（2002）和许庆（2005）认为成本效益分析和金融创新效益评价对金融扩散至关重要；蓝崑（2006）从传播论和学习论角度界定金融创新扩散是金融创新信息传播、采用者的采用与学习的一系列活动；张景明等（2019）则从传播理论的角度重点研究了互联网金融创新扩散效率的影响因素。三是金融创新的经济效应方面。纵观国内外研究文献，对于金融创新与经济增长之间是否有关联，多数学者持肯定态度，但对两者之间的关系是促进还是抑制、是直接还是间接存在分歧。一方面，部分学者认为金融创新促进了经济增长。金融创新在金融危机前被认为与经济增长和社会福利提高密不可分，金融机构的发展能够有效促进经济增长，金融创新通过增强金融系统功能及动态效率促进经济长期增长，Beck 等（2016）利用 32 个国家 1996~2006 年的数据，首次明确地发现金融创新不仅与一国的经济增长、人均 GDP 增长有很强的相关性，而且会作用于那些更依赖外部融资和技术创新的行业增长率的提高。另一方面，有学者认为金融创新对经济增长有抑制作用或两者并非直接关系。Levine 等（2000）认为金融创新与经济增长之间存在并非直接的正向关系，金融创新可能通过提高科技创新能力，实现经济增长。李丛文（2015）运用 ARDL-ECM（autoregressive distributed lag-error correction models，自回归分布滞后–误差修正模型）边界效应检验模型实证检验，发现单凭金融创新对经济增长会产生抑制作用，而协同技术创新则显著促进经济发展。Beck 等（2016）也发现银行金融创新和银行脆弱性的特质、融资约束较强的行业增长波动及银行收益波动相联系，即金融创新兼有“光明”和“阴暗”面。另外，从经济周期角度研究，金融创新可以促进经济增长，但也会导致经济衰退，这是一个周期性过程，并非单向增长过程。由以上分析可以看出，金融创新与经济增长之间的关系如同“黑箱”一般复杂，难以归纳出一个明了的线索解释两者的关系。

系统动力学以整体论看待复杂问题为理论思想，为人类探索世界复杂问题和非线性因果反馈关系问题提供了一种系统的观念和方法。20 世纪 80 年代系统动力学逐渐被应用到金融研究中。系统金融理论的兴起为促进人们认识金融系统的复杂性提供了新的思维方式和解决问题的新方法，系统科学范式下的非线性科学、系统动力学和复杂性科学等理论与方法被运用到金融系统研究中，系统科学金融理论逐步建立。从复杂系统论的角度，石丹（2007）利用 CAS（complex adaptive system，复杂适应系统）理论研究了金融创新的运行机制；巴曙松和栾雪剑（2009）通过 SD（system dynamics，系统动力学）模型验证了凯恩斯认为的“投资过度”不是引起经济周期波动或引起经济衰退的观点；李敏（2010）通过系统动态模型，构建了金融创新与经济增长良性互动的决策模式；喻平和严卉靓（2016）通过耦合理论，研究了金融创新与经济增长的耦合关系。从宏观金融、经济角度看，逯进等（2017）运用系统动力学原理，构建了金融生态与经济增长关系的系统动力学仿真模型，考察了我国30个省（区、市）2001~2014年经济增长与金融生态交互作用的演化特征，并对2015~2025年的金融生态水平进行了预测。利用系统动力学方法的因果反馈特征，可系统分析区域社会经济发展模式的原理与特点并建立符合我国发展情况的区域社会经济系统动力学模型，从系统组成元素角度可全面探讨产业增长或者不同系统元素与经济增长之间的耦合关系，有助于选择符合国情的可持续绿色经济发展模式。从微观金融角度看，孟颖等（2019）提出政府、企业、金融机构联动系统模型，来实现民营企业的融资需求和金融机构的投资需求相对接，以有效解决民营企业融资难、融资贵问题。董士浩和李稚（2019）提出了包含外部环境风险因素在内的多影响因素的国际供应链金融风险预测模型，研究了国际供应链金融风险系统的结构特征与形成机制，从公司层面进行了系统动力学仿真。金融创新是一种多因素整合过程，各项因素又构成了金融创新活动的资源，因此从系统论的角度研究金融业发展及其对经济增长的作用，更加综合全面。

综上所述，辨明金融创新与经济增长之间的内在联系是有相当难度的，学术界对于此议题至今还未有一个统一的结论。针对金融创新与经济增长之间的复杂特性，利用系统动力学研究两者的作用机制，不仅可以将它们的复杂关系表现出来，还可以对其进行量化分析。系统动力学以整体思想看待复杂问题、定性与定量相结合的优势，使得分析更接近金融创新问题比较复杂的实际情况，得出的结论也更有意义。但是，既有研究中很少利用系统动力学研究金融创新与经济增长之间的内在联系，系统动力学在此类问题中的研究仍存在一定的发展空间。金融创新既有收益也有成本，也有金融监管的必要，金融创新能推动科技革命，通过虚拟经济促进实体经济的发展；金融创新也会加速积累金融风险，使得金融市场复杂化和信息不对称。虽然文献研究了金融监管对金融机构创新活动的影响，如承接 Silber（1983）的约束诱导论思想的文献，但是，从金融创新“放大融资”效益视角研究金融监管作用的文章很少。因此，可以将金融监管和金融创新纳入内生经济增长模型，构建金融监管和金融创新对经济增长率影响的理论模型并进行经验分析。

2　金融创新与经济增长相互作用的运行机制

金融创新与经济增长的关系是本书研究的核心，其理论框架的分析是研究开展的重要支柱。本书梳理三种重要的关联分析理论，即内生增长理论、灰度关联理论、系统动力学理论，进行金融创新与经济增长的相互作用机理研究，并进行实证模拟与政策预测。

2.1　基于内生增长理论的运行机制

内生增长理论常常用于解释经济增长的原因。本部分在 Romer（1990）、严成樑等（2016）的基础上，构建一个包含金融创新、金融监管和经济增长的内生增长模型，试图发现三者之间的关联，从而对金融创新、金融监管和经济增长有更加系统的认识。

2.1.1　内生增长理论模型

在本部分，假设劳动完全配置在最终产品部门和研发部门。金融创新通过提高社会资本边际生存率、储蓄-投资转化率和储蓄率，提高企业技术研发融资，降低研发融资成本，增加研发投入，促进经济增长。假设金融监管约束企业研发投资，企业遵守金融监管规则可能获得金融创新带来的“放大融资”效益，违背金融监管规则可能获得惩罚，从而面临更严峻的研发投资融资约束。

2.1.1.1　家庭

家庭收入用于消费和储蓄，消费给家庭带来正效用，那么家庭一生消费产生

的总效用为

$$U=\int_{t=0}^{+\infty}u(c_t)\mathrm{e}^{-\rho t}\mathrm{d}t \tag{2-1}$$

其中，c_t为家庭即期消费；$u(c_t)$为即期消费的效用；ρ为主观贴现率，ρ越大则家庭未来消费的即期效用就越小。瞬时消费效用函数为

$$u(c_t)=\frac{c_t^{1-\sigma}-1}{1-\sigma} \tag{2-2}$$

其中，σ为相对风险厌恶系数，$\sigma \geqslant 0$，σ表示家庭接受在不同时期消费变动的意愿。家庭通过选择最优的消费寻求效用最大化，根据 Romer（1990），求解家庭优化问题得到的动态消费方程会有

$$\frac{\dot{C}}{C}=\frac{r-\rho}{\sigma} \tag{2-3}$$

其中，$\dot{C}$表示$\frac{\mathrm{d}C}{\mathrm{d}t}$，即$C$随时间$t$变化的大小；$\frac{\dot{C}}{C}$表示消费增长率；$r$表示利率。

取$\sigma=1$时，瞬时效用函数为对数效用函数：

$$u(c_t)=\ln(c_t)$$

动态消费方程为

$$\frac{\dot{C}}{C}=r-\rho \tag{2-4}$$

2.1.1.2 最终产品部门

借鉴 Romer（1990）的思路，技术进步采用中间产品不变的方式。最终产品部门雇佣的劳动力为L_Y，中间产品为x_i，$i\in[0,+\infty)$，生产的最终产品为Y，假设总产出是关于生产部门劳动和中间产品满足规模报酬不变的函数，$0<\alpha<1$，则最终生产函数为

$$Y=L_Y^{\alpha}\int_0^{+\infty}x_i^{1-\alpha}\mathrm{d}i \tag{2-5}$$

其中，最终产品部门雇佣的劳动力L_Y和中间产品x_i各自均为边际报酬递减，但是二者合起来满足规模报酬不变；中间产品x_i，$i\in[0,+\infty]$。

最终产品部门的利润为总收入和总成本的差：

$$\pi=Y-C \tag{2-6}$$

最终产品部门通过配置合适的劳动力L_Y和适当数量的中间产品x_i来实现利润最大化，即面临下面的最大化问题：

$$\max_{L_Y,x_i}\pi_Y=\max_{L_Y,x_i}\left(L_Y^{\alpha}\int_0^{+\infty}x_i^{1-\alpha}\mathrm{d}i-wL_Y-\int_0^{+\infty}p_i x_i\mathrm{d}i\right) \tag{2-7}$$

其中，最终产品价格标准化为单位 1；$L_Y^{\alpha}\int_0^{+\infty}x_i^{1-\alpha}\mathrm{d}i$ 表示总产出，即最终产品部门获得的总收入；w 为最终产品部门的劳动报酬率；L_Y 为最终产品部门配置的劳动；wL_Y 为最终产品部门雇佣劳动力的成本；p_i 为第 i 种中间产品的价格；$\int_0^{+\infty}p_ix_i\mathrm{d}i$ 表示第 i 种中间产品的成本。

求解式（2-3）的最优化问题，只需要将其分别对 L_Y 和 x_i 求一阶导数，最终可以得到最终产品部门劳动者的工资水平和中间产品的价格为

$$w=\alpha L_Y^{\alpha-1}\int_0^{+\infty}x_i^{1-\alpha}\mathrm{d}i \tag{2-8}$$

$$p_i=\left(1-\alpha\right)L_Y^{\alpha}x_i^{(-\alpha)} \tag{2-9}$$

2.1.1.3　中间产品部门

生产中间产品的部门具有垄断力量，其从资本市场上借入资本，从研发部门购买由知识生产的技术创新图纸、方案或者创新思想生产中间产品，根据知识产权的独占性和排他性，成为中间产品的垄断者。假设中间产品部门以成本 c 借入 1 单位资本并生产 1 单位的中间产品，中间产品部门通过选择生产中间产品的数量使自己达到利润（ V_i ）最大化：

$$\max_{x_i}V_i=\max_{x_i}\left(p_ix_i-cx_i\right) \tag{2-10}$$

求解式（2-6）的最优化问题，只需要将式（2-5）代入式（2-6），并对 x_i 求一阶导得到中间产品部门借入资本的成本：

$$c=\left(1-\alpha\right)^2L_Y^{\alpha}x_i^{-\alpha} \tag{2-11}$$

将式（2-7）代入中间产品部门利润函数，则有

$$V_i=\alpha\left(1-\alpha\right)L_Y^{\alpha}x_i^{1-\alpha} \tag{2-12}$$

2.1.1.4　研发部门

在研发部门，技术研发需要投入劳动力 L_A。借鉴 Romer（1990）关于知识生产函数的假设，知识是一种非营利的投入，从事研发的人可以自由获取整个知识库。所有研发人员可以同时利用知识技术（ A ）的优势，研发人员 j 的知识产出因此为 δL_A^jA。如果将所有参与研发的人看成一个整体，那么总的知识产出增量就满足下面的公式：

$$\dot{A}=\delta L_AA \tag{2-13}$$

其中，L_A 表示研发部门雇佣的劳动力，并全部参与生产知识和技术研发；δ 表示

研发部门的知识生产效率；A 表示当前经济体中的知识和设计的总存量。从式（2-9）可以看出，研发部门投入更多的 L_A 将获得更高的知识生产率，当前经济体中创新知识存量 A 越大，参与研发部门的劳动能生产更多的知识。

假设研发部门向资本市场借入资本进行知识生产。金融创新水平越高，企业能获得越多的研发投资，融资成本越低。而且，根据资本边际报酬递减的假定，相比大型成熟的企业，资本在新兴的小型科技和技术公司具有更高的边际产出和效率。因此，金融创新水平越高，经济增长越迅速。

金融监管影响经济增长的作用效果至少包括两方面：一方面，金融企业在严厉的金融监管背景下，金融创新活动需要付出高昂的成本，因此缺乏金融创新激励。同时，金融监管越严格，企业获得信贷的机会越小，途径越狭窄，从而抑制了企业的研发投入和生产规模扩张，企业产品质量和数量无法进一步提升，从而限制了经济发展。另一方面，明确的金融监管会使合规的金融机构相较于非合规的金融机构取得优势地位，合规的金融机构因在监管范畴内的创新产品被广泛使用而盈利，因此激励了金融创新活动。同时，金融监管，如对实体经济的优惠政策执行的监督，有利于生产企业通过新型的金融创新产品取得研发资金，促进技术进步，从而促进经济增长。

假设金融监管约束企业研发投资，企业遵守金融监管规则可能获得金融创新带来的“放大融资”效益，违背金融监管规则可能获得惩罚，从而面临更严峻的研发投资融资约束。创新企业违背金融监管规则可能出现两种情况：企业自身组织结构组成违背金融监管规则，以及企业参与违背金融监管规则的金融融资项目，甚至可能触及非法集资的法律红线。研发部门需要从金融部门获得足够规模的资金才能生产知识，金融监管抑制了研发部门的知识生产效率。

在考虑金融创新和金融监管作用的情况下，研发部门面临如下的预算约束方程：

$$wL_A = (1-\gamma)(1+k\gamma)\varphi P_A\dot{A} - \int_t^{+\infty} \gamma\dot{Y}\mathrm{e}^{-r(v-t)}\mathrm{d}v \tag{2-14}$$

其中，wL_A 表示研发部门雇佣劳动力的成本；P_A 表示知识技术的价格；$\dot{A}$ 表示知识产出增量；φ 表示金融创新发展水平，$0 \leqslant \varphi \leqslant 1$，金融创新能力越强，则研发部门越容易融资；$\gamma$ 为企业违背金融监管规则面临惩罚的风险概率，即金融监管规则的严厉程度，根据风险越大可能的回报越大的一般原则，$(1+k\gamma)$ 表示金融创新对研发部门研发融资的放大效应，$k \geqslant 0$ 为金融监管“放大融资”效益的弹性系数；研发部门以 $(1-\gamma)$ 概率获得“放大融资”效益，以 γ 概率获得惩罚；$\int_t^{+\infty} \gamma\dot{Y}\mathrm{e}^{-r(v-t)}\mathrm{d}v$ 表示企业面临的惩罚现值。

研发部门将生产的创新专利产品、设计或思想卖给中间产品部门，借鉴 Romer（1990）的假定，中间产品部门的生产决策取决于净收益贴现流和初始投资成本 P_A 的大小，在平衡增长路径上，一个中间产品部门垄断者可以提取净收益的现值应该等于从研发部门获得生产知识的成本：

$$\int_{t}^{+\infty} e^{-\int_{t}^{\tau} r(s)\mathrm{d}s} V(\tau)\mathrm{d}\tau = P_A(t) \tag{2-15}$$

如果 P_A 是恒定的（因为它将处于后文描述的均衡状态），对式（2-15）两边求一阶导，然后将求导后的式子代入式（2-15），可以得到式（2-16），即边际收益应该刚好等于期初创新投入的利息：

$$V(t) = r(t)P_A \tag{2-16}$$

2.1.1.5 竞争性均衡

当经济收敛于平衡增长路径时，由于对称性，最终产品部门对每种中间产品的需求量相同（Dixit and Stiglitz，1977），即

$$x_i = \overline{x} \tag{2-17}$$

资本市场和产品市场达到均衡，最终产品部门的资本供给等于中间产品部门的产品供给：

$$K = \int_0^{+\infty} x_i \mathrm{d}i = \int_0^{A} x_i \mathrm{d}i = A\overline{x} \tag{2-18}$$

将式（2-17）代入式（2-5），消去 x_i，总产出为

$$Y = \left(AL_Y\right)^{\alpha} K^{1-\alpha} \tag{2-19}$$

在经济平衡增长路径上，Y、A、K 和 C 的增长率相同，设为 g。

$$g = \frac{\dot{Y}}{Y} = \frac{\dot{A}}{A} = \frac{\dot{K}}{K} = \frac{\dot{C}}{C} \tag{2-20}$$

其中，$\dot{Y}$ 表示产量的变化率；$\dot{A}$ 表示知识技术的变化率；$\dot{K}$ 表示资本的变化率；$\dot{C}$ 表示消费的变化率。

根据式（2-4）、式（2-5）、式（2-8）、式（2-12）、式（2-14）、式（2-16）、式（2-17）和式（2-20），可知：

$$\alpha \frac{Y}{L_Y} L_A = (1-\gamma)(1+k\gamma)\varphi \frac{\alpha(1-\alpha)Y/A}{\rho+g}\dot{A} - \gamma \frac{gY}{\rho+g} \tag{2-21}$$

根据式（2-13）和式（2-17）有

$$g = \delta L_A \tag{2-22}$$

结合假设条件 $L = L_Y + L_A$ 和式（2-20）、式（2-22），式（2-21）可以变成

$$\frac{1}{\delta L - g} = \frac{\varphi(1-\alpha)(1-\gamma)(1+k\gamma)-\gamma}{\rho+g} \tag{2-23}$$

那么，根据式（2-23）计算出经济增长率 g 为

$$g=\frac{\left[\varphi(1-\alpha)(1-\gamma)(1+k\gamma)-\gamma\right]\delta L-\rho}{\left[1+\varphi(1-\alpha)\right](1-\gamma)} \tag{2-24}$$

令 $(1-\gamma)(1+k\gamma)\delta L=m$，则有

$$\frac{\partial g}{\partial\varphi}=\frac{(1-\alpha)(m+\gamma\delta L+\rho)}{(1-\gamma)\left[1+\varphi(1-\alpha)\right]^2} \tag{2-25}$$

$$\frac{\partial^2 g}{\partial\varphi^2}=-\frac{2(1-\alpha)(m+\gamma\delta L+\rho)}{(1-\gamma)\left[1+\varphi(1-\alpha)\right]^3} \tag{2-26}$$

由 $0<\alpha<1$，$0<\varphi<1$，$0\leqslant\gamma\leqslant1$，$k\geqslant0$，可以得到 $\partial g/\partial\varphi>0$，即经济增长率和金融创新水平呈正相关关系。金融创新的发展能促进经济增长率的提高。具体的作用机制是，金融创新水平越高，研发部门信息和融资成本越低，研发投入越多，使研发投入转换成知识的效率越高，损失越少，因为创新知识积累越快，经济增长率越高。$\partial^2 g/\partial\varphi^2<0$，即金融创新的边际经济增长效益递减。

$$\frac{\partial g}{\partial\gamma}=\frac{1}{1+\varphi(1-\alpha)}\left[\varphi(1-\alpha)\delta Lk+\frac{\rho-\delta L}{(1-\gamma)^2}\right] \tag{2-27}$$

$$\frac{\partial^2 g}{\partial\gamma^2}=\frac{2(\rho-\delta L)}{\left[1+\varphi(1-\alpha)\right](1-\alpha)^3} \tag{2-28}$$

因为经济增长要保证知识积累速度高于贴现率，则 $\delta L>\rho$，所以有 $\partial^2 g/\partial\gamma^2<0$。而且，当 $0\leqslant\gamma<1-\sqrt{(\rho-\delta L)/\varphi(1-\alpha)\delta Lk}$ 时 $\partial g/\partial\gamma>0$，当 $1-\sqrt{(\rho-\delta L)/\varphi(1-\alpha)\delta Lk}<\gamma\leqslant1$ 时 $\partial g/\partial\gamma<0$。即金融监管的边际经济增长率递减，金融监管与经济增长率存在倒 U 形关系：随着 γ 的增大，金融监管规则弥补缺陷不断完善，促使金融创新严格符合金融监管规则所限制的路径，研发部门能选择合适的融资渠道，因而能获得更多的研发投入，带动经济增长率提高；当金融监管规则越来越严格，金融创新发展带来的研发投资放大效应不能弥补创新部门面临的违规惩罚和损失时，创新部门出现无效率的创新，经济增长率开始下降。

2.1.1.6　比较静态分析

1）*劳动 L*

在模型中，总劳动 L 是已经给定的外生变量。式（2-24）说明了金融创新、金融监管和经济增长率的联系，当劳动 L 外生给定之后，会在当前总劳动水平下，通过将劳动分配在最终产品部门和研发部门实现经济平稳增长。式（2-8）反映了在中间产品和劳动在最终产品产出中所占的份额不变的情况下，增加在最终产品部门的劳动能降低最优劳动报酬率，因为劳动边际产出递减，厂商只能以更低的

劳动报酬率雇佣更多的劳动力，这里隐含一个前提是经济体未实现充分就业，这样才能有更多的劳动力能被雇佣来生产最终产品。当总劳动力增加，则分配在最终产品部门和研发部门的劳动力增加，在其他条件不变的情况下，会得到更大的产出，因此在新的经济平衡增长路径上，会得到更高的经济增长率。

2）知识生产效率 δ

知识生产效率 δ 是研发部门将劳动转换成知识的速率。式（2-13）中知识生产效率作为外生变量，由企业内部因素决定。研发部门的每个研发人员均能使用所有的资料，因此 δ 也表示单个研发人员的知识生产效率。根据式（2-22）和式（2-24），在其他条件不变的情况下，较大的知识生产效率会对应较高的均衡经济增长率。具体的实现机制是，提高知识生产效率，在面临违反金融监管规则而获得惩罚的背景下，研发部门能用更多的知识产出来弥补惩罚，更高的知识积累率在经济平衡增长路径上会得到更高的经济增长率。

3）融资放大效应弹性系数 k

融资放大效应弹性系数 k 即金融监管规则的放宽会使研发部门扩张融资的幅度，在短期由经济体当前金融发展水平决定。在一个给定的经济体中，更大的弹性系数 k 决定了金融监管规则微小的放宽就能给研发部门带来较大的融资机会。当然这里有个前提条件是研发部门和金融创新的融资渠道在金融监管的框架之下，这种情况下研发部门才能获得“放大融资”效益。在其他条件不变的情况下，更大的弹性系数会得到更高的均衡经济增长率。具体的实现机制是，在相同的违规可能性下，更大的弹性系数激励研发部门更大胆地尝试风险较高的融资项目，获得更多的研发融资，在经济平衡增长路径上，会得到更高的经济增长率。

2.1.2 内生增长实证分析

2.1.2.1 模型设定

首先，建立基础静态面板模型（2-29），检验金融创新和金融监管对经济增长率变化的固定效应。

$$g_{it} = \alpha_0 + \alpha_1 \text{PFI}_{it} + \alpha_2 \text{LnFR}_{it} + \alpha_3 \text{LnFR2}_{it} + \gamma \text{Controls}_{it} + \varepsilon_{it} \tag{2-29}$$

其次，经济增长具有历史依赖性，上期的经济增长对当前的经济增长水平有促进作用（潘伟和熊建武，2018）。经济增长的过程是一个连续过程，相较于静态模型，建立动态模型更能体现经济增长的动态连续性。此外，影响经济增长的因素很多，在模型设定时引入经济增长率的滞后一期可以控制模型设定中被忽视因素的影响，克服内生性问题。建立动态面板模型（2-30），增加被解释变量滞后一期进一步进行系统 GMM 估计。

$$g_{it}=\alpha_0+\alpha_1\mathrm{PFI}_{it}+\alpha_2\mathrm{LnFR}_{it}+\alpha_3\mathrm{LnFR2}_{it}+\beta g_{it-1}+\gamma\mathrm{Controls}_{it}+\varepsilon_{it} \qquad (2\text{-}30)$$

其中，被解释变量为经济增长率（g）；核心解释变量包括金融创新水平（PFI）和金融监管水平（LnFR）。根据理论部分金融监管对经济增长率的影响机理，金融监管对经济增长率的影响是不确定的，为此我们引入金融监管水平的二阶项（LnFR2）。一般来说，如果金融监管水平项（LnFR）的系数为正值，金融监管水平的平方项（LnFR2）的系数为负值，那么说明金融监管对经济增长率存在倒 U 形关系。由于可能还有很多因素会影响经济增长率，根据通常思路，引入固定资产投资占比、人力资本水平、对外开放程度和城镇化水平（张林，2016）、外商直接投资（叶阿忠和陈晓玲，2017）等作为控制变量。

2.1.2.2　变量选取和变量说明

模型涉及的变量包括经济增长率、金融创新、金融监管及一系列控制变量。

（1）经济增长率变量。在既往文献中最常用的衡量一个地区经济增长程度的指标是 GDP，本节选用 GDP 对数值的差分（g）来衡量经济增长速率。

（2）金融创新变量。一个地区的金融创新水平往往难以衡量，有学者从金融创新视角采用研发经费投入强度、专利申请数和授权数来衡量。也有学者从金融创新产出视角采用金融机构存款余额、贷款余额、社会融资规模和金融相关率来衡量。本节选取衡量金融创新程度指标的原则是，将金融创新看作金融发展的增加值。既往文献中的变量，往往是存量指标，均体现的是金融发展程度，而金融创新体现为金融发展水平的变化，如金融规模的人均增加值才是金融创新的“放大融资”效益的真正体现，本节用社会融资规模对数值的增量（PFI）来表示企业从金融部门的创新活动中得到的“放大融资”效益。

（3）金融监管变量。大多地方公共财政支出中包含了金融监管等事务支出，这一事务支出体现了地方金融部门的行政支出、监管支出及其他支出等。地方金融监管支出的细项无法完全获取，因此本书选取了地方公共财政支出中的金融监管等事务支出（LnFR）在一定程度上衡量金融监管强度。金融监管支出的扩张，反映了金融监管的加强及金融系统累积风险的增加。互联网金融等的发展也要求金融监管费用投入的增加，也迫使金融监管体制调整，提高监管效率。

（4）控制变量。根据通常思路引入一系列控制变量，用人均固定资产投资完成额的对数值来衡量对经济的整体投资强度（LnPFix），用各地区研发人员数量的对数值来衡量研发人力资源水平（LnHum），用各地区人均外商直接投资总额的对数值来衡量外商直接投资（LnPFDI）（叶阿忠和陈晓玲，2017），用各地区城镇人口比重来衡量城镇化水平（Urb）（张林，2016）。

本书收集了 31 个省（区、市）（不含港澳台数据）2013~2018 年的数据，经济增长、固定资产投资数据来自《中国统计年鉴》，金融创新和金融监管等事务支出数据来自地方统计年鉴和《中国金融年鉴》，外商直接投资数据采用《中国对外经济统计年鉴》中外商直接投资额，研发人力资源水平和城镇化水平数据来自各省（区、市）的统计年鉴。

2.1.2.3　实证结果分析

（1）金融创新和金融监管。表 2-1 是运用静态面板固定效应（fixed effect，FE）、动态面板一步（one-step）和两步（two-step）系统 GMM 对式（2-29）的估计结果。根据 AR（2）和 Hansen 结果，残差序列不存在二阶相关性，且工具变量有效。回归（1）是静态面板的固定效应 FE 的检验结果，回归（2）是一步系统 GMM 估计结果，回归（3）是两步系统 GMM 估计结果。

表2-1　金融创新和金融监管对经济增长率的影响

变量	（1）FE	（2）one-step	（3）two-step
g_{it-1}	—	-0.384^{***} （0.129）	-0.405^{***} （0.069）
PFI_{it}	1.704^{***} （0.890）	1.954^{***} （0.848）	1.578^{***} （0.706）
$LnFR_{it}$	1.731^{***} （0.295）	1.141^{***} （0.818）	1.245^{***} （0.794）
$LnFR2_{it}$	-2.152^{***} （0.450）	-1.765^{***} （0.985）	-1.964^{***} （0.823）
$LnPFix_{it}$	-0.219^{*} （0.082）	-0.371^{*} （0.348）	-0.420^{*} （0.390）
$LnHum_{it}$	0.007 （0.301）	0.004 （0.432）	0.189 （0.490）
$LnPFDI_{it}$	-0.501^{*} （0.083）	-0.403^{*} （1.427）	-0.048^{*} （0.170）
Urb_{it}	-2.495^{*} （0.119）	-2.497^{*} （0.427）	-3.442^{*} （2.006）
常数项 α	1.765^{***} （1.573）	1.156^{***} （1.509）	1.093^{***} （1.580）
AR（2）P 值	—	0.215	0.297
Hansen P 值	—	0.186	0.197

***、*分别表示在 1%、10%水平下显著

注：括号内的值为稳健标准误

从表 2-1 可以看出，金融创新（PFI）对应的系数显著为正值，说明社会融资规模

的扩张和金融市场融资规模的扩张，即金融创新有利于提高经济增长率，与理论部分的结论相符。金融创新水平越高，研发部门信息和融资成本越低，研发投入越多，研发投入转换成知识的效率越高，损失越少，因为创新知识积累越快，经济增长率越高。

根据实证结果，经济增长率随着金融监管强度提升先提高而后降低。金融监管的一阶（LnFR）系数为正值，二阶（LnFR2）系数为负值，说明金融监管强度和经济增长率之间存在倒U形关系。金融监管和经济增长率呈现非线性关系，主要原因是金融监管对经济增长率的影响存在稳定融资效应和违规惩罚效应。稳定融资效应是指金融监管规则弥补缺陷不断完善，促使金融创新严格符合金融监管规则所限制的路径，为研发部门提供低风险的稳定融资渠道，因而企业能获得更多的研发投入，带动经济增长率提高。违规惩罚效应是指金融监管规则使金融创新发展带来的“放大融资”效益不能弥补创新部门面临的违规惩罚和损失，创新部门出现无效率的创新，经济增长率开始下降。

（2）不同阶段的金融监管。表2-2是将金融监管分为事前监管（Ante）、事中监管（With）和事后监管（Post），进行两步系统GMM检验的结果。事前监管考虑法律法规颁布情况，事中监管考虑金融监管费用，事后监管考虑处罚金额。回归（4）是对事前监管（Ante）的检验结果，回归（5）是对事中监管（With）的检验结果，回归（6）是对事后监管（Post）的检验结果。

表2-2　不同阶段的金融监管对经济增长率影响的两步系统GMM估计

变量	（4）g_{it}	（5）g_{it}	（6）g_{it}
g_{it-1}	−1.290*** （0.634）	−1.080*** （0.529）	−1.672*** （0.632）
PFI_{it}	1.398*** （0.849）	1.693*** （0.702）	1.118*** （0.446）
$LnAnteFR_{it}$	0.561** （0.158）		
$LnAnteFR2_{it}$	−1.463** （0.777）		
$LnWithFR_{it}$		−0.537** （0.127）	
$LnWithFR2_{it}$		1.848** （0.687）	
$LnPostFR_{it}$			0.939** （0.331）
$LnPostFR2_{it}$			−0.001 （0.001）
AR（2）P值	0.173	0.151	0.199
Hansen P值	0.210	0.232	0.247

***、**分别表示在1%、5%水平下显著

注：表中省略控制变量系数和常数项，括号内的值为稳健标准误

从表 2-2 可以看出，事前监管与经济增长率之间存在倒 U 形关系；事中监管与经济增长率存在 U 形关系；事后监管与经济增长率呈正相关关系，即事后监管有利于提高经济增长率。从不同维度衡量金融监管对我国经济增长率的影响差别较大，主要是因为事前，“最少的监管”和“完全的控制”只会积累风险和抑制经济增长；事中，无摩擦的资金流动或干预资金调配的政策能满足企业融资和金融创新短期需要大额流动性的需求；事后，金融监管增强了后续风险防范能力，降低行业准入门槛对事后监管提出了更高的要求，严格的事后监管才能推动下一阶段发展，提高经济增长率。

2.2　基于灰度关联理论的运行机制

在中国改革开放初期，获取大样本统计数据异常困难，经济研究所需的历史数据较少且准确性较差，无法满足国家经济规划的需要。若使用传统数理统计方法，虽然经典但是存在许多缺陷，如要求样本量足够大、数据足够多，如果数据少则难以进行准确的分析，有时还需要数据满足典型的分布（如正态分布、指数分布等），当数据杂乱无章时无法剔除错误的数据，严重影响模型的运用。

1982 年，中国控制论专家邓聚龙教授创立了关于信息不完全或不确定的灰色系统理论。使用灰色系统理论在较高层次处理信息不完全问题时，视野更宽广，目标更清晰（Deng，1989；谭学瑞和邓聚龙，1995）。利用金融发展和经济增长内部参数研究问题，将系统随机量看作一定区间内不确定的灰色量，经过一定的灰技术处理，减少随机因素的干扰，突破传统要求变量足够精确的系统分析障碍，寻找系统重要因素之间的关系，揭示金融发展和经济增长内部关系的深刻本质，通过灰色系统理论测度金融创新与经济增长的关联机理。

2.2.1　灰度关联模型构建

灰色关联分析是基于灰色系统理论的统计分析方法，是一种以整体系统化思想为指导，从多角度寻找事物间关联性的统计分析方法，通过计算关联系数和关联度实现，关联度越大关联性越高。灰色系统理论被运用于经济增长（Kose et al.，2011）和金融发展（Kaya，2016）等领域。

2.2.1.1 关联分析因素定义及描述

$X=\{x_1,x_2,x_3,\cdots,x_m;\ y_1,y_2,y_3,\cdots,y_n\}$为灰关联因子集。其中，$y_i(k)$为母序列及研究的目标列，在本书中为表示经济增长的指标；$x_j(k)$为子序列及研究的比较序列，用于与母序列进行比较，分析两者间的关联性。设有m个时间序列$y_i(k)$，其中$i=1,2,\cdots,m$且$k=1,2,\cdots,N$，N为各序列的长度。这m个时间序列代表m个母序列。另设有n个时间序列$x_j(k)$，其中j=1,2,⋯,n且$k=1,2,\cdots,N$，N为各序列的长度，这n个时间序列代表n个子因素（序列）。$x_j(k)$和$y_i(k)$分别为x_j和y_i的第k个点的实数，即

$$x_j=\left(x_i(1),x_i(2),x_i(3),\cdots,x_i(k),\cdots,x_i(N)\right) \tag{2-31}$$

$$y_i=\left(y_j(1),y_j(2),y_j(3),\cdots,y_j(k),\cdots,y_j(N)\right) \tag{2-32}$$

2.2.1.2 关联度和耦合度的计算

给出母序列和子序列之后，通过下面的步骤计算母序列和子序列之间的关联系数和关联度，进而比较分析各个母序列和各个子序列的影响程度。

（1）原始数据变换。目前，原始数据变换方法有均值化变换、初值化变换、标准化变换。一般情况对于常见的经济趋势性序列多采用初值化变换处理，因为这样在保持数据原始趋势的同时可以消除量纲。

$$y_i'(k)=\frac{y_i(k)-\min\limits_i\min\limits_i y_i(k)}{\max\limits_i\max\limits_i y_i(k)-\min\limits_i\min\limits_i y_i(k)}\left(i=1,2,\cdots,n;\ k=1,2,\cdots,N\right) \tag{2-33}$$

$$x_j'(k)=\frac{x_j(k)-\min\limits_j\min\limits_j x_j(k)}{\max\limits_j\max\limits_j x_j(k)-\min\limits_j\min\limits_j x_j(k)}\left(j=1,2,\cdots,m;\ k=1,2,\cdots,N\right) \tag{2-34}$$

（2）计算关联系数。求母序列和子序列之间的差序列，公式为

$$\Delta_{ij}(k)=\left|y_i'(k)-x_j'(k)\right| \tag{2-35}$$

其中，$i=1,2,\cdots,m$；$j=1,2,\cdots,n$；$k=1,2,\cdots,N$，从差序列中找出两级上环境参数（两级最大差）$\max\limits_{jk}\left|y_i'(k)-x_j'(k)\right|$；两级下环境参数（两级最小差）$\min\limits_{jk}\left|y_i'(k)-x_j'(k)\right|$。

（3）求灰关联系数，公式为

$$r\left(y_i(k),x_j(k)\right)=\xi_{ij}(k)=\frac{\min\limits_{jk}\min\limits_{jk}\left|y_i'(k)-x_j'(k)\right|+\rho\max\limits_{jk}\max\limits_{jk}\left|y_i'(k)-x_j'(k)\right|}{\Delta_{ij}(k)+\rho\max\limits_{jk}\max\limits_{jk}\left|y_i'(k)-x_j'(k)\right|} \tag{2-36}$$

其中，$i=1,2,\cdots,m$；$j=1,2,\cdots,n$；$k=1,2,\cdots,N$。ρ为分辨系数，根据不同背景要

求在[0,1]取值，通常取 $\rho=0.5$，$r\left(y_i(k),x_j(k)\right)$ 表示母序列与子序列在 k 点的关联系数。

（4）求灰关联度，公式为

$$r\left(y_i,x_j\right)=\sum_{k=1}^{N}\omega_k r\left(y_i(k),x_j(k)\right)=\sum_{k=1}^{N}\omega_k\xi_{ij}(k) \tag{2-37}$$

其中，$i=1,2,\cdots,m$；$j=1,2,\cdots,n$；$k=1,2,\cdots,N$；$r\left(y_i,x_j\right)$ 表示母序列与子序列的关联度；ω_k 为 k 点的权重，满足

$$0\leqslant\omega_k\leqslant1,\quad \sum_{k=0}^{N}\omega_k=1$$

在时间序列中常取等权 $\omega_k=\dfrac{1}{N}$。

2.2.1.3 优势因素分析

灰关联因子集 $X=\left\{x_1,x_2,x_3,\cdots,x_m;\ y_1,y_2,y_3,\cdots,y_n\right\}$ 有 m 个母序列 $y_i(k)$ 和 n 个子序列 $x_j(k)$，将这 mn 个关联度列成矩阵即得到灰关联矩阵如下①：

$$R=\begin{bmatrix} r\left(y_1,x_1\right) & r\left(y_1,x_2\right) & \cdots & r\left(y_1,x_n\right) \\ r\left(y_2,x_1\right) & r\left(y_2,x_2\right) & \cdots & r\left(y_2,x_n\right) \\ \vdots & \vdots & & \vdots \\ r\left(y_m,x_1\right) & r\left(y_m,x_2\right) & \cdots & r\left(y_m,x_n\right) \end{bmatrix} \tag{2-38}$$

矩阵 R 中同一行表示同一母序列与不同子序列的关联度，同一列表示不同母序列与同一子序列的关联度。通过比较关联矩阵元素大小即能分析得出优势序列。如果矩阵 R 中某一行的所有元素大于其他行对应元素，则称该行为优势母序列，如果矩阵 R 中某一列的所有元素大于其他列对应元素，则称该列为优势子序列。

2.2.2 灰度关联实证模拟

在研究金融发展与经济增长之间的关系时，正确厘清二者之间错综复杂的关系十分重要，金融系统和经济系统的复杂性不仅仅体现在其内部的规模、结构、效益上，它们通过内置的系统因素影响着对方。因此，首先需要选择合理的系统指标来分析金融发展与经济增长之间的关系。

---

① 本书矩阵、向量等字母均用白体表示。

2.2.2.1 金融发展指标体系

国内外学者对金融发展指标选取的研究举不胜举，但是研究水平参差不齐，研究结果不能直接拿来使用。Goldsmith（1969）首次提出金融相关化比率（FIR），用金融资产的市场总价值（F）和国民财富中实物形式资产的市场总价值（W）的比值衡量金融深化程度，具有里程碑式意义。Ronald 和 McKinnon（1993）提出用广义货币供给量（M2）与 GDP 的比值（M2/GDP）衡量一国金融发展深化程度。King 和 Levine（1993）在传统的金融深度指标——FIR 的基础上，采用 Bank 指标、Private 指标、Privy 指标，衡量金融发展程度。然而，设计大量新颖的指标虽然具有理论上的创新性，但是数据难以获得，实际操作性不强。因此，本书从金融发展规模、证券业发展程度、银行业发展程度、保险业发展程度四个角度综合选取指标充分衡量金融发展水平，如表 2-3 所示。

表2-3 金融发展指标体系

系统	一级指标	二级指标
金融发展	金融发展规模	FIR
	证券业发展程度	股票筹资额
		股票市值
		股票交易额
		国债发行额
		期货总成交额
	银行业发展程度	金融机构存款余额
		金融机构贷款余额
	保险业发展程度	保费收入

（1）金融发展规模。在金融发展规模方面，本书主要采用 Goldsmith 指标——金融相关比率 FIR，其中金融资产包括全部金融机构存款（FS）和全部金融机构贷款（FL），国民财富中的实物资产用 GDP 衡量。计算公式如下：

$$\mathrm{FIR}=\frac{\mathrm{FS}+\mathrm{FL}}{\mathrm{GDP}} \tag{2-39}$$

（2）证券业发展程度。证券业的繁荣与否最能反映金融业发展的好坏，证券业的发展包含股票、债券、期权、期货等金融衍生品发展，由于获取数据受限，根据可操作性原则，只选取当年国内股票筹资额、股票市值、股票交易额、国债发行额、期货总成交额五个指标。

（3）银行业发展程度。中国金融市场是以银行为主导的市场，因此银行发展也能在一定程度上体现金融发展。具体指标包含金融机构各项存/贷款余额。

（4）保险业发展程度。此处保险业发展程度只设置一个指标——保费收入。保费收入可以反映出一个国家的保险业在整个金融市场中的重要地位。

2.2.2.2　经济增长指标体系

任何单一的指标都无法全面、准确地评价经济增长。衡量经济总量选取 GDP 指标，即一定时间一定区域内所有常驻单位最终生产的商品和劳动价值总和。GDP 总量从数量角度说明经济持续增长的特征。

除了经济增长总量外，还要考虑国民经济各部门创造的价值。不同产业的发展程度能反映经济增长的结构和质量。在第一产业选取农林牧渔业总产值指标；中国第二产业主要以工业、建筑业等为主体，因此选取工业企业总资产、建筑业总产值、全社会固定资产投资指标；第三产业是除第一、第二产业以外的行业，主要是服务部门，在此选取社会消费品零售总额、进出口总额指标，如表 2-4 所示。

表2-4　经济增长指标体系

系统	一级指标	二级指标
经济增长	总量	GDP
	结构	农林牧渔业总产值
		工业企业总资产
		建筑业总产值
		全社会固定资产投资
		社会消费品零售总额
		进出口总额
	效益	居民消费价格指数
		技术市场成交额
		医院数

如表 2-4 所示，经济增长的效益主要体现在提高了全社会的生活消费、教育科技、医疗健康三方面的经济效益和社会福利，分别选取居民消费价格（consumer price index，CPI）指数、技术市场成交额、医院数指标衡量经济增长在生活消费、教育科技和医疗健康三个方面的经济效益。

（1）经济增长会刺激社会对生产原料和资产需求的增加，出现物价上涨。居民消费价格指数衡量经济增长中人们生活的物价波动，因此用居民消费价格指数衡量经济增长在生活消费方面的经济效益。

（2）经济发展使得实现全面教育成为可能，真正保障了人民的受教育权，加大社会教育投入和科技研发投入，可以提高技术创新水平。技术市场成交额反映了技术转移和科技成果转化的总体规模，因此用技术市场成交额衡量经济增长在教育、科学方面的经济效益。

（3）经济增长提高了国家在医疗卫生方面的财政支出和家庭在医疗健康方面的消费水平，医院作为直接为社会群众提供健康服务的专业医疗卫生机构，能直接反映经济对社会医疗服务的影响。因此，用医院数指标从总体上反映经济增长在医疗健康方面的经济效益。

2.2.2.3 金融发展与经济增长主因子提取

因子分析旨在从原始众多变量之间找出具有代表性的少数因子变量，能进行因子分析的前提是原始变量具有较强相关性。因此，在进行因子分析前，首先进行 KMO 和 Bartlett 球形检验，通过检验结果判断数据是否适合进行因子分析。对金融发展指标进行 KMO 和 Bartlett 球形检验，检验结果 KMO 统计值为 0.707，大于 0.7，并且 Bartlett 球形检验 P 值为 0，小于 0.05，则该指标适合做因子分析。

（1）金融发展主因子提取。为了寻找实际意义更明确的公共因子，在进行因子分析时进行旋转，旋转前后各主因子对解释金融发展的贡献率见表 2-5，金融发展各因子得分矩阵见表 2-6。

表2-5 金融发展主因子的特征值及方差

成分	初始特征值及方差			提取因子后的特征值及方差			因子旋转后的特征值及方差		
	特征值	因子方差比例	因子方差累积的比例	特征值	因子方差比例	因子方差累积的比例	特征值	因子方差比例	因子方差累积的比例
1	7.808	86.758%	86.758%	7.808	86.758%	86.758%	3.912	43.469%	43.469%
2	0.616	6.840%	93.598%	0.616	6.840%	93.598%	3.251	36.126%	79.595%
3	0.303	3.368%	96.966%	0.303	3.368%	96.966%	1.563	17.371%	96.966%

表2-6 金融发展各因子得分矩阵

因子	成分			因子	成分		
	1	2	3		1	2	3
金融机构存款余额	0.406	−0.246	−0.015	股票成交金额	0.179	0.277	−0.415
金融机构贷款余额	0.451	−0.278	−0.046	国债发行额	−0.231	0.351	0.169
FIR	−0.534	−0.187	1.459	期货总成交额	0.535	−0.122	−0.430
股票筹资额	−0.525	0.729	0.060	保费收入	0.313	−0.170	0.032
股票市值	−0.005	0.362	−0.233				

表 2-6 中列出了各因子得分，通过因子分析金融发展指标最终提取出两个公

共因子（C_1和C_2），因子C_1包含 4 个指标，即金融机构存款余额、金融机构贷款余额、期货总成交额和保费收入，而因子C_2包含 4 个指标，即股票筹资额、股票市值、股票成交金额和国债发行额，因子C_3包含 1 个指标，即 FIR。为此，通过因子分析法将金融发展指标总结为两个可以解释的公共因子，将公共因子C_1解释为金融总体规模发展水平，将公共因子 C_2 解释为股票市场发展水平，将主因子C_3解释为金融深化程度。根据表 2-6 得出中国金融发展主因子表达式为

$$C_1 = 0.406X_1 + 0.451X_2 - 0.534X_3 - 0.525X_4 - 0.005X_5 + 0.179X_6 - 0.231X_7 + 0.535X_8 + 0.313X_9 \tag{2-40}$$

$$C_2 = -0.246X_1 - 0.278X_2 - 0.187X_3 + 0.729X_4 + 0.362X_5 + 0.277X_6 + 0.351X_7 - 0.122X_8 - 0.170X_9 \tag{2-41}$$

$$C_3 = -0.015X_1 - 0.046X_2 + 1.459X_3 + 0.060X_4 - 0.233X_5 - 0.415X_6 + 0.169X_7 - 0.430X_8 + 0.032X_9 \tag{2-42}$$

其中，C_1和C_2表示两个公共因子；C_3表示中国金融发展的主因子；X_1表示金融机构存款余额；X_2表示金融机构贷款余额；X_3表示 FIR；X_4表示股票筹资额；X_5表示股票市值；X_6表示股票成交金额；X_7表示国债发行额；X_8表示期货总成交额；X_9表示保费收入。通过式（2-40）、式（2-41）、式（2-42），可以计算出每个主因子的得分具体数值并绘制成图 2-1。

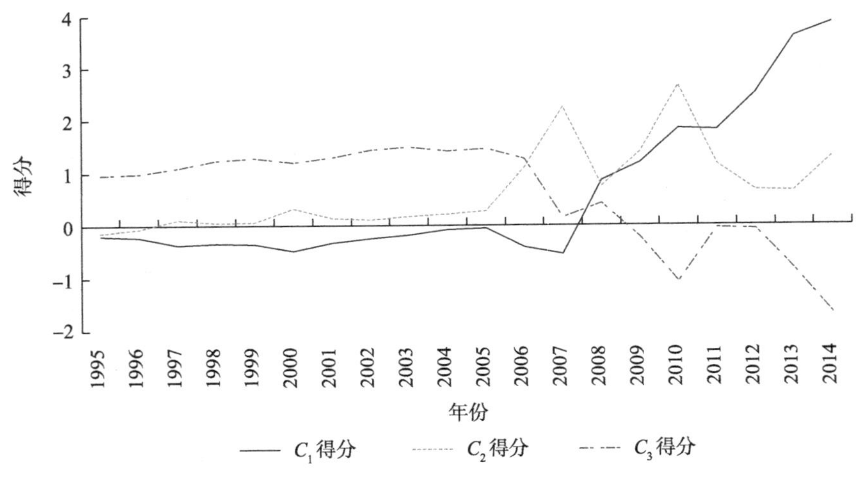

图 2-1　金融发展各主因子得分

如图 2-1 所示，主因子C_1整体呈递增趋势，说明随着改革开放的深入，中国金融业总体水平高速发展，主因子C_2在 2008 年之前整体递增，2008 年之后呈现较大波动，说明中国金融业发展并不全面，2008 年次贷危机直接影响股票市场的稳定发展，证券业发展不成熟、不完善。基于公共因子得分，然后以两个公共因子在旋转后的方差贡献率为权重，计算中国金融发展的综合得分，如表 2-7 所示。

表2-7　中国金融发展的综合得分

年份	综合得分	年份	综合得分	年份	综合得分	年份	综合得分
1995	0.031 5	2000	0.117 6	2005	0.338 1	2010	1.614 1
1996	0.051 3	2001	0.136 4	2006	0.443 0	2011	1.224 7
1997	0.071 4	2002	0.184 9	2007	0.614 7	2012	1.349 9
1998	0.088 2	2003	0.249 1	2008	0.725 8	2013	1.696 8
1999	0.094 0	2004	0.296 2	2009	1.002 2	2014	1.916 1

（2）经济增长主因子提取。对获取的经济指标数据进行预处理，采用的方法同金融发展数据处理方法。对经济增长指标进行 KMO 和 Bartlett 球形检验，检验结果 KMO 统计值为 0.896，大于 0.8，并且 Bartlett 球形检验 P 值为 0，小于 0.05，因此该指标适合做因子分析。为了寻找实际意义更明确的公共因子，在进行因子分析时进行旋转，旋转前后各主因子对解释金融发展的贡献率见表 2-8，经济增长各因子得分矩阵见表 2-9。

表2-8　经济增长主因子解释的特征值及方差

成分	初始特征值及方差			提取因子后的特征值及方差			因子旋转后的特征值及方差		
	特征值	因子方差比例	因子方差累积的比例	特征值	因子方差比例	因子方差累积的比例	特征值	因子方差比例	因子方差累积的比例
1	9.844	98.439%	98.439%	9.844	98.439%	98.439%	5.476	54.762%	54.762%
2	0.101	1.008%	99.447%	0.101	1.008%	99.447%	4.469	44.686%	99.448%

表2-9　经济增长各因子得分矩阵

因子	成分		因子	成分	
	1	2		1	2
GDP	−0.091	0.253	社会消费品零售总额	0.464	−0.363
农林牧渔业总产值	−0.057	0.214	进出口总额	−1.517	1.830
工业企业总资产	0.191	−0.060	技术市场成交额	0.939	−0.892
建筑业总产值	0.563	−0.473	居民消费价格指数	−0.397	0.591
全社会固定资产投资	0.749	−0.680	医院数	−0.137	0.302

表 2-9 中列出了各因子得分，通过因子分析经济增长指标最终提取出两个公共因子，因子 C_1 包含 6 个指标，即工业企业总资产、建筑业总产值、全社会固定资产投资、社会消费品零售总额、技术市场成交额，而因子 C_2 包含 4 个指标，即 GDP、进出口总额、居民消费价格指数、医院数。为此，通过因子分析法将金融发展指标总结为两个可以解释的公共因子，将公共因子 C_1 解释为以第二产业为主的投资水平，将公共因子 C_2 解释为消费和进出口水平。根据表 2-9 得出中国经济增长主因子表达式为

$$\begin{aligned}C_1 &= -0.091Y_1 - 0.057Y_2 + 0.191Y_3 + 0.563Y_4 + 0.749Y_5 \\ &\quad + 0.464Y_6 - 1.517Y_7 + 0.939Y_8 - 0.397Y_9 - 0.137Y_{10}\end{aligned} \tag{2-43}$$

$$C_2 = 0.253Y_1 + 0.214Y_2 - 0.060Y_3 - 0.473Y_4 - 0.680Y_5 - 0.363Y_6 + 1.830Y_7 - 0.892Y_8 + 0.591Y_9 + 0.302Y_{10} \quad (2\text{-}44)$$

其中，C_1 和 C_2 表示两个公共因子；Y_1 表示 GDP；Y_2 表示农林牧渔业总产值；Y_3 表示工业企业总资产；Y_4 表示建筑业总产值；Y_5 表示全社会固定资产投资；Y_6 表示社会消费品零售总额；Y_7 表示进出口总额；Y_8 表示技术市场成交额；Y_9 表示居民消费价格指数；Y_{10} 表示医院数。

通过式（2-43）、式（2-44）可以计算出每个主因子的具体得分并绘制成图 2-2。

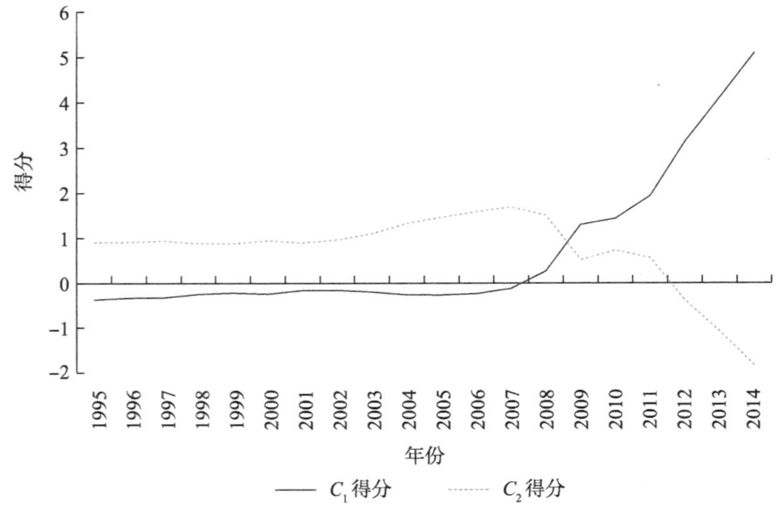

图 2-2　经济增长各主因子得分

基于公共因子得分，然后以两个公共因子在旋转后的方差贡献率为权重，计算中国经济增长的综合得分，如表 2-10 所示。

表2-10　中国经济增长的综合得分

年份	综合得分	年份	综合得分	年份	综合得分	年份	综合得分
1995	0.206 1	2000	0.290 6	2005	0.510 6	2010	1.112 5
1996	0.230 1	2001	0.314 7	2006	0.581 5	2011	1.313 5
1997	0.246 4	2002	0.345 3	2007	0.690 2	2012	1.549 8
1998	0.260 0	2003	0.386 1	2008	0.819 8	2013	1.772 8
1999	0.273 7	2004	0.452 4	2009	0.946 3	2014	1.970 0

2.2.2.4　金融发展与经济增长灰度关联分析

通过因子分析提取 2 个经济增长指标作为母因素，将相应的因子得分序列记为 $\{y_1(k)\}$ 和 $\{y_2(k)\}$，提取 3 个金融发展指标作为子因素，将相应的因子得分序列记为$\{x_1(k)\}$、$\{x_2(k)\}$和$\{x_3(k)\}$。根据前面介绍的理论方法，采用中国金融发展与经济增长指标的1995~2014年的数据，进行灰色关联分析，根据理论公式可以计算各母子序列之间的关联度，形成如表2-11所示的灰色关联矩阵。

表2-11　灰色关联矩阵

序列	x_1	x_2	x_3	均值
y_1	0.978 6	0.746 7	0.461 0	0.728 8
y_2	0.453 5	0.526 8	0.788 8	0.589 7
均值	0.716 1	0.636 8	0.624 9	0.659 3

从表2-11可以看出，中国金融发展和经济增长指标关联度大多处于中高水平，关联度最低为0.453 5，最高为0.978 6。金融发展的3个指标与经济增长的关联度均高于0.6，而且金融总体规模发展水平与经济增长关联度高于0.7，表明金融总体规模发展水平对经济增长的作用较强。中国股票市场对经济增长的影响较强，股票市场发展水平和经济增长的平均关联度为0.636 8，表明中国股票市场的发展能带动经济增长。

从经济增长对金融发展的贡献来看，0.728 8>0.589 7，表明以第二产业为主的投资水平对金融发展的影响较为显著，或者影响作用较大。消费和进出口水平与金融发展的平均关联度大于0.5，说明促进消费和进出口能带动金融业发展，但是加大对以第二产业为主的投资力度拉动金融业发展效果会更显著。

2.3　基于系统动力学理论的运行机制

金融创新与经济增长之间的关系，难以用单向关系简单描述，两者呈现出复杂性特征。系统动力学的出现为认识、解决复杂系统问题提供了解决路径，可用于研究处理社会、经济、生态环境等高度非线性、高阶次、多变量、多重反馈、复杂事物的大系统问题。

同时，金融创新与经济增长之间不能用简单的“促进”“抑制”“互为因果”来进行描述，既有研究中很少通过系统动力学研究两者的作用机制，利用系统动力学来研究金融创新与经济增长之间的作用机制并模拟相关机制的政策形势仍有一定空间。利用系统动力学研究金融创新与经济增长作用机制的合理之处在于：一是直接采用非线性、复杂性和系统动力学的分析方法研究金融创新问题，更接近实际情况；二是能够解释金融创新系统、经济增长系统存在的复杂的非线性作用机制，其结论也更有意义；三是采用定性与定量相结合的方式进行研究，同时借助计算机进行仿真检验，预测我国未来金融创新、经济增长的演化方向。研究的创新之处在于：一方面，分别厘清金融创新系统与经济增长系统，特别是系统的建立充分考虑两者的关联性，从理论层面对金融创新与经济增长间的作用机理进行剖析；另一方面，利用系统仿真与政策模拟，从现实层面研究两者作用机制的政策表现形式，增强研究的现实意义。

2.3.1 系统动力学模型的构建

通过对金融创新系统、经济增长系统进行界定，剖析两者运作规律，并对两者复合系统运作机理进行分析，得到包含系统输入、系统运行、系统输出三个系统状态的系统动力学模型。

2.3.1.1 系统变量性质

金融创新系统、经济增长系统包含的变量性质有以下三类。

（1）水平变量：也称流位，指描述实物（包括物质和非物质的）积累的变量，用矩形表示。

（2）速率变量：也称流率，指随时间推移使水平变量的值增加或减少的变量，表示某个水平变量变化得快慢，用阀门符号表示。

（3）辅助变量：指表达决策过程的中间变量。

2.3.1.2 模型变量情况

金融创新系统输入状态指标有资本投入（用金融业研发支出表示，是金融机构用于研发的资金投入情况）、人力投入（用金融业研发从业人数、金融业从业人数、金融业从业人数增长率表示，是从事金融业及其相关研发工作的人员变动情况）；系统运行状态指标有资金供求（用普通投资者开户数、上市公司数量表示，代表金融市场中个人、企业资金供求者变化情况）、科技科研（用金融创新研发速率与流失率、金融创新度表示）；系统输出状态指标有创新成果（用金融业增加值、金融业产值表示，代表金融业发展情况）。

经济增长系统输入状态指标有财力投入（用教育支出、研发支出总量、全社会固定资产投资表示，是为实现经济增长而进行的资金投入）、人力投入（用全国人口表示）；系统运行状态指标有自然人主体（用全国科研人员数量表示）、法人主体（用上市公司数量表示）；系统输出状态指标有增长平稳（用国内 GDP、GDP

增长量表示，是经济增长情况的宏观表现）、居民生活（用居民消费水平表示，是经济增长情况的微观表现）。

另外，将上市公司新增数与破产数，人口出生、死亡数，人口出生、死亡率，全社会固定资产投资占 GDP 比例，研发支出占 GDP 比例，教育投入，金融业增加值占 GDP 比重，上市公司数量因子，金融业研发从业人数因子，资本证券交易量作为金融创新系统、经济增长系统的关联变量纳入复合系统。模型具体指标及其变量情况如表 2-12 所示。

表2-12 模型具体指标及其变量情况

系统分类	系统状态	状态指标	变量选择	变量性质	单位
金融创新	输入	资本投入	金融业研发支出	辅助	万元
		人力投入	金融业研发从业人数	辅助	万人
			金融业从业人数	水平	万人
			金融业从业人数增长率	辅助	%
	运行	资金供求	普通投资者开户数	辅助	万人
			上市公司数量	水平	个
		科技科研	金融创新研发速率与流失率	速率	%
			金融创新度	水平	无
	输出	创新成果	金融业增加值	速率	亿元
			金融业产值	水平	亿元
经济增长	输入	财力投入	教育支出	辅助	亿元
			研发支出总量	辅助	亿元
			全社会固定资产投资	辅助	亿元
		人力投入	全国人口	水平	万人
	运行	自然人主体	全国科研人员数量	辅助	万人
		法人主体	上市公司数量	水平	个
	输出	增长平稳	国内 GDP	水平	万亿元
			GDP 增长量	辅助	万亿元
		居民生活	居民消费水平	辅助	万元
其他关联变量	上市公司新增数与破产数			速率	个
	人口出生、死亡数			速率	万人
	人口出生、死亡率			辅助	%
	全社会固定资产投资占 GDP 比例			辅助	%
	研发支出占 GDP 比例			辅助	%
	教育投入			辅助	无
	金融业增加值占 GDP 比重			辅助	%
	上市公司数量因子			辅助	无

续表

系统分类	系统状态	状态指标	变量选择	变量性质	单位
其他关联变量	金融业研发从业人数因子			辅助	无
	资本证券交易量			辅助	亿元

2.3.1.3　金融创新与经济增长系统因果关系

根据前文对两者作用机理的分析，利用系统动力学方法建立复合系统动力学模型，借助计算机模拟技术，对问题进行定量研究。根据 SD 理论与方法，金融创新与经济增长之间的因果关系如图 2-3 所示。

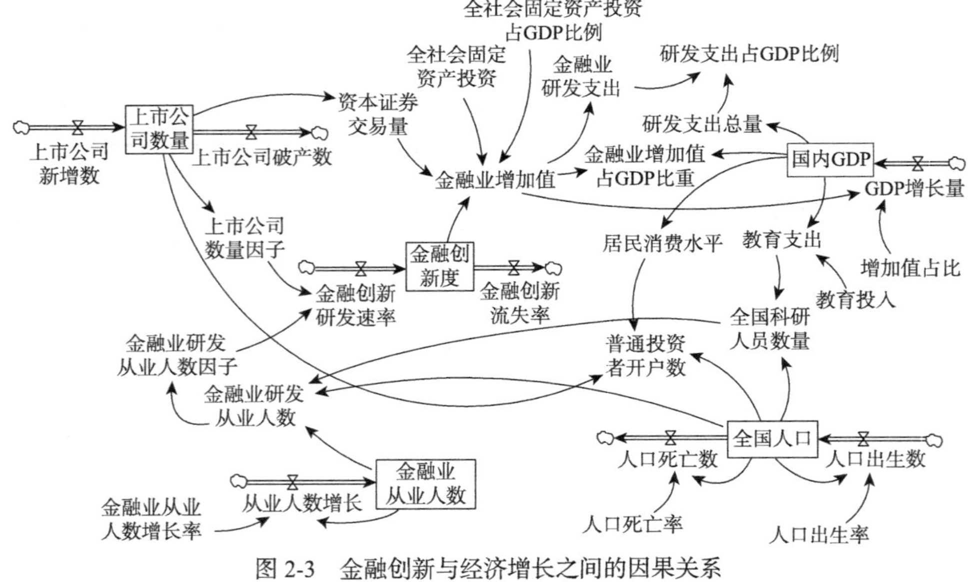

图 2-3　金融创新与经济增长之间的因果关系

2.3.1.4　主要回路

主要回路分别为：金融创新度、金融创新研发速率、国内 GDP、资本证券交易量、教育支出、居民消费水平回路。构建思想如下。

（1）金融创新度回路：长度为 8，包括金融业增加值—GDP 增长量—国内 GDP—教育支出—全国科研人员数量—金融业研发从业人数—金融业研发从业人数因子—金融创新研发速率。

（2）金融创新研发速率回路：长度为 8，包括金融创新度—金融业增加值—GDP 增长量—国内 GDP—教育支出—全国科研人员数量—金融业研发从业人数—金融业研发从业人数因子。

（3）国内 GDP 回路包括两部分，一是长度为 5 的：居民消费水平—普通投资者开户数—资本证券交易量—金融业增加值—GDP 增长量；二是长度为 8 的：教育支出—全国科研人员数量—金融业研发从业人数—金融业研发从业人数因子—金融创新研发速率—金融创新度—金融业增加值—GDP 增长量。

（4）资本证券交易量回路：长度为 5，包括金融业增加值—GDP 增长量—国内 GDP—居民消费水平—普通投资者开户数。

（5）教育支出回路：长度为 8，包括全国科研人员数量—金融业研发从业人数—金融业研发从业人数因子—金融创新研发速率—金融创新度—金融业增加值—GDP 增长量—国内 GDP。

（6）居民消费水平：长度为 5，普通投资者开户数—资本证券交易量—金融业增加值—GDP 增长量—国内 GDP。

为构建相关方程与函数，先分别就金融业增加值与全社会固定资产投资×全社会固定资产投资占 GDP 比例、资本证券交易量间，普通投资者开户数与上市公司数量、居民消费水平、全国人口间，教育支出与国内 GDP 间，全国科研人员数量与全国人口的自然对数间，居民消费水平与国内 GDP 间的数量关系，通过线性回归进行拟合，以上变量原始数据来源于 2009~2015 年国家统计局数据库。通过回归得到如表 2-13 所示的变量回归系数。

表2-13 变量回归系数

因变量	自变量	自变量系数	常数项
金融业增加值	全社会固定资产投资×全社会固定资产投资占 GDP 比例	0.089 46	1 672.67
	资本证券交易量	0.000 292	
普通投资者开户数	上市公司数量	3.492 8	455 094
	居民消费水平	1.857 2	
	全国人口	−3.5	
教育支出	国内 GDP	0.057 5	−3 734.6
全国科研人员数量	Ln 全国人口	4 680.7	−54 997
居民消费水平	国内 GDP	0.029 9	−1 302.8

2.3.1.5 主要方程与函数

通过上文对金融创新度回路、金融创新研发速率回路、国内 GDP 回路、资本证券交易量回路、教育支出回路所包含变量的分解，以及变量回归系数，构造以下方程与函数。

1）金融业增加值占 GDP 比重=金融业增加值/GDP

金融业增加值占 GDP 比重用以衡量金融业发展与经济增长的关系，一定程度上可发现一国含有经济泡沫的情况。

2）金融业增加值=（1 672.67+0.089 46×全社会固定资产投资×全社会固定资产投资占 GDP 比例+0.000 292×资本证券交易量）×金融创新度×调整系数

金融业增加值是金融业创新发展成果的体现，先构造金融业增加值与全社会固定资产投资及其占 GDP 比例、资本证券交易量的函数关系，再利用金融创新度与调整系数，构造金融业增加值与金融创新度政策模拟实验的方程。

3）普通投资者开户数=3.492 8×上市公司数量+1.857 2×居民消费水平−3.5×全国人口+455 094

普通投资者开户数一定程度上反映金融市场的活跃程度，构造普通投资者开户数与上市公司数量、居民消费水平、全国人口变化之间的关系。

4）教育支出=（0.057 5×国内 GDP−3 734.6）×教育投入

教育支出是实现人力资源积累的重要推动力，先构造教育支出与国内 GDP 之间的关系，利用教育投入项来进行政策调整模拟。

5）全国科研人员数量=（4 680.7×Ln 全国人口−54 997）×教育支出

全国科研人员是实现创新的重要参与者，先构造全国科研人员数量与全国人口间的关系，利用教育支出项进行政策调整模拟。

6）居民消费水平=0.029 9×国内 GDP−1 302.8

居民消费水平一定程度上反映经济发展的微观情况，构造居民消费水平与国内 GDP 的关系。

7）上市公司数量因子=INTEG（新增数−破产数，1 718）

上市公司数量是金融市场运行中主体变化的重要体现。该项为取整函数，代表每年上市公司数量变化与现状，初始值为 1 718 家。

8）金融业研发从业人数=全国科研人员数量/全国人口×金融业从业人员数

金融业研发从业人员是金融创新的重要参与者，利用全国科研人员数量与全国人口的比例，计算金融业研发从业人数。

2.3.1.6 模型检验

利用 2009~2016 年数据，比较模拟国内 GDP 与真实国内 GDP，通过方差分析，得到 F 值=0.013 44，小于 5%水平上的 F 临界值=4.600 11，可以认为在 5%水平上，模拟国内 GDP 与真实国内 GDP 无显著差异，模型通过检验。

利用 2009~2016 年数据，比较模拟金融业增加值与真实金融业增加值，通过方差分析，得到 F 值=0.032 13，小于 5%水平上的 F 临界值=4.600 11，可以认为在 5%水平上模拟金融业增加值与真实金融业增加值无明显差异，模型通过检验。国内 GDP、金融业增加值仿真模拟效果如图 2-4 所示。

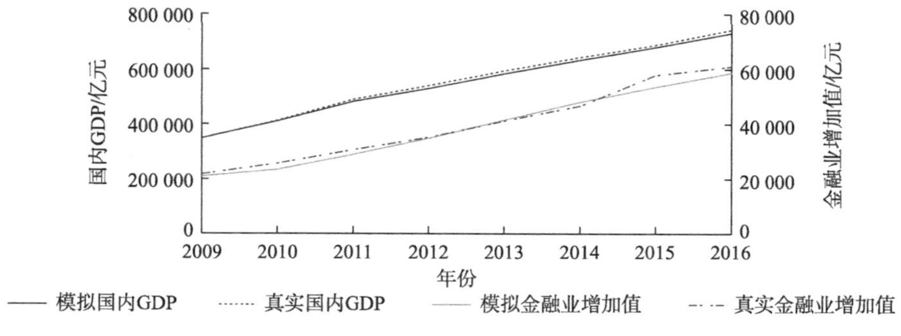

图 2-4　国内 GDP、金融业增加值仿真模拟效果

根据 SD 方法，通过对该系统动力学模型结构、行为合理性、行为与实际一致性的检验分析，该模型是基本可靠稳定的。因此该模型可以用来对未来某一段时间我国金融创新与经济增长问题进行政策模拟，为决策者提供定性、定量的参考依据。

2.3.2　仿真预测与政策模拟

用 GDP 增长率表示经济增长情况，运用系统动力学模型进行金融业增加值的预测，以及金融创新与经济增长的关联度预测。同时，通过金融创新活动的四项机制（学习教育机制、信息决策机制、竞争协作机制和利益驱动机制）进行政策模拟。

2.3.2.1　GDP 预测

通过 SD 模型，以 2009~2016 年仿真数据为基础，预测样本期未来 5 年国内 GDP 走势，如图 2-5 所示。通过模拟预测，2022 年国内 GDP 达 102 万亿元，以 2016 年真实国内 GDP 为底数，计算出 2020~2022 年年均经济增长率为 5.69%。2015 年，野村证券中国区首席经济学家赵扬曾表示：未来 10 年中国经济增速将继续逐渐放缓至一个可持续的中高速水平（5%左右），并维持相当长时期的中高速增长。2018 年任泽平也提出通过改革构筑的 5%的新增长平台，比过去靠刺激勉强维持的 8%的旧增长平台要好，预计未来中国新的中速增长平台为 5%左右，乐观情况下会增长 10~15 年。2019 年，摩根士丹利全球首席策略师 Ruchir Sharma 指出，根据他在不同国家 20 多年的实践经验发现：当今世界上几乎没有哪个国家的经济增长率超过 7%，在全球经济中，即使增长 5%，也变得非常困难，而中国新旧产业的平衡是中国未来 5 年成功与否的重要因素。平安银行和中国人民大学（2020）联合发布了《平安地产金融白皮书 2021》，预计 2020 年中国 GDP 增长 5.5%~6%较为合适，“既照顾到通货膨胀目标的要求，又照顾到失业率目标的要求”。在中国经济新常态下，GDP 增长率维持在 6%左右，内需放缓是中国经济在需求侧隐现下行的重要因素，也是主动调整的结果，包括供给侧结构性改革、环保监察、房地产行业调控、强力监管及去杠杆等因素的作用。在供给侧结构性改革五大任务——去产能、去库存、去杠杆、降成本、补短板——的共同作用下，中国不乏可能性会在未来 3 年保持破 6%的增速。

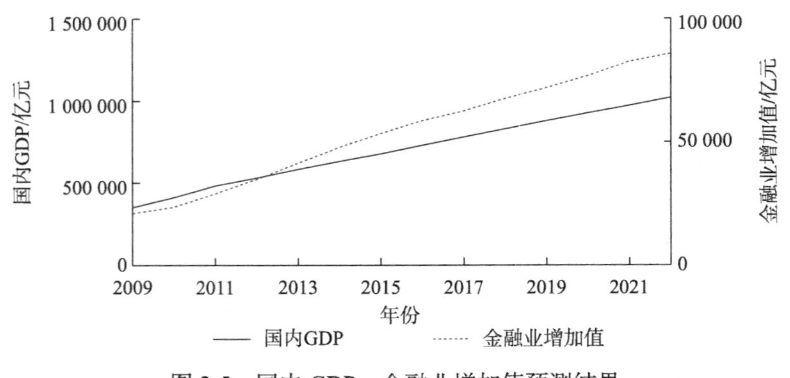

图 2-5　国内 GDP、金融业增加值预测结果

2.3.2.2　金融业增加值预测

通过 SD 模型，以 2009~2016 年仿真数据为基础，预测样本期未来 6 年金融业增加值走势，如图 2-5 所示。通过模拟预测，以 2016 年真实金融业增加值为底数，计算出 2020~2022 年平均年增长率为 6.53%。模拟发现，2017~2019 年，中国金融业增加值平均增速略高于 GDP 增速，有“脱实”压力。在“四化同步”背景下，金融服务需继续贴近实体经济，防止金融泡沫。

2.3.2.3　金融业增加值占 GDP 比重预测

通过 SD 模型，以 2009~2016 年仿真数据为基础，预测样本期未来 6 年金融业增加值占 GDP 比重，如图 2-6 所示。从现实数据来看，中国金融业增加值占 GDP 比重由 2007 年低位上升至 2021 年的 8.4%，超过英国、美国、日本三国。2016~2017 年在金融业防风险、去杠杆、服务实体经济的主基调下，占比有所回落。按照 5%的标准，金融业已成为中国支柱产业，但过高的金融业增加值占比也是金融泡沫存在的表现。通过模拟，2020~2022 年中国金融业增加值占 GDP 比重的平均值为 8.23%，仍为支柱产业。

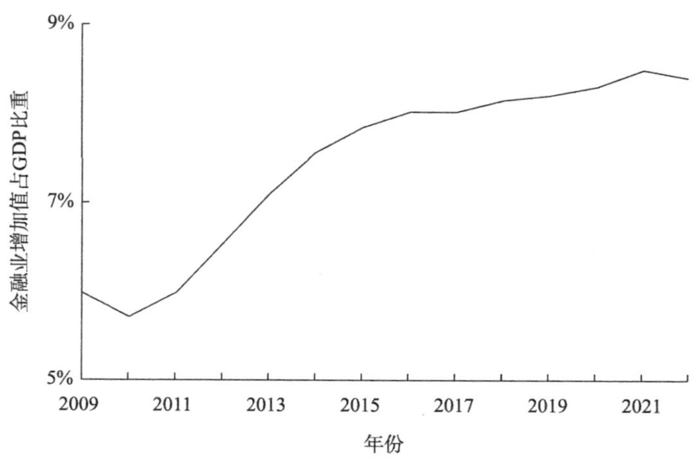

图 2-6 金融业增加值占 GDP 比重预测结果

2.3.2.4 政策模拟分析

1）利益驱动机制政策模拟——全社会固定资产投资占 GDP 比例的变化

当以金融企业为主的创新成果应用主体在高额预期创新利润驱动下进行创新活动时，在一定的监管条件下会为社会提供投资。固定资产投资是企业扩大再生产的重要途径，可从生产企业经营规模、技术水平等方面发挥调整产业结构的功能。选择全社会固定资产投资占 GDP 比例的变化作为利益驱动机制下资源配置的系统表现形式进行政策模拟，分别将全社会固定资产投资占 GDP 比例初始投入提高 10%、20%、30%，与原始值进行比较。

（1）当全社会固定资产投资占 GDP 比例分别增加 10%、20%、30%时，模拟发现，金融创新度与原始值相比累计分别增加 1.3%、2.6%、3.9%，如图 2-7 所示。当全社会固定资产投资增加时，金融创新者捕捉到投资信息，做出反应为市场提供投资。从模拟结果来看，在存在约 2 年时滞的情况下不同的全社会固定资产投资增加导致的金融创新从 2015 年开始产生较大差别，根据金融业研发支出变化情况（图 2-8），金融业研发投入根据投资机会的增加相应增大，进一步证明利益驱动机制下的金融创新活动是合理存在的。但总体而言，金融创新度不高，即创新成果应用程度较低，对此可能有以下原因：①金融监管导致金融创新流失率较高，创新成果转化机制有待进一步完善；②去杠杆政策效应的持续存在，企业减少负债；③结构性改革成果未显现，金融创新部门持观望态度。

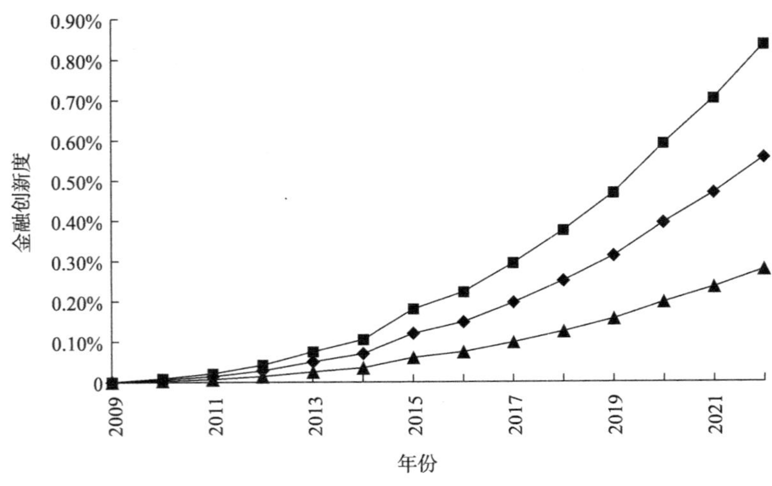

图 2-7　全社会固定资产投资占 GDP 比例对金融创新度增加的影响

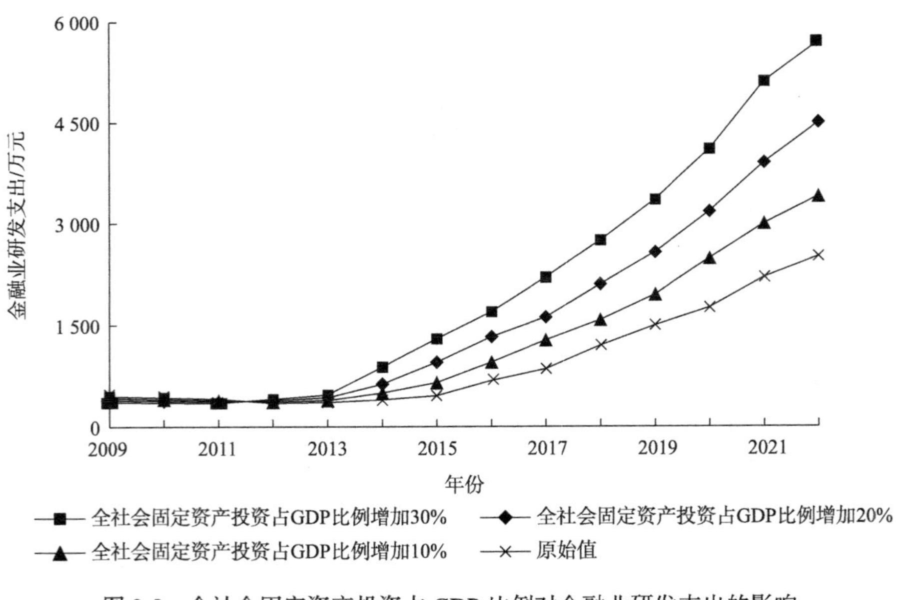

图 2-8　全社会固定资产投资占 GDP 比例对金融业研发支出的影响

（2）全社会固定资产投资占 GDP 比例的增加，可提升金融市场的活跃程度，显著增加普通投资者开户数。普遍共识是规范的金融市场主要参与者应为机构投资者，由图 2-9 可见，投资机会的增加会导致普通投资者参与热情的大幅上升，带来投机行为的增加。

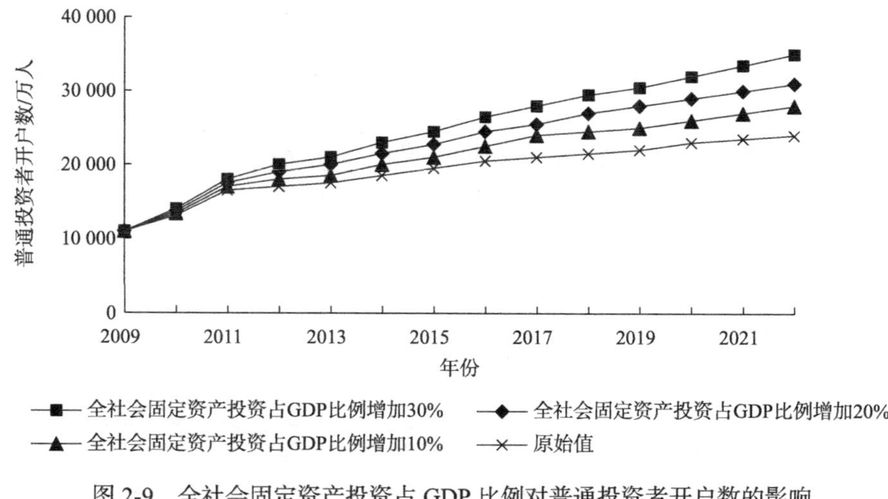

图 2-9 全社会固定资产投资占 GDP 比例对普通投资者开户数的影响

（3）全社会固定资产投资占 GDP 比例增加对 GDP 增长有显著影响，说明通过固定资产投入带来经济增长的可能性还存在。从图 2-10 来看，至 2022 年，我国每年 GDP 增长平稳中总体小幅下降，与现实经验相吻合。金融创新系统一方面受经济环境影响，在投资机会的增加下被动创新，另一方面在高额创新利润驱使下主动创新，从而行使调节经济增长系统资源配置的功能，帮助完成经济增长。2018 年，我国全社会固定资产投资中超过 60%来自民间资本，如何降低民间资本准入门槛、扩大准入空间，如何通过竞争协作机制促进民间资本与政府资本优化组合，是在农业面临现代化、行业面临信息化的关键时期亟须解决的问题。

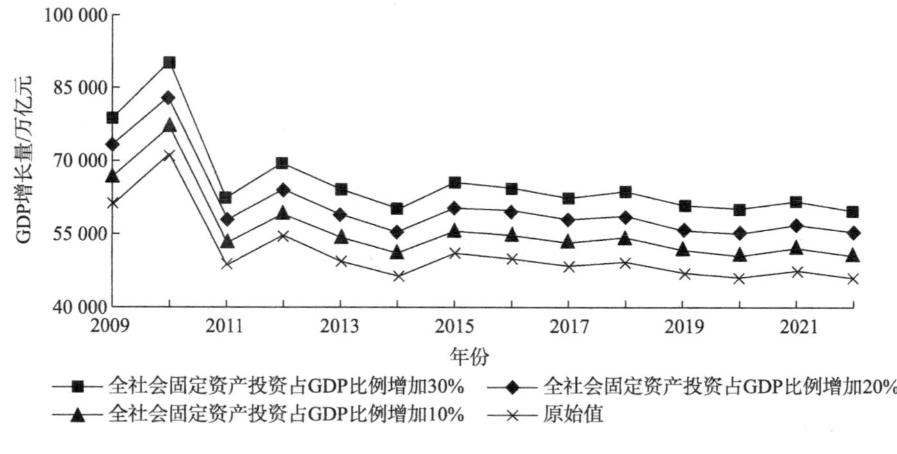

图 2-10 全社会固定资产投资占 GDP 比例增加对 GDP 增长量的影响

（4）金融业增加值占 GDP 比重变化较为平稳，如图 2-11 所示，2017~2022 年投资增加的 3 种情况下平均占比分别为 9.0%、8.8%、8.4%。从广义来看，金融机构的引入，对实体经济来说意味着交易成本的增加，根据模拟结果可以发现：金融创新带来全社会固定资产投资占 GDP 比例的增加，但是在 3 种投资增加情况下，金融业增加值占 GDP 比重的平均值是在减小的。也就是说，对于实体经济而言，因为金融创新，其付出的交易成本相对减少了，这也符合金融创新的成果之一是交易成本的减少这一事实。按照 5%的标准，金融业依旧是支柱产业，但金融业增加值并非无止境增长。同时，由图 2-12 可知，居民消费水平持续提升，结合图 2-11 证明金融业发展受经济增长环境制约，金融行业的发展与经济增长相匹配，人民生活水平才能得以保障。

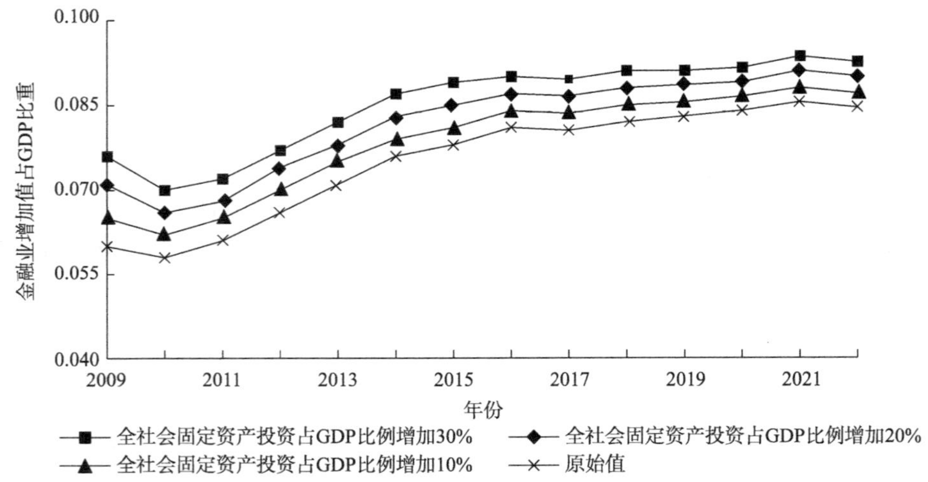

图 2-11　全社会固定资产投资占 GDP 比例对金融业增加值占 GDP 比重的影响

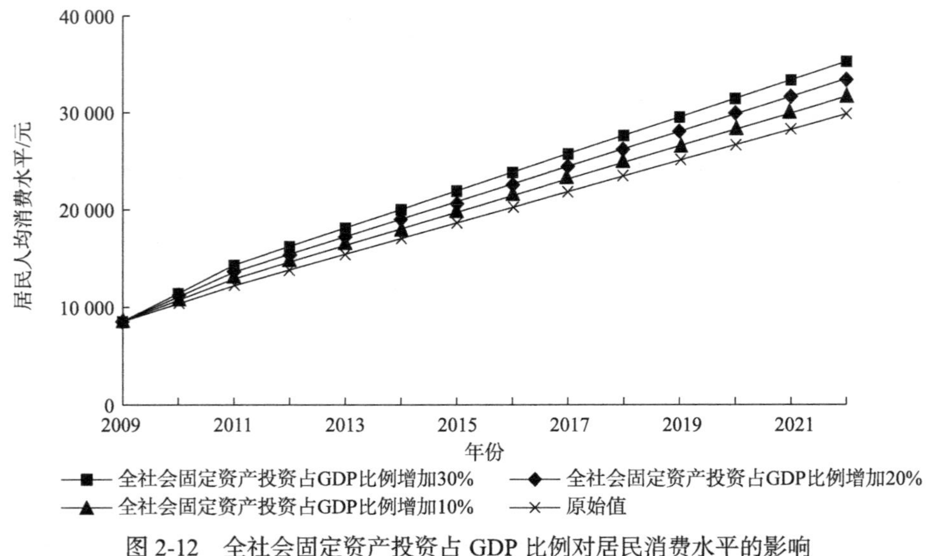

图 2-12　全社会固定资产投资占 GDP 比例对居民消费水平的影响

2）学习教育机制政策模拟——教育投入变化

学习教育机制贯穿金融创新系统过程，首先在竞争协作层面促进金融创新行为的发生，其次在信息决策层面促进金融创新成果的扩散。选择教育投入变化作为学习教育机制下的资源配置系统表现形式进行政策模拟，分别将教育初始投入提高 10%、20%、30%，与原始模拟值进行比较。

（1）当教育投入增加 10%~30%，金融创新度经历了激增、相对缓慢增加、再次激增 3 次改变，金融业研发从业人数在一次激增后缓慢增加，如图 2-13 和图 2-14 所示，学习教育机制使得金融创新系统发生非线性改变，且相较于全社会固定资产投资占 GDP 比例改变，教育投入对金融创新的促进作用更为显著。这说明教育投入一方面通过增加素质人力数量促进创新，另一方面通过支持素质人力创新活动实现创新，素质人力的积累带来创新的阶段性改变。

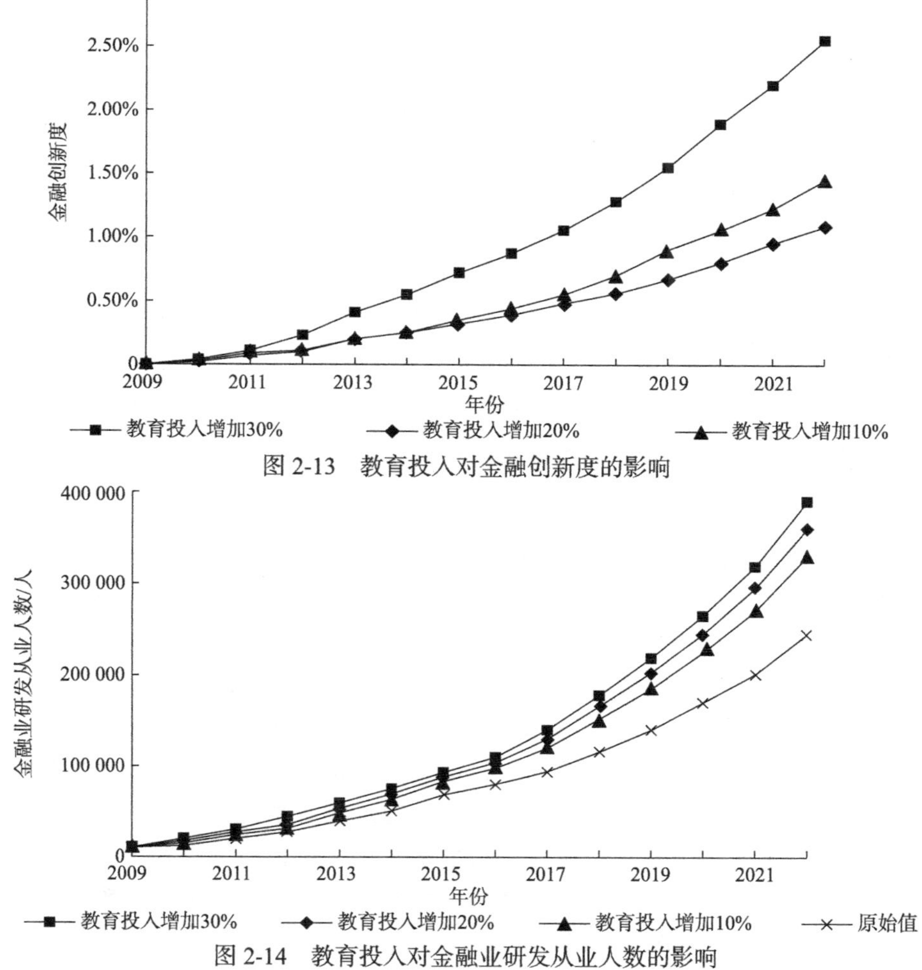

图 2-13　教育投入对金融创新度的影响

图 2-14　教育投入对金融业研发从业人数的影响

（2）与全社会固定资产投资占 GDP 比例增加时的情况类似，教育投入增加后，金融业增加值占 GDP 比重并不会持续增加，如图 2-15 所示，投入增加的 3 种情况下 2017~2022 年平均占比均为 9.1%，按照 5%的标准，依旧是支柱产业。由此可知，相较于外部环境改变（如全社会固定资产投资占 GDP 比例改变）促使金融创新发生，金融系统中教育对创新活动的正面影响更显著，教育使得金融系统中各要素从趋利避害的投机行为模式逐步转变为以协调发展为目的的更加理性的投资行为模式，因此带来了更加稳定的、与经济增长更为匹配的金融系统。

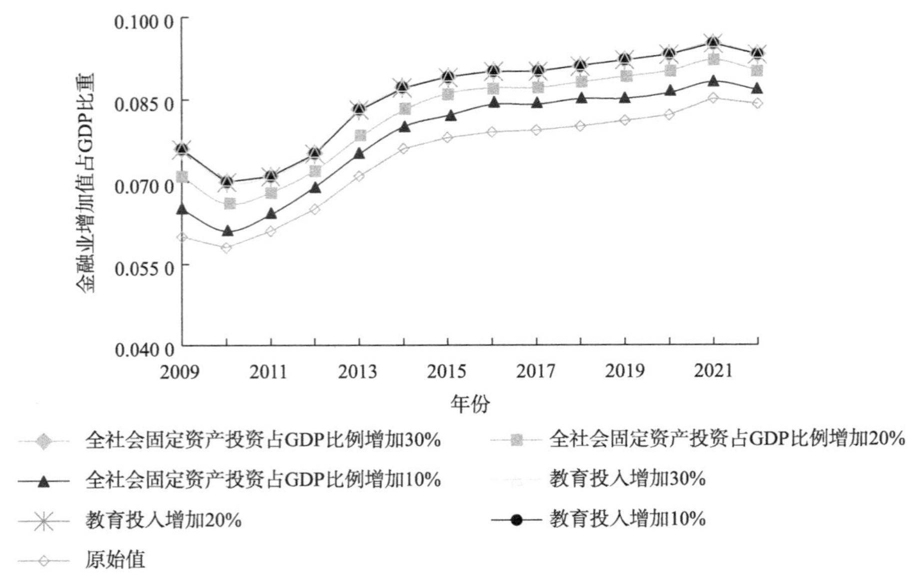

图 2-15　教育投入和全社会固定资产投资占 GDP 比例对金融业增加值占 GDP 比重的影响

3）竞争协作机制与信息决策机制的作用——资源配置的选择

值得注意的是，教育投入增加对经济增长的作用是有限的，当教育投入增加 10%后，更多的教育投入对经济增长的影响微乎其微，但其重要性不可忽视，如图 2-16 所示。教育投入促进经济增长的直接作用不如全社会固定资产投资，但教育投入促进了经济进一步增长，抑制了经济进一步下滑，对经济下滑有一定遏制作用。并且为达到相似的经济增长程度，全社会固定资产投资占 GDP 比例需增加 30%。基于以上教育投入和全社会固定资产投资对经济增长作用效果的差异，信息决策机制可以发挥作用，信息决策者需要做出选择：是从提高教育投入方面实现创新以促进经济增长，还是通过经济系统中投资的配置比例实现经济增长。本质上两者均是金融创新系统、经济增长系统中要素如何优化配置问题，更进一步地说，金融机构之间、高校之间、金融机构与高校之间的竞争与协作行为也是资源配置的选择问题。

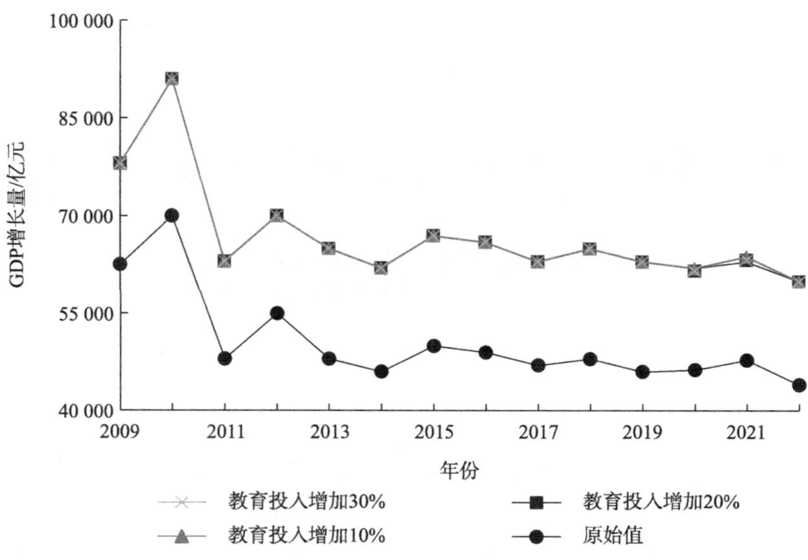

图 2-16　教育投入对 GDP 增长量的影响

3　金融创新与经济增长相互促进的路径设计

本书探讨金融创新与经济增长的关联方式和相互影响渠道，运用内生增长模型、灰度关联理论和系统动力学方法进行两者的关联分析。同时，本书梳理归纳了金融创新与经济增长相互影响的作用机理，并进行两者相互促进的理论演绎与路径设计。

3.1　路径设计的总体目标

如前文所述，经济增长作为一国商品和劳务的宏观总量，可视为金融创新的环境。宏观环境的变化会促使金融创新发生改变，其中包括宏观产业的发展、经济投入的分配、金融监管的政策等。由此，金融创新与经济增长相互促进的路径设计有两方面目标：①金融创新通过成果转化改变经济增长系统主体的资金供求与科技发展状态，进行更有效的资源配置，使经济增长系统发生进化；②经济增长环境的变化又促使金融创新过程发生改变，推进两者更加高效协调发展。经济增长带动的金融创新投入越多，研发部门信息和融资成本越低，研发投入转化的效率提高，则能进一步拉动经济增长率的提高。

3.2　路径设计的理论依据

一国的 GDP 总量可以从数量角度说明经济持续增长的趋势，但在经济增长和金融创新关系的研究中，除了经济增长总量之外，还要考虑国民经济各部门对金融创新发展创造的价值。

3.2.1　从经济投入角度考察经济增长环境

根据灰度关联模型研究结果，金融创新与经济增长存在明显的非线性相互促进关系。金融创新会随着外部宏观经济增长而增长，但整体宏观经济系统中的各部门对金融创新的发展带动作用存在差异。研究发现：①以第二产业为主的投资对金融创新发展的贡献最为突出，达到了 0.728 8，超过了消费、进出口及其他产业的投资效应。②教育投入提升了金融创新系统的整体素质，为创新活动提供了动力来源。教育投入一方面增加了素质人才数量以促进创新，另一方面通过提升高素质人才创新活动质量推动创新的阶段性改变。

1）协调社会固定资产投资规模

固定资产投资是经济增长背景下企业扩大再生产的重要途径，可从调整企业生产经营模式、提升创新技术水平等方面作用于经济增长与金融创新协调发展，其本质是社会经济资源的优化分配和高质量转化。根据系统动力学的模拟结果：①全社会固定资产投资占 GDP 比例的增加会提升金融市场的活跃程度，传送金融创新的积极信号，引导金融创新市场正向反馈；②全社会固定资产投资的增加加大了对金融创新的研发投入，通过利益驱动机制引导金融创新工作更高效运转；③全社会固定资产投资占 GDP 比例的增加进一步促进宏观经济增长，金融创新接收到经济增长的讯号，一方面在投资机会的增加下被动创新，另一方面在高额创新理论驱动下主动创新，调节并优化经济增长的资源配置，进一步助力经济增长。

2）调整创新教育投入比例

1993 年，《中国教育改革和发展纲要》首次提出了国家财政性教育经费投入占 GDP 比例要达到 4%的目标，同时，世界平均水平为 4.9%，发达国家为 5.1%。该目标已在 2012 年实现，并连续 7 年保持在 4%以上。然而，根据经济增长对金融创新的政策模拟预测结果，2018 年国家财政性教育经费投入需达到 5.95%左右，但 2018 年我国国家财政性教育经费占比仅为 4.11%，可见教育投入需要进一步加大，持续为创新活动提供动力来源，使得金融创新与经济增长处于相互协调的状态。

教育推动机制贯穿经济增长与金融创新相互促进的整个过程，首先促使金融创新行为的诞生，其次促进金融创新成果的转化与扩散。根据系统动力学模型研究结论，教育投入增加 10%~30%，金融创新经历了激增、缓慢增加、再次激增 3 次改变。同时，相较于全社会固定资产投资占 GDP 比例，教育投入对金融创新的推动有显著的特点：①教育投入对金融创新的促进作用更加显著，因为教育投入通过培养素质人才促进创新活动，素质人才的积累又带来创新的阶段性改变。②教育投入对金融创新的促进作用更加稳定，因为教育使得金融系统中各要素从趋利避害的投机行为模式逐步转变为以协调发展为目的的更加理性的投资行为模式，所以带来了更加稳定的、与经济增长更为匹配的金融系统。③教育投入在促进经济增长的同时，也能对经济下滑产生抑制作用。当决策者考虑将经济资源分配给金融机构还是教育机构时，教育投入的特殊效应使得决策者进行更加合适的资源配置。

3.2.2　从资源配置角度探讨金融创新发展

在我国经济软着陆背景下，GDP 增速放缓，供给侧结构性改革及对房地产等行业进行价格调控，表明我国主动调节经济资源分配的决心。

1）调整经济内生发展模式

金融创新的驱动因素主要是金融发展的需求及新技术的驱动，其一方面弱化了市场信息不对称的存在，降低了交易成本；另一方面拓展了金融市场的边界，加速了金融模式的转型与金融产业的脱媒。在生产实践与科技发展的互动之中，技术创新往往能够提升企业的销售收入和盈利水平。然而，不是所有的技术创新都会推动实体经济的发展。近年来，生产者物价指数持续走低，企业资产利润率波动加大，产能过剩与需求不足并存，经济结构存在内生性问题。金融并不直接创造价值，全社会固定资产投资过多滞留在金融部门，不利于社会经济价值的转移和分配，弱化了金融创新对经济增长的促进作用。

因此，在经济资源分配过程中，需要协调全社会固定资产投资分配，优化金融对实体经济的价值转移路径，积极促进经济增长与金融创新的相互作用机制。根据前文系统动力学模拟预测结果，2020~2022 年金融创新发展年平均增长率为 6.53%，高于 GDP 模拟增速，表示经济存在脱实向虚趋势，需要金融业的发展与经济增长相匹配，防范金融创新市场中的投机行为。

2）完善技术创新体系构建

根据内生增长模型研究结论，经济增长带动的研发投入越多，金融创新水平越高，研发部门信息和融资成本越低，研发投入进一步增加。同时，研发投入转化成科技应用的效率提升，进一步拉动经济增长率的提高。

新型教育模式的发展可以开创金融创新的新场景。党的十九届四中全会指出，要“建立以企业为主体、市场为导向、产学研深度融合的技术创新体系”①。金融发展需要人才的创新，人才的培养离不开素质教育体系的构建。产教融合是素质教育与生产实践的结合。一方面，产教结合使得创新人才迅速熟悉生产活动，成为推动生产发展的新生力量；另一方面，金融创新的最新科技赋予人才前沿的实践经验，推动教育模式的进步和人才培养的革新，进一步促进金融创新与经济增长。此外，加快金融创新步伐，鼓励企业和金融部门合作创新，金融创新产品向轻资本、高科技、成长型企业倾斜，以创新拓宽企业融资渠道，鼓励企业将技术创新运用到生产中。

3.3 路径设计的传导机制

如前文所述，金融创新对经济增长的影响，通过利益驱动、竞争协作、信息决策和学习教育四项机制进行。其中，利益驱动机制是以金融企业为主导的在高额预期创新利润驱动下的主动创新活动；竞争协作机制是金融企业间、金融企业与政府、生产企业、服务机构、高等院校等主体部门间的协作创新活动；信息决策机制是创新决策主体对金融创新的目标、方案的选择、方案的实施与过程监控做出决策的过程；学习教育机制是创新单元间互相学习吸纳新知识，应用、扩散创新成果，从而提升创新主体的创新意识与能力，促进系统要素整体素质的提升。

3.3.1 利益价值驱动金融科技创新

金融创新受到经济增长环境的影响，一方面在投资机会的增加下被动创新，一方面在高额创新理论的驱动下主动创新，调节并优化经济增长的资源配置，进一步助力经济增长。近年来，我国创新型国家建设已有显著成效，形成了跟跑和并跑并存、一些领域领跑的局面，但是，与世界其他科技强国相比，我国金融创新基础仍然薄弱，尤其在产研融合、创新成果转化方面与发达国家仍有较大差距，因此，完善创新成果转化机制对我国经济发展至关重要。

① 党的十九届四中全会《决定》（全文）. https://china.huanqiu.com/article/9CaKrnKnC4J，2019-11-05.

1）培养金融科技创新研发产业链

我国产业链上的中下游企业融资困难已经在一定程度上抑制了我国金融行业的发展，我国中下游企业融资面临着渠道窄、成本高、信息不对称等困难。目前，金融创新成果利用率较低，但固定资产投资比例增加对经济增长有显著的促进作用，说明我国现阶段经济依然对固定资产投资较为依赖，通过改变投资比例，进行产业改革可实现新一轮的经济增长。

中国人民银行会同工业和信息化部、司法部等多部门出台了《关于规范发展供应链金融 支持供应链产业链稳定循环和优化升级的意见》，从准确把握供应链金融的内涵和发展方向，稳步推动供应链金融规范、发展和创新，加强供应链金融配套基础设施建设，完善供应链金融政策支持体系，防范供应链金融风险，严格对供应链金融的监管约束六个方面，对金融创新支持产业链的发展提出建议。同时，推动产业链的发展也是构建“国内国际双循环发展”战略的重要环节，金融科技可以整合产业链上的信息流、物流、资金流等相关数据，通过积极引入外部信息数据，对产业链上客户精准画像，从而减少放贷风险，并且还可以避免时间、空间的限制，促进金融机构的工作效率，有利于解决中小企业的融资难题，推动我国经济高质量发展。

2）推动科技研发与生产活动结合

2008 年金融危机爆发后，各国都集中力量大力发展实体经济。但是，由于世界整体经济发展缓慢，出现了很多阻碍我国实体经济发展的问题，国内消费市场出现停滞现象，中小微企业融资困难，面对这样的发展困境，金融科技的创新与应用为我国经济发展提供了新的增长点。根据科学技术部发布的《2017 中国独角兽企业发展报告》，2017 年我国共有 164 家独角兽企业，新晋 62 家，总估值 6 284 亿美元，大多集中在新经济领域。

金融科技的发展推动了场景消费的实现，不仅提升了金融服务的效率，还使消费者产生个性化的消费体验。金融科技成为驱动实体经济优化、居民消费升级的关键力量，金融科技与生产生活相结合，推动了数字普惠金融的产生，使消费者更好地享受到金融服务。面对当前我国社会主要矛盾的转变，普惠金融是解决地区发展不平衡、城乡发展不平衡的有效措施。同时，金融科技通过与生产生活相结合，不仅会增加居民收入水平，还能刺激消费，在一定程度上推动了我国第三方支付和网络借贷的发展，金融科技与生产生活的结合能够让金融更有效地发挥在市场上资源配置的作用，减少信息不对称产生的信用风险，为消费者提供个性化的产品和服务，并不断缩小城乡间的收入差距。

3.3.2　市场竞争促进创新成果转化

鼓励理性的竞争合作机制可以增加信息决策透明度，促进系统理性运行。金融创新系统是经济增长系统的润滑剂，金融创新带来的投资在合理配置后能为经济增长带来强劲动力，缺少扎实实体经济的经济环境，导致的结果便是金融业的无序发展，最终泡沫破灭、系统崩塌。以金融企业为主的创新主体应理智对待现行经济环境下对金融业的“制约”，积极听取政府、高校等主体的“声音”，除了追逐“货币”利益，还应该兼顾生态利益、环境利益，个人投资者应理性参与所谓高额回报的金融产品，机构与个人均应以诚信为本，使得金融创新与经济增长相互合理促进、制约，实现协调发展。

1）引导创新活动提升市场信息化

资本差异会导致区域经济发展不协调，有效率的资本形成机制是指将资金转化为现实资本的能力，金融资源的增加及投资规模的扩大有助于推动经济增长，从融资的角度来看，金融创新将有利于解决一国或者地区资金不足，即金融创新能够促进储蓄向投资转换。同时，金融创新促使资金自由流动和资源合理配置，从而对提高劳动生产率具有推动作用。在市场经济条件下，金融系统通过影响资金流动，配置资源要素影响产业结构，促进落后区域工业化和经济持久增长，甚至能帮助陷入贫困的国家走出经济困境。

金融创新推动了数字金融、普惠金融、数字货币、第三方支付、数字钱包等金融科技创新品的出现，有利于增加市场信息的透明度，加速市场信息的流通，从而减轻资源配置有效性与信息有效性之间的差异，从而使我国市场价格信号在引导上市公司产业转移方面具有正向效应，并能通过市场信息化来增强市场弹性、塑造良好的价格形成机制和优化企业决策机制等来增强市场约束力，增进价格信号的资源配置有效性，并弱化市场对价格信号的过度反应。

2）促进科研与金融产业合作共赢

科技与金融产业的结合推动了普惠金融的产生，普惠金融的本质是为了满足中小企业的金融需求，国有商业银行在很大程度上无法满足中小企业和零售客户群体的需求，传统金融市场金融机构服务效率低，金融服务覆盖面小，潜在的长尾金融市场广泛，这将在短期内增加对金融科技发展的需求。人工智能、区块链、大数据等一系列技术的创新，全面应用于金融市场的各个领域，如金融产品创新与投资组合管理，推动着金融科技的迅速发展。

金融与科研相互结合，能够加速传统金融行业的发展，可以更好地实现金融业务与金融服务的创新，在一定程度上扩大了普惠金融的覆盖面，减少了货币的流动摩擦、降低了货币流通的成本，从而有效地避免金融风险的发生。金融多元化需求的增加，对于科研与金融相互结合的要求更加紧迫，第三方支付和数字钱包的出现，在一定程度上规避了资产风险。

3.3.3　监管创新引导经济高效发展

在我国，金融监管体制制定了统一的监管框架，将金融监管与各项货币政策相结合，实行高效的专业化监管。在推动经济增长与金融创新的相互促进中，金融监管机构应发挥积极作用，把握合理的监管力度。金融监管部门既要实现有效监督，使金融创新和企业符合金融监管规则，又要营造合适的创新环境，引导科技企业融资和金融创新发展。

1）调整金融创新监管力度

根据内生增长模型的研究结果，金融监管强度与经济增长率存在倒U形关系，即适度的金融监管会促使金融创新的诞生与发展，从而促进经济增长率的提升；反之，过度的金融监管不利于科技创新萌芽的产生，从而降低经济增长率。因此，金融创新监管机构一方面需要进行有力的监督稽查，另一方面，需要合理放宽管理框架。这就要求监管机构顺应金融科技潮流，并提升监管的有效性和前瞻性。2020年1月23日，中国人民银行正式公布了首批金融科技监管试点应用“监管沙盒”，其作用机制是在适度放宽监督管理规定的同时，局部挖掘金融创新风险点，进行持续监测和有效跟踪。该机制创立了我国的金融科技监管模式，有效调整了金融创新的监管力度，畅通了金融创新与经济增长的相互促进机制。

2）优化金融创新监管方式

不同阶段的金融监管分为事前监管、事中监管和事后监管。根据内生增长模型研究结果，事前监管与经济增长率之间存在倒U形关系；事中监管与经济增长率存在U形关系；事后监管和经济增长率呈正相关关系。这表明：①事前，利用充足的时间进行稳步推进的监管可以消化风险，而“完全的控制”和“最少的监管”则会放任风险的增长，削弱金融创新的稳定性；②事中，金融监管在创新发展的初始阶段需要给予创新人才足够的发展空间，在创新发展的后期，金融监管需要逐步加强对创新点的审慎核查；③事后，金融监管的持续发力有助于金融创新的稳定与经济增长率的提高。

同时，金融创新的高速发展对金融监管的方式也提出了更高的要求，主要有以下几点：①完善金融创新监管法规，补足真空地带，规范金融创新活动，形成监管的舆论导向。例如，我国金融监管部门在蚂蚁集团即将上市之际对其进行了紧急叫停，表明了对新型金融贷款融资模式的谨慎督查，也表示我国迎来了金融科技监管环境的巨大改变。②创新金融监管模式，运用大数据、云计算、区块链和人工智能等新型技术进行资金流向实时监控和智能风控，发展大数据监管与互联网稽查平台。③完善行业自律制度。金融创新的内部控制是经济增长的基础性保障，企业的行业自律规范与金融监督管理机构的共同作用有利于促进金融创新对经济增长的正向反馈，推动金融监管长效机制的形成与发展。

第 2 部分　金融创新与经济增长耦合协调机制、效果及其影响因素

当前，中国正处在经济转型升级、新旧动能转换的关键阶段，中国经济不仅面临复杂的外部环境，还存在金融与实体经济发展失衡的问题。如何通过金融体系保持经济稳定发展，提高金融服务实体经济效率，促进金融与经济的良性互动，是现阶段迫切需要解决的问题。在第 1 部分我们已经较为详细地解读了金融创新和经济增长两者之间的复杂关系，金融创新与经济增长是中国经济发展中的重要变量，理论分析表明二者之间的关系已经不再是简单的因果关系，是相互影响、相互作用，同时又协同一致的。

因此，我们借助耦合理论分析二者间的耦合机理，从协同论的角度研究两个系统的耦合协调关系能更好地揭示两个系统的相互依赖关系，并进一步分析其影响因素，这也是促进中国未来金融创新和经济增长耦合度提升的关键。基于此，在第 2 部分我们主要做出以下研究：①耦合基础知识的学习和其在经济学中的运用及成果；②深入探讨金融创新与经济增长的耦合机理和影响因素；③建立合理的指标体系为科学量化分析两系统之间的关系做铺垫；④通过实证分析两系统之间的整体及区域的耦合协调度、关联度及影响因素；⑤基于整体的研究提出可行性强、操作性强且具有针对性的政策建议，促进中国金融创新与经济增长更好地协调增进。

4 耦合协调知识及相关研究

4.1 耦合协调的理论基础

4.1.1 耦合的基本含义

耦合是一个物理学概念，指两个或多个体系相互作用而对彼此实现关联运动的现象。系统耦合是指两个或多个相互关联的系统相互影响和作用形成新的系统的现象。随着学科研究领域的扩大，耦合的概念已经从物理领域延伸到其他社会科学领域。耦合的概念背后隐含了多个信息：看似独立无关的系统之间实际上存在某种特殊的联系，彼此相互作用、相互影响，这种作用力或大或小；各个系统之间的关系可以归结到系统内部序参量之间的彼此联系，通过多元素之间的内聚力，表面上无联系的系统可以联合起来。

系统耦合度衡量的是系统之间相互作用力的大小，也即两个系统变化的紧密程度。耦合度的大小表现的是作用力的大小，或者说紧密程度的强弱，更多的是展现系统之间各个序参量的内在关系。耦合度更突出系统内多变量之间的关系，相比而言，关联度则更多地强调单个变量和单个变量之间的关系。若系统耦合度高，说明系统序参量之间配合有序，多个序参量关联度高，多个低层次系统组合形成的更高层次系统的内聚性更强，因素变动造成的影响的传递效率更高。这样就存在一种情况，即在多个低层次系统发展水平低下的情况下，依然会存在高层次系统内聚性强，也会得出多系统耦合度高的结论。因此，单一使用耦合度无法揭示系统的真实发展情况。

4.1.2 耦合协调的基本含义

耦合协调是在耦合的基础上进一步衡量系统的运行状态。耦合协调度弥补了耦合度无法真实反映系统情况的缺陷，揭示了多个低层次系统外在的发展水平。耦合协调度的大小表现的是发展水平的高低，或者说耦合层次的高低，更多的是展现系统发展的协调程度。若系统的耦合协调度高，说明系统是高层次的耦合，整体发展水平较高。

耦合协调度和耦合度看似都能表示多个系统、多个序参量之间的运动关系，但是两个指标之间存在本质区别。字面上就明显存在“协调”二字的差异，耦合度只能反映系统、序参量之间的作用力大小，而无法反映它们之间运行状态的优劣，耦合协调度可以表明多系统相互作用、发展水平是良性耦合还是不良耦合。因此，耦合协调度包含更多系统运行信息，能更好地阐述系统耦合程度。

4.2 耦合协调的主要模型

4.2.1 系统协调模型

本书应用的协调模型主要源于廖重斌（1999）的研究成果，后逯进和周惠民（2013）在研究人力资本与经济增长的耦合关系的文章中对该模型进行了改进。据其表述，协调度是反应系统之间协调程度高低的定量指标，这个指标用偏离差系数表示：

$$C_v = \frac{\sqrt{\dfrac{\left[f(x)-g(y)\right]^2}{2}}}{\left[f(x)+g(y)\right]/2} \tag{4-1}$$

其中，C_v表示金融创新与经济增长两个子系统的平均偏离程度，越小的偏离程度，代表着越高的两系统协调程度；$f(x)$、$g(y)$分别表示金融创新与经济增长的发展程度。

为使“金融创新—经济增长”耦合系统具有可比性，且可以更好地展现系统协调度特征，可将式（4-1）简化为

$$C_v = \sqrt{2(1-C)} \tag{4-2}$$

其中，C 为系统的耦合协调度，C 的取值范围为[0,1]。不难发现，C 越大，就会有越小的偏离程度，系统的耦合也就越好。

用$f(x)$、$g(y)$表示 C，如式（4-3）所示：

$$C=\frac{4f(x)g(y)}{\left[f(x)+g(y)\right]^2} \tag{4-3}$$

将式（4-2）、式（4-3）定义为系统的耦合协调度。观察式（4-2）可知，偏离程度越小越好等价于耦合度越大越好，当且仅当偏离程度为 0 时，耦合度取得最大值，为 1。式（4-3）则可以直接用来计算“金融创新—经济增长”系统的耦合协调度。

4.2.2　耦合协调模型

从系统的耦合协调模型可以看出，耦合是系统协调与发展二者的综合体现。明确这一点后，就会面临如下两个问题：①过于强调发展，则会导致两系统的协调程度不够。如图 4-1（横轴、纵轴分别代表金融创新与经济增长的发展程度）所示，假设 E、F 两点都处于一条发展等势线上（二者综合发展程度相等），那么这两点的金融创新与经济增长的综合发展程度是一致的，然而，F 点的两系统协调程度，要远远低于 E 点。②过于强调协调，则会导致低发展陷阱。两系统虽然协调程度很高，但是建立在没有发展的基础上，这也是我们不希望看到的耦合状态。图 4-1 的 D、E 两点都具备非常高的协调度，然而 E 点的耦合状态要远远好于 D 点，因为它具备更好的发展水平，金融创新与经济增长能有更多的产出、更多的互动，而不是一味地“虚假”协调。

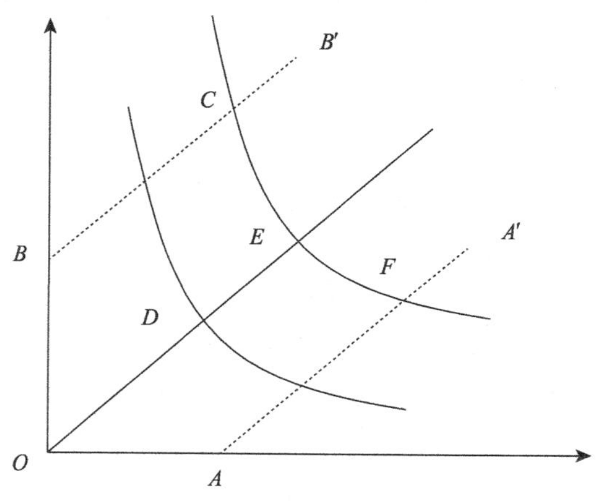

图 4-1　耦合协调模型

由此可见，只有“发展”和“协调”两因素被同时考虑，才能被称为“耦合”。因此，本书界定的耦合度计算公式为

$$D=\sqrt{C\times T} \tag{4-4}$$

其中，D 为耦合度；C 为耦合协调度；T 为耦合的综合评价指数。

4.2.3　耦合跃迁模式

在初步探讨耦合的内在机理后，更加现实的问题是，我们如何才能促使系统完成从低耦合、低发展的态势，向高耦合、高发展的态势发展？

近年来，关于发展中国家实行什么策略，才能完成对发达国家技术赶超的话题已经被不少学者研究、讨论。研究发现，发展中国家通过“技术模仿与引进”并不能完全实现经济增长赶超，相反，一味地“技术模仿与引进”反而会引起更大的经济增长上的差距。中国从 1992 年打开资本市场，不可否认资本市场的发展带来了很多好处，支撑了一大批企业的运营、方便了中国经济的调控等，然而带来的更多是制度与要素禀赋的不适宜，过多的投机者与太少的专业人士增加了市场投机氛围，降低了经济增长的稳定性。这也说明金融创新与经济增长的耦合不是一蹴而就的，而是一个漫长的、艰辛的演化过程。

假设中国资本市场刚打开，金融创新与经济增长有着初始的耦合，尔后中国开始实施经济增长计划，大力发展规模以上工业企业、大力扶持中小企业。一段时间后，中国的经济增长会较为明显。

这时，经济增长提供了金融创新（资本市场）的物质基础，各企业的业绩水平大幅提高，中国证券监督管理委员会开始加大研发投入、完善资本市场体制机制、提高初期金融创新的吸收模仿能力，把国外先进的管理、运营经验引入国内的资本市场。在提高了金融系统发展水平的同时，全社会金融创新水平（资本市场）也有所提升。紧接着，金融创新水平的提高使得生产函数发生改变，整个市场的流动性、稳定性、市值获得提升。然后，提升的资本市场，必然会成为经济增长的有力动能，促进经济的进一步增长。

随后，假设中国发展初期的工业规模优势、人口红利、开放贸易初期的贸易优势已消耗殆尽，前期资本市场扩大产出所引致的经济增长动力也已发挥到极致，经济增长必须寻找新的支撑点。此时，若加大金融创新的投入力度，研发出更多的金融工具、更加完善的制度、更加适合中国国情的金融体系，同时注重金融创新风险控制，培育并提升具有创新能力的高端金融人才，那么大量的金融创新资源、良性的资本将成为经济增长的又一新动力，促进经济持续飞跃增长，并最终再一次实现金融创新与经济增长向更加优质的耦合水平演进的态势。长此以往，金融创新与经济增长的交替发展、良性互动，必然将中国的金融创新与经济增长的耦合带向一个更高的台阶。

综上，可以发现在系统向上跃迁过程中，整个系统的耦合协调度可能出现不断波动的不稳定形态，但从长远来看，其总体上应该呈现二者交替发展、螺旋上升的形态，且总趋势是发展度不断提高，协同度为“协调—不协调—再度协调”的变化态势。此外，根据上述分析可以把整个耦合系统的跃迁过程分两个阶段：①经济增长子系统主导的欠发达阶段；②金融创新子系统主导的发达阶段。

4.3 经济学中耦合理论的应用

耦合本是物理学概念，因其能够清晰地解释研究对象间复杂多变的关系而受到经济学家的青睐。Weick（1976）开启了用耦合理论研究经济社会问题的先例，并提出松散耦合理论，用来解释学校组织成员之间相互联系却又彼此保持独立的关系；Anna 和 Lars-Erik（2002）进一步提出耦合理论适用于研究系统内部各部分、系统之间及系统各部分与系统整体之间关系的研究。因此，耦合理论的应用范围十分广泛，能将不同领域但互相联系的研究对象统一在耦合系统内，研究其作用机制，如 Olivier 和 Laurent（2006）研究最佳经济增长与气候动态的耦合，发现实现耦合的技术能在寻找最佳经济增长路径时整合来自气候模型的信息；Turner 和 Baynes（2010）研究单一环境与经济模型的软耦合。除了能系统分析研究对象之间的联系，更多学者通过研究耦合来解释现实发展问题，如郭金喜（2007）以复杂开放系统中路径依赖与蝴蝶效应的耦合为基础，构建了传统产业集群升级模型，且该模型与传统产业集群的实际升级过程较为吻合；熊勇清和李世才（2010）在传统产业和新兴产业的耦合关系研究中发现，二者的耦合发展可以同时解决传统产业改造升级和新兴产业培育发展的问题；Hogan 和 Lockie（2013）则研究农业社区和经济基础的耦合，探究如何充分利用经济基础来确保社区的物质生活。

此外，为了精确度量耦合程度，定量分析研究对象的发展阶段，学者引用了耦合协调度模型（coupling coordination degree model，CCDM）进行研究。例如，谭伟（2011）基于中国 2000~2008 年的面板数据，系统地构建了社会保障与区域发展之间的评价指标体系和耦合协调度模型，对社会保障与区域发展的耦合程度进行定量分析。Shi 等（2020）用耦合协调度和时空异质性来分析 2003~2016 年中国 17 个热带和亚热带地区经济发展与生态环境之间的关系。Wang 和 Liu（2020）基于耦合协调度模型和信息熵权法，研究了 56 个发展中国家 2008~2017 年旅游业竞争力与经济增长之间的关系，发现耦合协调度自 2008 年以来逐步完善，发展中国家耦合协调度之间的差异在缩小。Geng 等（2020）发现结合信息熵权法、顺序偏好技术、耦合协调度模型和灰色预测模型可以有效评估旅游与空气环境子系统之间的耦合协调度，并提出旅游发展与空气环境治理的具体对策。

上述文献研究表明，基于耦合理论，可以将研究对象统一在系统内分析其作用机制、发展路径，结合耦合协调度模型，能够更加全面地分析二者间的发展关系。根据复杂系统论的思想，可以把经济增长和金融创新看作两个由众多要素构成的相互关联的复杂系统。金融创新系统是一个复杂系统，金融创新需要经济增长为背景，经济增长需要金融创新相配合，金融创新与经济增长相互作用、相互影响。两个子系统内部各个要素之间相互配合，增强低级子系统的内聚力，多个序参量相互作用，可以促使两个系统向更高的协调水平发展。因此，耦合协调在经济领域具有普遍的适用性。

耦合协调在经济增长和金融创新上的适用性主要体现在：一是金融创新能够提供更好地满足各方需求的产品、服务和工具，起到储蓄—投资转化的作用和分散风险的作用；二是经济增长反过来拉动金融创新，稳定的经济增长帮助金融行业形成公平的竞争制度，丰富的扶持政策为金融创新提供支撑条件，保障良好的金融创新环境，在经济增长过程中对金融创新提出新的需求，提供金融创新的驱动力。金融创新和经济增长自身可以看作一个复杂系统，从耦合协调的角度研究两个系统的关系能更好地揭示两个系统内在的相互依赖性。

5 金融创新与经济增长的耦合机制

5.1 中国金融创新与经济增长的整体耦合机制

金融创新是金融发展的重要内容和推动力，而经济增长可以体现中国的经济发展水平，因此，本书着重分析金融创新系统与经济增长系统的耦合机制。在耦合系统中，存在着四大驱动力共同推动金融创新与经济增长进行耦合，分别是基于"资本逐利性"的资本增值动力、基于主体要素既是需求者也是供给者的双重身份的资本供求动力、基于经济金融活动中风险管理需求的风险分散动力，以及要发挥好政府"看得见的手"功能的政策导向动力。图 5-1 反映了金融创新系统与经济增长系统的耦合过程。

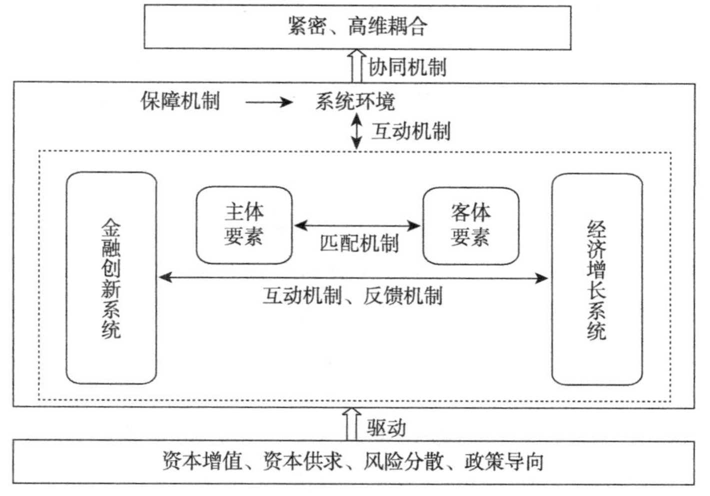

图 5-1　金融创新系统与经济增长系统的耦合过程

除了耦合驱动力的存在，耦合系统还具备一套完整的作用机制，包括耦合的互动机制、反馈机制、匹配机制、协同机制及保障机制。金融创新与经济增长耦合的四大驱动力和五大机制，共同促进二者的耦合朝着更加紧密协调的方向发展。

5.1.1　耦合的互动机制

耦合的互动机制体现在系统与系统环境的互动、系统之间各主体要素和客体要素的互动两个方面上。

系统与系统环境的互动是指两大系统中的主体要素和客体要素不断地与社会的经济、政治、人文环境相碰撞、分解、融合。其具体表现为系统环境不断吸收着金融创新与经济增长耦合发展的好处，并在系统环境中做出相应改变来扩大这种利好，也会针对其中的不利方面，做出相反的改变来促使二者的耦合向健康有序的方向发展。

系统之间各主体要素和客体要素的互动表现在资本、信息、人力、技术等客体要素在各主体要素之间的流动和转换。在系统之间各主体要素和客体要素的互动中，金融创新利用其融资、风险分散、公司治理等功能，将金融机构、工具、产品、制度的创新带入经济增长系统中，促进经济增长的发展；经济增长则通过提高生产效率、运用新技术、扩充劳动力、更快传播信息等方式加强客体要素的配置与利用，推动金融创新。

5.1.2　耦合的反馈机制

金融创新系统和经济增长系统之间存在明显的正向反馈机制。金融创新系统积累起专业化的知识技能和风险管理能力，在自身系统发挥这些功能时，也通过金融创新系统的参与主体——金融机构向经济增长系统的参与主体——企业进行反馈，企业得以改进生产方式和管理模式，实现专业化生产，经济增长系统因此得到显著的正反馈；而当经济增长系统由此发生产业结构调整或升级等重大系统变动时，也会通过两个系统共同的客体要素将这一成果带入金融创新系统中，创造出更多的金融需求，金融创新系统由此增添创新动力，并得到正反馈。

此外，金融创新系统与经济增长系统之间还存在自我调节作用的负反馈。当经济增长到一定阶段时，风险管理与经济发展的风险集聚不相匹配，导致风险的高位累积，金融创新的一些金融衍生工具会以风险为主要标的进行投资活动，从中获取利润。这种两个系统之间的利空状态就是负反馈机制，与正反馈机制一起形成平衡机制，帮助两个系统进行自我之间的调节。

5.1.3　耦合的匹配机制

耦合的匹配机制体现在两个系统中的供需双方围绕资本、信息、技术、人力等客体要素进行匹配，使各参与主体能够获得自身发展需要的要素。企业和金融机构主要是资本需求，企业在实际生产中需要资本完成企业的扩大再生产，金融机构需要资本来开展金融服务；企业输出的大量的剩余资本、技术等要素可以匹配其他主体的需求，金融机构则提供投资分析、风险管理等金融产品和服务。政府一方面具有风险管理需求，另一方面也作为供给方为市场进行资源配置的补充。个人的需求和供给则体现在金融创新和经济增长的各个环节，深入地参与到各种要素匹配的过程中。

5.1.4　耦合的协同机制

在协同效用的影响下，两个系统逐步构成一个协调一致的耦合系统，政府、企业、金融机构、个人等作为耦合的参与主体，通过能量耗散结构，在内部非线性动力作用机制下，交换资本、信息、技术、人力等要素，使耦合由原来的混沌无序状态转变为一种在结构与功能上的健康有序状态。在自组织原理的作用下，独立运行的系统之间、各参与主体之间、各客体要素之间会遵循一定规则，自动组合成一系列的结构，同时具备内在性和自生性的功能，让耦合能够不断发展下去。

当金融创新与经济增长的耦合发展到一定阶段，耦合发展就不再是时间与空间要素的特定组合，而是在市场机制的配置下两个系统的自组织活动，并以各个层次要素间的相互作用为根本动力形成一套复杂有效的自我循环系统。自我循环系统会把两个系统和它们的耦合从小范围的简单、低维阶段逐步演化推进到大范围的紧密、高维阶段。

5.1.5　耦合的保障机制

保障机制着眼于宏观层面，包括政治保障、经济保障和法律保障。

政治保障指政府通过制定相应的财政政策、金融政策、法律法规等，用非市场的手段来保障、引导、激励经济增长和金融创新，以搭建一个理想的政策环境来保障系统运行；经济保障是针对经济增长系统和金融创新系统的要素需求，引导社会中的生产要素投入金融创新与经济增长中去，加深两个系统之间的紧密联系，形成两者在生产要素方面的耦合。法律保障则通过提供法制和信用保障，在完善相关的法律法规制度基础上，制定相关保护法规与条例，成立监管机构，对破坏系统发展和耦合发展的行为进行处理，加大对相关行为的打击力度和防范管理。

保障机制能够保障良好外部环境的有效供给，解决系统间外部机制的不健全问题。系统可以从外部环境中更轻松地获得发展需要的各种资源要素，系统间的互动机制、反馈机制、匹配机制和协同机制得以更好地运行，系统的外部环境也得以完善，耦合的发展得到进一步推动。

5.2 中国金融创新与经济增长的区域耦合机制

5.2.1 区域耦合现象

在不同阶段，金融创新与经济增长之间的相互作用程度存在差异，但实际上金融创新与经济增长的区域耦合现象下潜在的耦合路径和隐含的耦合特征在不同阶段具有普遍规律。

5.2.1.1 区域耦合路径

1）区域金融创新对经济增长的作用路径

（1）金融创新推动技术进步。金融创新是推动工业革命的主要力量，第一次工业革命中商业银行等资本力量为蒸汽机等技术领域提供资金保障，第二次工业革命中投资银行帮助美国制造业首先进入“电气时代”超越英国，第三次工业革命中风险投资推动信息产业革命。区域金融创新推动技术进步的具体路径包括：相邻区域金融机构为保障资本利润而帮助技术企业进行前期创新技术筛选；相邻区域金融机构在科学技术向生产产品转化的过程中提供跨区域金融服务；相邻区域金融机构给予企业购买并运用创新技术的激励，进而企业采用创新技术时能获得高额创新产出。

（2）金融创新提高资源配置效率。金融创新包含组织创新和市场创新，它通过创新主体和创新平台，将资源从个人向企业转移。在组织创新方面，丰富金融机构主体。在当前混业经营的背景下，不同区域的组织主体在第一产业、第二产业和第三产业上的业务侧重点不同。不管是银行金融机构还是非银行金融机构，不管是战略投资者、财团还是地方融资担保平台等，丰富的主体在专业领域和投资方向上的专业化加速了区域资源配置效率。在市场创新方面，多层次的金融市场不仅仅包括传统的国际金融市场，还包括灵活性更高的欧洲货币市场，此外也包括基于基础金融对象而言的金融衍生品市场。货币市场不断深化改革，银行间同业拆借市场对外开放程度不断提高。金融市场创新不断增强金融市场的资源配置功能，提高金融市场的资源配置效率和服务实体经济的能力。

（3）金融创新降低资源配置成本。不同区域的金融机构在广泛的金融创新活动下能提供丰富的金融产品供投资者和融资者选择。一方面，在短期内，大量被设计出来的金融产品同质性较高，各种金融产品之间替代性也较高，逐渐形成局部完全竞争的区域市场。在这种背景下，投资者和融资者相对于金融产品提供者而言处于主动地位，具有选择优势，在选择好金融产品之后进行交易的过程中产生的手续费、服务费等金融交易成本降低。另一方面，金融创新联合技术进步的产物，如网络支付和移动支付等支付创新、基于区块链技术的清算结算方式创新，无疑加快了资金的流通周转速度，降低了资金跨区域配置成本。

（4）金融创新优化融资结构。金融创新从产品创新和制度创新等角度优化了各区域当前的金融结构体系。直接融资相比间接融资具有规模期限灵活性高和风险匹配度高等优势，中国各区域的金融结构长期以来都以间接融资为主，但是近十年来中国直接融资比例逐渐增加。金融创新的发展加速金融脱媒，互联网金融缓解资金供需双方信息不对称水平，降低双方信息搜寻成本和资金交易成本；大数据技术与金融行业相结合，凭借数据规模优势提取更多信息，准确地对中小企业信用进行评价，降低逆向选择风险。金融制度创新加快深化区域资本市场改革，完善区域融资制度规则，规范资产证券化市场，开放债券市场业务。这些金融制度创新提高直接融资占比，优化中国各区域当前的融资结构。

2）区域经济增长对金融创新的作用路径

（1）经济增长刺激金融创新需求。企业面临高额的信贷融资成本时，为了进一步提高项目的投资收益，必须降低融资成本，旧的融资工具无法满足新的需求，迫使金融机构进行金融创新。可以说，经济增长在长期对金融创新产生“引致性需求”，经济增长要求金融系统深化改革，各区域逐步实现完全利率市场化，进一步匹配经济增长速度，不断完善金融体制以满足经济增长。

（2）经济增长为金融创新提供基础支撑。经济增长为金融创新提供了基础环境条件，没有良好的宏观区域经济条件，金融创新只能得到短暂的且非持久的发展。区域金融创新需要各种金融组织、金融市场和金融制度的相互配合，金融市场的组织和维护需要大量的资金做保障。经济增长幅度越大，能提供的支持资金越多。经济增长为金融创新提供资金支持，也为金融业深化改革提供条件。

（3）经济增长为金融创新提供先进技术。近年来的金融创新行为，如金融产品创新，对先进科学技术的依赖性越来越高。先进技术与区域经济发展和区域经济增长水平密切相关。区域经济增长越快，技术创新速度越快，部分技术创新能直接或间接用于区域金融创新过程中，大数据、深度学习和人工智能等对金融创新提供新思路。另外，经济增长提供的先进技术在金融创新事后监管方面也能有一定的发挥空间。

5.2.1.2　区域耦合特征

金融创新与经济增长的区域耦合现象具有显著特征。

1）交集性

从集合论的角度看，两个集合存在的关系无非三种，即独立、交集和包含。因为金融创新与经济增长从属于人文社会科学领域，其自身或者其内部的序参量之间会存在部分关联甚至重复的情况，它们不是完全独立地存在。金融创新推动技术进步，提高资源配置效率，优化融资结构，最终实现的效果是促进经济增长。经济增长刺激金融需求，为金融创新提供基础支撑和先进技术，必然会促进金融创新。因为金融创新与经济增长之间的耦合关系，能反映金融创新水平的序参量也能从另外一个角度反映经济增长，反之亦然。例如，金融创新的表现之一就是区域金融规模扩大，其中社会融资规模是近年来被广泛用于衡量区域金融规模的变量，但是社会融资规模也是衡量区域实体经济获得融资情况的变量之一，因此该指标很明显就同时从属于金融创新与经济增长范畴。另外，也有部分能反映金融创新与经济增长之间耦合关系的序参量只属于其中某一个对象，也即金融创新所有的指标并不是都能反映经济增长，或者说经济增长的所有指标并不是都能反映金融创新，如金融制度。经济发展与经济增长概念上存在差异，经济发展包括狭义的经济增长和其他多方面的变化，如社会文化、思想观念、政治制度、生态环境的发展变化。金融制度创新可以在一定程度上纳入经济发展，但是无法归纳于经济增长。因此，区域金融创新和区域经济增长的耦合现象具有交集性。

2）共生性

共生的概念在自然界中是指两种生物彼此依存、缺一不可，互相为对方提供生存条件而相互配合的生存形式。金融创新与经济增长的共生性主要体现在区域政策配合和功能互补。近年来，金融创新支持政策密集出台，包括保税区、自贸区、"一带一路"、金融创新示范区等金融创新扶持政策，对象覆盖了新兴的互联网金融业务创新及传统金融机构的融资融券、表外业务等传统业务的进一步创新。进一步放开人民币跨境投资、推进利率市场化、放松金融牌照申请门槛等措施，为加快全国范围内的金融业务创新推广提供助力。如果缺乏这些丰富的金融创新，市场上的多类型的资源就无法与投资者的多元化投资需求相匹配，实体经济创造财富的功能和虚拟经济财富再分配的功能会受限，无法实现稳定的经济增长，因此经济增长离不开金融创新。另外，金融创新需要一定的基础条件，市场上首先需要有新的金融需求和基础技术支撑，这些要求在经济发展较差的条件下无法实现。区域金融创新较高的限制条件在区域经济快速增长的背景下显得不那么严苛，稳定宏观经济条件永远是金融创新得到持久发展的充分条件，因此金融创新离不开经济增长。总的来说，区域金融创新和区域经济增长的耦合现象具有共生性。

3）协调性

协调是两个或多个个体发展水平一致，当它们协调发展时，不会出现一高一低的情况，或者两者差别较小。从中国金融创新与经济增长的区域耦合视角来看，一般金融创新程度和区域的经济增长水平有较强相关性。京津冀、珠三角、长三角地区的经济增速在全国领先，且在经济改革的推动下，加快实践创新产业驱动政策。它们积聚了全国优质的金融资源和顶尖的人力资源，拥有中关村等自主创新示范区、上海自贸区、广东自贸区等金融创新领先实践区，推动融合创新科技、创新产业、创新资金和创新政策，经济增速位于全国前列。西藏和青海的青藏高原经济区是中国最不发达的地区，经济增长与金融创新的耦合程度低，无法逃脱交通落后、生态环境差、农业产业化水平不高、缺乏经济资源和教育资源的劣势，金融创新条件较差，经济增长缓慢。因此，金融创新与经济增长的耦合现象具有协调性。

5.2.2 区域耦合动因

金融创新与经济增长的区域耦合一般是多因素造成的，驱动方式主要有供给需求驱动、资本增值驱动和规避风险驱动。

5.2.2.1 供给需求驱动

金融创新和经济增长基于“供需”耦合的本质是融资供给和融资需求。经济增长创造融资需求，倒逼金融体系深化改革，增加融资供给规模。金融制度创新降低了人民币跨境投资和申请金融牌照的门槛，推进了利率市场化进程。金融产品创新满足金融投融资活动的长短期、保本套利、风险分散、风险对冲等需求。金融组织创新丰富了金融主体层次和类别，传统的金融机构经营业务同质化日益严重，它们在中国利率市场化大趋势下的优势已经不再显著。这时，为服务“三农”和中小微企业的新型金融机构在服务“三农”、服务中小微企业上能解决其融资渠道狭窄、融资门槛高的本质问题。当金融创新的供给大于需求时，反过来抑制经济增长，增加了金融创新与经济增长的耦合脆弱性。因此，经济增长从“供需”角度提出了与金融创新区域耦合的必要性。

5.2.2.2 资本增值驱动

在金融创新与经济增长早期的互动作用中，区域金融机构和政府机构逐渐意识到，当金融创新与经济增长的互动作用进一步加深时，区域经济发展会更好，区域金融系统效率会更高，区域社会福利会更大。金融创新为了实现资本增值，需要稳定的区域经济环境，需要经济增长保障金融创新的基础条件。对于家庭和企业微观主体而言，这种资本增值意愿可促使微观主体自主选择多样化的方式进行投融资。随着中国经济迅速发展，中国家庭的物质需求逐步得到满足，家庭的进一步需求随着家庭收入的提高而发生改变，从早期的储蓄保值的目的更多地向理财升值的方向延伸，更多的金融需求也在经济增长的过程中产生。为了满足资本增值的需求，大量的金融产品被设计和创造出来，用于抵消通货膨胀和利率汇率波动。新型金融机构主体通过多样化金融工具，将资金汇集起来能满足部分投资门槛较高的金融产品，为投资者争取更高的投资回报。不管这些金融创新工具是用于家庭还是为了达到金融机构的资本增值目的，它们都需要经济增长作为保障。因此，金融创新从“资本增值”角度提出了与经济增长区域耦合的必要性。

5.2.2.3 规避风险驱动

经济发展过程中一些不确定性事件会给投资者带来投资风险，为了规避这些风险，需要金融创新与经济增长相互配合，在区域不同的产业进行差异化金融产品创新，在经济增长率不同的区域进行不同幅度的金融创新。换句话说，规避风险的动机增强了金融创新与经济增长之间的联系强度。中国 2018 年 11 月 27 日正式上市交易纸浆期货，此处以纸浆期货为例论述耦合的规避风险动因。当前，中国纸浆现货市场面临着定价低效、纸浆企业资金需求量大、资金使用效率低的问题。对于纸浆生产企业来说，无法保障纸浆价格持续稳定上涨，如果纸浆价格剧烈波动或者持续下跌，企业将面临着巨额亏损的风险。对纸浆消费企业来说，纸浆价格上涨会给企业带来巨大的成本压力，价格剧烈波动无法稳定进货量从而降低资金周转效率。因此，经济的发展产生了规避风险的需求，这个时候纸浆期货的出现能为企业带来风险管理工具，有助于提高资金使用效率，规避纸浆价格反复波动的风险。另外，在不同的国家和地区经济增长不一样，经济结构不一样，纸浆市场发展程度不一致，是否需要纸浆期货金融工具还需要根据市场经济发展情况而定。因此，规避风险目的需要金融创新与经济增长相互配合。

5.2.3　区域耦合脆弱性

金融创新与经济增长区域耦合的过程中也会积累风险。金融创新是经济危机产生的根本原因。

1）金融产品创新的高杠杆性放大了金融风险，容易造成经济泡沫

2007~2010 年的金融危机表明，金融创新的高杠杆性金融产品，以及部分转移信用风险的资产证券化产品，如资产支持证券、信用违约掉期和抵押贷款证券化等会妨碍借款人有效甄别风险，给经济稳定增长带来很大风险。投资者在结构复杂的金融产品和高额回报率面前容易忽视小风险，金融机构为了吸引客户甚至会夸大盈利或忽视、隐瞒潜在风险，区域市场出现过度竞争局面。投资者对新金融产品的过度自信，会使投资者的实际回报容易与投资预期出现偏差，滥用这一类金融创新是 2008 年美国信贷危机背后的关键原因。过度依赖这些金融创新衍生品金融工具，以及各种高风险、高杠杆的金融工具和金融产品后，会积累金融风险，产生经济泡沫，在泡沫爆裂时会引发全国甚至全球更大区域的金融危机。

2）金融创新无法从本质上消除经济风险

虽然金融创新促进经济增长的途径之一是加速区域资金周转和降低资源配置成本，但是反过来这种优势也会有一定的弊端。从微观层面来看，金融创新工具能分散和转移风险，金融产品创新的内核是把风险分散到风险偏好不同的层级和不同人群中，能承担额外风险的投资者可以获得额外的预期风险回报。金融工具

让投资者的风险分担发生了改变，有一部分投资者的风险通过支付一定的费用换取安全性，则必然会有另一部分投资者面临损失的风险得到相应的费用。从宏观层面来看，期权、期货、互换等金融工具用于规避股价、利率、汇率等波动的风险，风险只是在金融衍生工具的买卖双方之间进行转移，经济风险在本质上没有被消除。当不同领域的风险积累到一定程度，必然会爆发出来，此时可能是更多领域同时爆发危机，对全球经济的影响更大、更严重。换句话说，金融创新只是改变了经济风险的积累过程，无法改变积累结果。另外，如果金融创新工具设计得不合理，高杠杆性、高复杂性只会使没有充分掌握专业知识的人暴露于更大风险之中，将金融工具滥用于投机、赌博、欺诈等会使投资者承担更大的经济风险，投资者的合法权益将受到侵害。

3）金融创新加剧“热钱”投机风险

金融制度创新降低了跨区域资金流通门槛，加快了区域资金流动速度，因此资金流入、流出各区域的成本降低，便捷性提高。宽松的货币政策释放超额的流动性，引发通货膨胀，“热钱”资金为实现套期保值或者为了获取高收益而在国际汇率市场或利率市场上寻找机会，影响国际汇率稳定。“热钱”的短期投机逐利动机使其在中国具有较高投资收益时大量流入，一旦投资收益机会逐渐变小时或者国内其他领域或国外具有更高的投资机会时，“热钱”就会快速切换战场，冲击中国经济稳定，影响中国经济增长，严重时甚至会引发全球经济危机。“热钱”的急速投机活动影响一国的利率、汇率，也会对劳动市场的就业率造成冲击，因此“热钱”投机活动削弱了金融创新对经济增长的耦合作用，增加了金融创新与经济增长的耦合脆弱性。

5.3　中国金融创新与经济增长耦合的影响因素

金融创新与经济增长的耦合系统是巨复杂系统，耦合的影响因素多且难以选取，合理地描述、选取影响因素是本书的前提，也是核心工作。

这里我们借鉴 Baba 等（2001）对复杂适应系统理论的研究方法，“系统模式（system pattern）是对系统中各子系统之间空间关系的宏观描述”。复杂系统是由各参与子系统构成的系统。无论耦合系统是什么模式、如何分层，它的基础单元一定会靠着有序的联系“聚合”出集群特征。这种集群特征就是各元素相互协调的反映。即以各要素的集群特性表征影响因素，再根据代表耦合系统的驱动、效率，以及反映突出问题的集群特性，选出具体的影响因素。

5.3.1 创新驱动因素

从熊比特的“金融创新理论”到索罗增长模型，再到党的十九大报告，无数的研究和政策，都指向科技才是第一生产力。科技进步会直接影响边际产出效率，在金融创新与经济增长耦合的复杂系统里，技术水平是一个不容忽视的因素。

创新驱动对耦合系统的影响机制包括直接和间接两方面。

直接方面：一方面，创新驱动可通过提升资本的边际收益率，拉动储蓄到投资的转换，而增加的投资会大幅地提高经济增长的收益率和期望收益率，从而拉动经济增长。另一方面，创新驱动会有效地提高金融科技创新，有效地缓解金融压制，为实体经济提供更多的融资渠道、更低成本的融资，从而促进经济增长。

间接方面：创新驱动会带来大量的金融工具创新、实体工具创新、金融机制创新、商业模式创新等，全方位地促进经济增长。

5.3.2 要素投入因素

要素投入对经济增长的影响，在每一代经济学理论中都有新的解释，而物质和人，作为耦合的复杂系统的基础单元，其数量的多少也会直接影响系统中资金流、信息流、人力流的流动。按照耗散结构理论，不断地投入新的要素，不断地引进负熵，使系统处于非平稳状态，才能使系统向更高层级跃迁。

在金融创新与经济增长的耦合系统中，要素的投入，意味着金融机构的增多、金融服务的增多，通过促进信息收集能力、促进流动性约束放松来促进经济增长。同时，经济增长系统中更多的要素投入，会产生大量的要素产出，那么就会对金融的资源配置功能提出更多的要求，从而要素产出会把资源流向金融部门，如此促进系统的耦合度提升。

5.3.3 创新效率因素

在经济快速发展的时期，金融创新与经济增长有了初步的耦合。随着资本的增值，越来越多的人会考虑让自己的财富保值、增值，这样就会衍生出大量的金融产品、金融工具。例如，现代金融创新产生的期货指数期权，可以有效对冲未来可以预计的风险，减轻配置资产的贝塔值，提高资产价值波动的稳定性，甚至能通过交易策略的变化实现盈利。

创新效率从两方面影响经济增长系统：一是影响资源的配置效率，将资源优先分配给高附加值、高水平的第三产业，为经济增长加大助力，这也是金融市场对经济增长最直接，也是最根本的贡献——通过资源配置，改变现有存量资本的平均产出率；二是帮助分散甚至对冲风险，如“套期保值”经济增长过程会产生大量的系统性风险，包括各种流动性风险、收益不确定风险等，这些风险影响经济系统的健康运行，给经济活动的参与主体带来损失，甚至风险不断集聚、叠加最终引起质变，导致无法挽回的系统性风险，引起经济危机一样的经济震荡。这就导致政府需要对经济增长系统中的风险进行积极有效的管理，而金融机构本身就有一套成熟的风险管理体系，金融领域包括金融创新都有一系列完整的风险规避、风险防范和风险化解的手段和途径，因此，为规避风险将金融创新更多地融入经济增长中，可以充分发挥金融系统的风险管理功能，更加成熟规范地管理经济增长过程中的系统性风险。金融创新带来的资本流动性也会极大地缓解经济增长领域的流动性不足，让投资者得到便利的同时更易于形成长期资本，更加优化配置经济增长系统中的各种要素，提升经济增长的质量。

5.3.4 经济效益因素

从提高经济增长的效益来促进金融创新，是需求端的影响，也是供给端的影响。经济发展是社会发展的重中之重，也是判断耦合系统发展好坏的根本。不断提升经济效益，促进人均收入，提高人民的受教育程度，会使储蓄更多地引发投资需求，而经济效益引发的更多的理性投资，会引致边际报酬率的提升，以此拉动金融创新的发展。

实际上，衡量经济效益，必然是衡量耦合系统效率因素最直接也是最准确的办法。这样不仅可以有效地避免高协同、低耦合的“陷阱”，还能十足地体现研究的现实意义。对于金融创新与经济增长的耦合系统而言，如果经济效益都不能保证，谈何耦合协同发展?

5.3.5　资本市场结构因素

金融创新与经济增长耦合的必然诱因是资本市场的发展，换言之，金融创新与经济增长的耦合将在很大程度上受资本市场的影响。资本市场的发展，使得直接融资成为储蓄转化为投资的重要途径。如果因为结构原因存在金融抑制，将使大量的资金闲置在银行，不利于资本形成，也会对银行造成利息偿付压力，压制经济活力。我国发展资本市场的初始动机是为了给国有企业股份制度改造提供机会，以及为了让优秀的民营企业方便地募集社会资本、促进资本形成和提高市场竞争力，进而让政府通过“无形的手”管理市场，根据需求扩大产业规模。这也就是金·史密斯所说的市场主导型金融结构。

从2019年科创板正式开板，再到《中华人民共和国证券法》的修订，已经看出我国设立多层次资本市场的决心。但是，较低的直接融资占比、资本化率依然说明现在的情况并不乐观。如何优化金融市场结构、推进金融机构体系改革、提高金融产品质量，依然是当下的重要工作。

以市场为主体，以宏观调控为辅助，使系统耦合向着正确的方向演进。资本市场结构因素主要是经济增长和金融创新的关键支撑性节点，金融机构拥有专业化的知识技能和对市场更加成熟的判断，使得金融机构可以推出各种适合的金融产品来满足金融市场的需要，建立以市场为主导的金融创新主体，并帮助生产要素进行合理配置，加速经济增长效率。企业是经济增长的主力，在经济运行的全过程中，都有企业参与其中发挥主体作用，它们一方面通过效率和规模的提高推动经济增长，另一方面通过剩余资本推动金融创新。

5.3.6　金融中介结构因素

金融创新与经济增长耦合系统的个体元素，尤其是企业，在获得资金的时候，一般会有两个选择：①借助市场，向市场资金盈余单位和个人筹资，即发行股票或者债券；②向银行等机构贷款，即间接融资。作为间接融资的最主要场所、服务商——金融中介，对于过去几十年资本市场的发展，功不可没。一方面，它提供了大量的资金，促进实体经济的发展；另一方面，它提供了信息融通的平台，降低了投资者获取有关经营者信息的成本。金融中介作为资金供求双方的中介方，一边提供信息融通，一边加强对经营者的监督。

从货币发行方面整体来看，我国的货币化率用 M2 占 GDP 比值测算下来在

2018 年底大概是 203%，与美国和英国同期做一个对比，我国的货币化率基本上是美国和英国的 3 倍左右。同期资本化率我国采用的是股票的市值加上债券的余额再除以 GDP，我国基本上是英国和美国的 1/3，当然针对各省（区、市）该数据有一些差异，但是能反映我国“货币多、资本少”的问题。以间接融资为主的我国，大量发行货币、提供贷款能否推动金融创新与经济增长的耦合？

银行主导下的耦合系统，通过“有形的手”来配置需求，尤其是在我国利率试行贷款基础利率（loan prime rate，LPR）的情况下，货币供给量由国家管控，那么金融中介结构因素可能就会带有更多的政策意图。

6 耦合评价指标体系和模型的构建

6.1 中国金融创新与经济增长的整体耦合评价指标和模型

6.1.1 指标体系构建

为全面反映金融创新系统与经济增长系统的发展状况，分别构建如下指标体系，如表 6-1 和表 6-2 所示。

表6-1 金融创新系统指标体系

一级指标	二级指标	单位
金融创新规模指标	年末金融机构贷款余额/GDP	%
	金融资产总量/M1[1)]	%
	金融业增加值/GDP	%
	股票市值/GDP	%
	社会融资规模/GDP	%
金融创新效率指标	金融相关率	%
	金融机构存贷比	%
	M2[2)]/GDP	%
	（M2−M1）/GDP	%
	保险密度	元/人
	保险深度	%
	股票交易量/GDP	%

续表

一级指标	二级指标	单位
金融创新环境指标	中央银行资产与金融总资产之比*	%
	中央银行总资产与 GDP 之比	%

*表示该项指标为负相关性指标

1）M1 表示狭义货币；2）M2 表示广义货币

表6-2　经济增长系统指标体系

一级指标	二级指标	单位
经济增长规模指标	GDP	亿元
	国家财政收入	亿元
	全社会固定资产投资完成额	亿元
	进出口总额	亿元
	城镇化率	%
	社会消费品零售额	亿元
经济增长效益指标	财政收入占 GDP 比重	%
	人均 GDP	元/人
	就业率	%
	农村居民人均可支配收入	元/人
	城镇居民人均可支配收入	元/人
	劳动生产率	元/人
	资本形成率	%
经济增长稳定指标	城乡恩格尔系数差距*	%
	全国城乡居民人均收入比*	%
	居民消费价格指数*	%

*表示该项指标为负相关性指标

6.1.2　耦合模型建立

6.1.2.1　耦合关联度模型建立

耦合关联度是用来度量具备耦合关系下多个系统之间互相作用的程度。在运用容量耦合系数模型处理经济问题的时候，如果没有对耦合关联度的取值范围进行精确，会导致取值范围区间错配，从而所测结果与实际情况不相符。因此，要先对耦合关联度的取值范围进行改进，再代入实证数据，其结果会非常符合预期。

模型中u_1与u_2为系统的综合评价指数，且$u_1 \geqslant 0$、$u_2 \geqslant 0$。若$u_1 \times u_2 = 0$，则耦合关联度$c_m = 0$；若$u_1 \times u_2 \neq 0$，则：

$$c_m = \left[\frac{u_1 \times u_2}{(u_1 + u_2)^2}\right]^{\frac{1}{2}} = \left[\frac{u_1 \times u_2}{u_1^2 + u_2^2 + 2u_1u_2}\right]^{\frac{1}{2}} = \left[\frac{1}{\frac{u_1}{u_2} + \frac{u_2}{u_1} + 2}\right]^{\frac{1}{2}} \tag{6-1}$$

其中，第一个等式表示原有的容量耦合系数模型。下面的步骤将对式（6-1）进行处理，以精确取值范围。

$$\frac{u_1}{u_2} + \frac{u_2}{u_1} \geqslant 2\sqrt{\frac{u_1}{u_2} + \frac{u_2}{u_1}} = 2 \tag{6-2}$$

$$\left[\frac{1}{\frac{u_1}{u_2} + \frac{u_2}{u_1} + 2}\right]^{\frac{1}{2}} \leqslant \left[\frac{1}{2+2}\right]^{\frac{1}{2}} = 0.5 \tag{6-3}$$

即

$$c_m \in [0, 0.5] \tag{6-4}$$

据此，将新的耦合关联度模型定义为

$$C = \left[\frac{u_1 \times u_2}{\left(\frac{u_1 + u_2}{2}\right)^2}\right]^{\frac{1}{2}} \tag{6-5}$$

由式（6-5）可以得出，耦合关联度 C 的取值范围为[0,1]，C 值越大，表示耦合的关联性越强。基于中国的现实国情，同时借鉴学者的研究，本书将耦合关联度分为 6 个阶段，对应其所处的 6 种耦合状态及特征，如表 6-3 所示。

表6-3 耦合关联度评判标准

耦合关联度	耦合标准	类型与特征
C=0	无耦合	两系统完全不协调
0<C≤0.3	低级耦合	基本没有协调
0.3<C≤0.5	拮抗耦合	系统部分开始协调
0.5<C≤0.8	磨合耦合	比较协调
0.8<C<1	高度耦合	基本协调
C=1	完全耦合	完全协调

6.1.2.2 耦合协调度模型建立

上述的耦合关联度模型仅通过模型测度了两系统间的互相作用强度，并没有体现两系统间的协调发展强度，因此还需建立耦合协调度模型，来更加全面地说明耦合的发展状况。

综合考虑本书的耦合关联度模型和数据情况，采用以下耦合协调度模型：

$$D=\sqrt{C\times T} \tag{6-6}$$

其中，D 为耦合协调度；C 为耦合关联度；T 为耦合的综合评价指数。

在代入标准化数据后，可以得到金融创新系统综合发展指数 $A(x)$ 和经济增长系统综合发展指数 $B(y)$：

$$A(x)=\sum_{j=1}^{n}a_j x_{ij} \tag{6-7}$$

$$B(y)=\sum_{j=1}^{n}b_j y_{ij} \tag{6-8}$$

其中，a_j、b_j 分别为金融创新指标体系和经济增长指标体系下各指标的权重；n 为各指标体系的指标数；x_{ij}、y_{ij} 为标准化数据矩阵下第 j 个指标、第 i 个年份下的数据值。

通过 $A(x)$、$B(y)$ 可以进一步计算出金融创新与经济增长耦合关系的综合评价指数：

$$T=\alpha A(x)+\beta B(y) \tag{6-9}$$

其中，α 为金融创新系统综合发展指数 $A(x)$ 的权重；β 为经济增长系统综合发展指数 $B(y)$ 的权重。为了更好地体现出两系统间的耦合协调度，两系统应该有相同的权重，即 $\alpha=\beta=0.5$。

这里对耦合协调度进行 10 个等级划分，其区间在[0,1]，如表 6-4 所示。

表6-4 金融创新与经济增长的耦合协调度划分标准

耦合协调度 D	0~0.099 9	0.1~0.199 9	0.2~0.299 9	0.3~0.399 9	0.4~0.499 9
发展阶段	极度失调	严重失调	中度失调	轻度失调	濒临失调
耦合协调度 D	0.5~0.599 9	0.6~0.699 9	0.7~0.799 9	0.8~0.899 9	0.9~1.0
发展阶段	勉强协调	初级协调	中级协调	良好协调	优质协调

6.2 中国金融创新与经济增长的区域耦合评价指标和模型

6.2.1 指标体系构建

区域金融创新系统和区域经济增长系统是复杂系统，协调度是用来度量两个或多个系统从无序走向有序时内部序参量之间协同作用的工具。

1）指标选取原则

金融创新系统和经济增长系统都是复杂系统，它们之间存在密切联系，为了研究金融创新与经济增长之间的耦合协调关系，本章引入耦合协调度模型，先设计两个能够反映金融创新系统和经济增长系统特征的指标体系，但是指标选取要遵循下列基本原则。

（1）综合性原则。整个指标体系尽可能综合反映整个系统的内容，不仅要包含系统外在的特征，还要包含系统内指标之间的关系；不仅要包含每一个截面的状态，还要在考虑时间因素后，能反映系统的变化特征。

（2）客观性原则。指标的选取要保持实事求是的态度，客观公正、不偏不倚，消除主观偏好带来的影响。

（3）可操作性原则。选取的指标尽量能直接或间接获取相应连续的统计数据，需要考虑指标的收集难易程度、定性还是定量、变量性质等。

2）金融创新指标选取

金融创新系统的序参量选择金融创新环境、金融创新投入和金融创新产出。其中，金融创新环境用金融机构存款余额和金融机构贷款余额来代理；金融创新投入用研发经费投入强度和专利授权数来代理；金融创新产出用居民财产性收入比重、社会融资规模、当年 A 股筹资额、保险赔款及给付来代理。

3）经济增长指标选取

经济增长系统的序参量选择地区经济实力、地区发展潜力和地区发展活力。其中，地区经济实力用人均 GDP 和人均财政收入来代理；地区发展潜力用人均固定资产投资和人均财政支出来代理；地区发展活力用交通客运总量和人均消费品零售总额来代理。表 6-5 汇总了相关指标，分别反映区域金融创新系统和经济增长系统的实际情况。

表6-5　经济增长和金融创新耦合评价指标体系

<table>
<tr><th>评价系统</th><th>系统状态</th><th>序参量</th><th>说明</th><th>来源</th></tr>
<tr><td rowspan="6">经济增长系统</td><td rowspan="2">地区经济实力</td><td>人均 GDP</td><td>地区生产总值/总人口</td><td rowspan="4">计算</td></tr>
<tr><td>人均财政收入</td><td>地方财政收入/总人口</td></tr>
<tr><td rowspan="2">地区发展潜力</td><td>人均固定资产投资</td><td>全社会投资总额/总人口</td></tr>
<tr><td>人均财政支出</td><td>地方财政支出/总人口</td></tr>
<tr><td rowspan="2">地区发展活力</td><td>交通客运总量</td><td>客运量</td><td>各省（区、市）统计年鉴</td></tr>
<tr><td>人均消费品零售总额</td><td>社会消费品零售额/总人口</td><td>计算</td></tr>
<tr><td rowspan="8">金融创新系统</td><td rowspan="2">金融创新环境</td><td>金融机构存款余额</td><td>金融机构各项存款余额</td><td rowspan="2">区域经济运行报告</td></tr>
<tr><td>金融机构贷款余额</td><td>金融机构各项贷款余额</td></tr>
<tr><td rowspan="2">金融创新投入</td><td>研发经费投入强度</td><td>研发经费与营业收入之比</td><td>全国科技经费投入统计公报</td></tr>
<tr><td>专利授权数</td><td>国内专利申请授权数</td><td>各省（区、市）统计年鉴</td></tr>
<tr><td rowspan="4">金融创新产出</td><td>居民财产性收入比重</td><td>居民人均财产性收入/居民人均可支配收入</td><td>计算</td></tr>
<tr><td>社会融资规模</td><td>社会融资规模增量</td><td>中国人民银行</td></tr>
<tr><td>A 股筹资额</td><td>当年国内股票（A 股）筹资额</td><td>区域经济运行报告</td></tr>
<tr><td>保险赔款及给付</td><td>保险业原保险赔付支出</td><td>《中国统计年鉴》</td></tr>
</table>

注：总人口采用地区年末常住人口数；当年国内股票（A 股）筹资额指非金融企业境内股票融资

6.2.2　耦合模型改进

6.2.2.1　计算功效函数

区域金融创新系统和经济增长系统均由多个序参量组成，假设共 m 个对象，$u_i(i=1,2,\cdots,m)$ 表示第 i 个研究对象，两个子系统共有 n 个序参量，$u_{ij}(j=1,2,\cdots,n)$ 表示对象 u_i 的第 j 个序参量，其值为 X_{ij}，当 X_{ij} 为正值时，表示 u_{ij} 指标数值大小对系统贡献为正，X_{ij} 越大表明系统运行越有序；当 X_{ij} 为负值时，表示 u_{ij} 指标数值大小对系统贡献为负，X_{ij} 越小表示系统运行越有序。$X_{ij\min}$ 为系统 i 的第 j 个指标的最小值，$X_{ij\max}$ 为系统 i 的第 j 个指标的最大值。π_{ij} 表示 u_{ij} 的功效贡献，反映了该指标对系统最有序运行的贡献，当 π_{ij} 为 0 时，该指标对系统最有序运行毫无贡献；当 π_{ij} 接近 1 时，该指标成为系统有序运行的全部动力，因此 π_{ij} 的取值范围是[0,1]。本章采用线性功效函数，对具有正功效的指标和负功效的指标 u_{ij} 分别计算其功效值 π_{ij}，其另外一个好处是结果可以运用于后面计算指标权重过程中。

$$\pi_{ij}=\begin{cases}\dfrac{X_{ij}-X_{ij\min}}{X_{ij\max}-X_{ij\min}} & u_{ij}\text{正功效}\\ \dfrac{X_{ij\max}-X_{ij}}{X_{ij\max}-X_{ij\min}} & u_{ij}\text{负功效}\end{cases} \tag{6-10}$$

6.2.2.2 子系统功效函数评价模型

先测算区域金融创新系统和经济增长系统的综合发展水平。区域金融创新系统和经济增长系统是两个不同而又相互作用和影响的系统，每个系统包含多个不同的指标，因此可以通过衡量系统内每个指标对该系统贡献的综合值作为系统的综合功效函数。这里的集成方式采用线性加权的方式：

$$V_i=\sum_{j=1}^{n}w_{ij}\pi_{ij} \tag{6-11}$$

为了减少主观因素带来的影响，其中指标权重 w_{ij} 的确定采用熵值法进行客观赋权。将前面计算功效值 π_{ij} 的过程视为对指标数据进行归一化处理的过程，求权重 w_{ij} 的具体方法如下。

（1）消除功效值 π_{ij} 中的零值。这里因为指标原始数据 $X_{ij\min}$ 在归一化过程中变成 0，在熵值法中无法取对数，所以进行适当调整。

$$\pi'_{ij}=0.999\pi_{ij}+0.001 \tag{6-12}$$

（2）计算第 j 个指标下第 i 个对象所占的比重。

$$y_{ij}=\frac{\pi'_{ij}}{\sum_{i=1}^{m}\pi'_{ij}} \tag{6-13}$$

（3）计算第 j 个指标的熵值 e_j。

$$e_j=-\frac{1}{\mathrm{Ln}m}\sum_{i=1}^{m}y_{ij}\mathrm{Ln}y_{ij} \tag{6-14}$$

（4）计算差异系数 g_j。在系统论中熵值 e_j 越大说明系统越乱，携带的信息越多，X_{ij} 越分散且差异性越小，即差异系数 g_j 越小。定义变异系数为

$$g_j=1-e_j \tag{6-15}$$

（5）计算第 j 个指标的权重 w_j。

$$w_j = \frac{g_j}{\sum_{j=1}^{n} g_j} \tag{6-16}$$

6.2.2.3 耦合协调度评价模型

本章研究的是区域金融创新与经济增长之间的耦合关系，最重要的一部分是衡量系统之间相互协同作用的耦合程度。因此，此处将区域金融创新—经济增长系统耦合度定义为区域金融创新系统和经济增长系统之间的协同作用，体现两个系统的协调程度。根据王仁祥和杨曼（2015），假设区域金融创新系统和经济增长系统的耦合过程具有非线性的特征，演化方程式可以表示为

$$\frac{\mathrm{d}V(t)}{\mathrm{D}t} = F\left(\pi_1', \pi_2', \pi_3', \cdots, \pi_n'\right) \tag{6-17}$$

其中，$F\left(\pi_1', \pi_2', \pi_3', \cdots, \pi_n'\right)$ 为 $\pi_i'(i=1,2,3,\cdots,n)$ 的非线性函数，将 $F\left(\pi_1', \pi_2', \pi_3', \cdots, \pi_n'\right)$ 写成在原点处的泰勒展开式并代入式（6-17），并根据李雅普诺夫稳定性的基本定理，删去高阶无穷小项，有

$$\frac{\mathrm{d}V(t)}{\mathrm{D}t} = \sum_{i=1}^{n} \alpha_i \pi_i' \quad i = 1,2,3,\cdots,n \tag{6-18}$$

因此，能够根据上述方程分别写出区域金融创新系统（I）和经济增长系统（G）的演化方程式：

$$F(I) = \sum_{j=1}^{n} a_j \pi_j' \tag{6-19}$$

$$F(G) = \sum_{k=1}^{n} b_k \pi_k' \tag{6-20}$$

其中，π_j' 为金融创新系统中第 j 个指标值；π_k' 为经济增长系统中第 k 个指标值；a_j 和 b_k 分别为各指标的权重。

耦合度度量的是系统之间相互影响的程度，金融创新对经济增长产生促进作用，经济增长对金融创新产生拉动作用，二者相互作用、相互影响。耦合度的计算借鉴物理中的容量耦合模型的概念，此处定义多个系统相互作用的耦合度为

$$C = \left[\frac{F_1 \cdot F_2 \cdot \cdots \cdot F_n}{\prod_{i,j=1,2,3,\cdots,n} \left(F_i + F_j\right)}\right]^{\frac{1}{n}} \tag{6-21}$$

本书涉及金融创新和经济增长两个系统，因此根据式（6-21），得到两系统的耦合度计算式：

$$C=\left[\frac{F(I)\cdot F(G)}{\big(F(I)+F(G)\big)\big(F(I)+F(G)\big)}\right]^{\frac{1}{2}} \tag{6-22}$$

其中，C 为两系统的耦合度；$F(I)$ 和 $F(G)$ 分别为金融创新系统和经济增长系统的综合功效值。耦合度越大，表示两个系统的耦合作用越强。

但是，$F(I)+F(G)\geqslant 2\sqrt{F(I)\cdot F(G)}$，当且仅当 $F(I)=F(G)$ 时取等，因此 $\big(F(I)+F(G)\big)\big(F(I)+F(G)\big)\geqslant 4F(I)\cdot F(G)$，则：

$$C=\left[\frac{F(I)\cdot F(G)}{\big(F(I)+F(G)\big)\big(F(I)+F(G)\big)}\right]^{\frac{1}{2}}\leqslant\frac{1}{2} \tag{6-23}$$

由此可知，根据式（6-23）得到的耦合度 C 的取值范围为 $\left[0,\frac{1}{2}\right]$，当且仅当 $F(I)=F(G)$ 时能取得最大值 $\frac{1}{2}$。采用式（6-23）计算两系统耦合度的方法被许多学者采用，但是由于这样计算的耦合度的取值最大为 $\frac{1}{2}$，考虑到数据计算结果的有效性，该方法可能会出现低估耦合度和无法有效区分耦合度差异性的问题。因此，对两系统的耦合度度量，采用下面的耦合度计算方法：

$$C=\left[\frac{F(I)\cdot F(G)}{\left(\dfrac{F(I)+F(G)}{2}\right)^2}\right]^{\frac{1}{2}} \tag{6-24}$$

式（6-24）的计算符合多系统耦合度的定义，因此在实证中采用该耦合度计算方法。耦合度作为反映区域金融创新与经济增长耦合程度的重要指标，它对判别不同区域的金融创新水平和经济增长水平相互作用和相互联系的强度具有重要意义。但是，耦合度在某些特殊情况下难以反映出金融创新与经济增长的协同作用，特别是在多个地区或区域对比研究下，单纯地考虑耦合度可能会使结论产生误导，因此，还要进一步考虑金融创新与经济增长的协调度模型。在计算完耦合度之后，可以进一步计算金融创新和经济增长的综合协调指数 T，以及协调度 D。计算方法表示如下：

$$T=\alpha F(I)+\beta F(G) \tag{6-25}$$

$$D=\sqrt{C\times T} \tag{6-26}$$

其中，T 为反映金融创新与经济增长整体协同效应的综合协调指数；α 和 β 为待定系数，为计算综合协调指数时的权重。这里认为金融创新和经济增长两个系统的重要性相等，因此权重分别各占 $\frac{1}{2}$。耦合度 C 侧重于反映两系统之间相互联系的强度，而协调度则侧重于系统的整体协调发展情况。

6.3　金融创新与经济增长耦合影响因素的评价指标和模型

6.3.1　指标体系构建

6.3.1.1　指标体系设计思路

本书借鉴了大量前人研究的经验，并且在充分考虑我国统计指标统计规则与意义的情况下构建了指标体系。对金融创新与经济增长耦合因素的评估，涉及数据量大、种类繁多、系统高度复杂等困难。因此，指标构建应遵循以下原则。

（1）科学性原则。科学地选取指标，科学地处理数据，每一个步骤的计算、处理都必须严谨。

（2）可操作性和可获得性原则。由于我国统计规则随着体制的发展，不断地更新完善，很多指标从无到有，从有到无。为了保证研究的可信度，必须选取可操作性高、可获得性高的指标进行研究。

（3）代表性和可比性原则。充分考虑前文对耦合因素性质的分析，在多个指标中选取最具代表性、被前人反复论证过的指标。这也是研究成功的保证。

6.3.1.2　结构方程模型指标体系构建

耦合系统的结构方程模型指标体系需要反映第 3 章所总结的 3 种功能（驱动、效率与结构）包含的 6 种因素（创新驱动因素、要素投入因素、创新效率因素、经济效益因素、金融中介因素、资本市场结构因素），每种因素都代表着一种潜变量，都要选出科学的、可获得的、可操作的、具有代表性的指标。用观测变量（组）合理、充分地反映潜变量，是研究能成功的要点。结合第 2 章的叙述，并查阅前人的研究，依据前人的经验及先验理论，本书指标体系的构建如表 6-6 所示。

表6-6　耦合因素结构方程模型指标体系

	功能	潜变量	基础指标（观测变量）	指标属性	单位
耦合系统	耦合系统的驱动力	创新驱动因素	研发强度（研发经费支出/GDP）	+	%
			技术进步（全要素生产率）	+	%
			研发人员全时当量	+	人年
			研发经费	+	万元
		要素投入因素	物质资本投入（全社会固定资产投资/总人口）	+	%
			资本形成率	+	%
			最终消费率	+	%
	耦合系统的效率	创新效率因素	单位资本产出（GDP/资本存量）	+	%
			资源配置（资本增量中第三产业的占比）	+	%
			专利授权数	+	件
			技术市场成交额	+	万元
			金融资源配置（金融业增加值占 GDP 比重）	+	%
		经济效益因素	人均教育经费（教育经费/GDP）	+	%
			人均收入	+	元
			人均 GDP	+	元
	耦合系统的结构	金融中介结构因素	贷款占存贷款比例	+	%
			金融总资产中 M2 占比	+	%
			融资结构（间接融资/融资总额）	+	%
		资本市场结构因素	资本化率（股票市值/GDP）	+	%
			金融市场化比率	+	%
			金融深化（M2/GDP）	+	%
			金融相关比率	+	%
	耦合系统	系统耦合	系统的耦合指数	+	—

具体的指标选取依据及释义如下。

1）创新驱动因素

本书主要参考王海兵和杨蕙馨（2015）、周柯和唐娟莉（2016）、白俊红和王林东（2016）等的经验，并结合本书的主题，选取 4 个方面考察创新驱动因素，即研发投入、研发人员、研发强度、技术进步。

在具体操作时，主要选取 4 个基础指标：研发人员全时当量，用来描述金融创新的人力投入；研发强度=研发经费支出/GDP，用来形容金融创新的重要程度；研发经费用来表示金融创新的资金投入；技术进步，用全要素生产率（total factor productivity，TFP）表示，是指控制住基本要素投入后生产值的增加率，用来代表技术进步。全要素生产率的计算，借鉴张军等（2004）的 Malmquist DEA 方法估算。

2）要素投入因素

考虑新古典模型中对各生产要素的叙述，其中唯一的内生要素为投资。然而，随着经济增长方式的转变，投资代替所有要素投入是不严谨的，本书参考李俊霖（2007）、顾成军和龚新蜀（2012）的经验，并结合我国国情，增加了另外两条因素描述要素投入：一是凯恩斯宏观理论中，投资与储蓄平衡条件下，同样能拉动经济增长的基本要素——最终消费；二是我国资本形成中，占很大比例的物质资本投入。

人均固定资产形成总额占比，即全社会固定资本投资/总人口，用来形容物质资本投入，在我国经济发展过程中，固定资产投资和房地产投资对我国经济增长做出了巨大的贡献，尤其是房地产产业迅速发展的近十几年，房地产业几乎成为支撑 GDP 增长的支柱产业。这项指标也是最能代表要素投入因素的指标。

资本形成率也称投资率，通常指一定时期内资本形成总额占 GDP 的比重。资本形成总额包括两部分，一部分是固定资本形成总额，另一部分是存货增加。资本形成率用于衡量要素投入强度。

最终消费率指常驻单位用来消费的资金。其代表要素的供需状况，最终消费率越高，对于要素投入的需求就越高。不同于技术进步，它是一个需求侧的指标，衡量我国通过扩大内需拉动经济增长的程度。

3）创新效率因素

描述创新效率因素主要从两个方面入手：一是描述创新效率；二是描述创新成果。创新效率借鉴冷艳丽和杜思正（2016）的方法，用单位资本产出表征资本产出效率，用金融业增加值占 GDP 比重表征金融资源配置。创新成果借鉴曹霞和于娟（2015）的经验，把创新成果分为专利授权数、技术市场成交额。

资本增量中第三产业的占比、金融业增加值占 GDP 比重，用来描述资本配置效率，该两项指标越高，经济增长与金融创新的耦合越有效率，因为资源配置在具有高附加值的第三产业；技术市场成交额、专利授权数代表金融创新成果；单位资本产出代表着资本收益率，这也是最能体现创新效率的指标，可以衡量金融创新的质量，金融创新促进经济增长的核心要义就是要提高资本的边际生产率，换言之，边际生产率的高低，直接反映出创新效率的高低。

4）经济效益因素

经济效益的衡量，主要来自刘燕妮等（2014）与王微（2016），衡量这项指标要从经济效益的多个方面入手，结合主题，本书具体选择了两个方面，即经济效益的数量、经济效益的质量。经济效益的数量，最好、最直接的选择就是GDP；经济效益的质量，则主要看人民生活是否有所改善。

衡量经济效益，最直接也是最重要的就是衡量个人的指标。为了控制住省际经济发展的差异性，因此选择了人均指标数值，而人均 GDP 用来直接衡量经济发展程度；人均教育经费和人均收入都用来衡量人民福祉，用来体现人民福祉的指标有很多，如居民消费价格指数、基尼系数、恩格尔系数、消费品价格指数等，但是考虑到本书研究的时间，我国经济已经有了高度发展，我们再去关注人民的温饱问题，已经显得多余。人均教育经费与经济发展程度高度相关，越来越多的学者在衡量人民福祉时，选择人均医疗支出与人均教育经费这两项，而有研究表明，人均收入与人均医疗支出属于高度正相关，因此此处不再对人均医疗支出进行考察。

5）金融中介结构因素

其主要用来衡量我国金融发展中政府（银行）的作用和定位，因此要从货币的供给与货币乘数两方面来衡量，借鉴 Shaw（1973）的“金融深化论”及康枫和柴用栋（2016）、潘林伟和吴娅玲（2017）的经验，从金融深化、间接融资的角度设计指标。

选取的指标主要通过银行的融资、发行货币两个功能，融资功能用来反映间接融资，而间接融资即银行贷款余额，融资总额是社会融资规模。贷款占存贷款比例，用来反映由国家管控的利率因素；金融总资产中 M2 占比，用来反映货币的供给，用来衡量国家的政策、宏观调控意图。

6）资本市场结构因素

其主要衡量我国金融市场的作用，借鉴冯梅等（2014）、蔡伟毅和陈晓薇（2018）的研究，结合本书的意图，选择出三条要点：一是衡量资本市场的发展程度，二是衡量金融深化程度，三是衡量市场竞争程度。

资本化率=股票市值/GDP，用来描述资本市场的发展程度，本书放弃选取换手率或者交易额两个指标，主要是因为这二者往往还代表投机氛围较为浓厚，所以不满足上述的科学性原则，故不选用；金融相关比率（financial interrelations ratio，FIR）=金融资产总量/GDP，用来描述经济金融化水平，被很多学者用来体现金融深化程度。另外，需要说明的是，一国的金融总资产=现金+存款+股票市值+债券市值+保费收入，但这些数据并不适用于省际面板，因此借鉴孙国栋等（2012）的处理办法，以银行存贷款余额的总额代替金融资产总量。于是，金融深化，用货币化率=M2/GDP表示，M2 用银行贷款余额代替，代表市场发展的货币需求，与金融中介因素中反映货币的供给完全相反，货币的需求反映市场的发展速度。金融市场化比率（financial marketization ratio，FMR）也是最能反映资本市场结构的指标，被很多学者用来形容资本市场竞争程度。FMR=FIR−SOFIR，SOFIR=国有银行存贷款余额/GDP，同样因为数据的可得性，借鉴林琳（2011a）的处理办法，把金融市场化比率定义为工商银行、中国银行、建设银行及股份制银行贷款占总贷款的比例。

7）系统耦合

其是内生潜变量向量，假设耦合度是一个内生变量，即可以通过计算直接获得。本书的研究是为了实证检验各个潜变量（因素）与内生潜变量之间的关系。系统耦合所需要的观测变量必须是系统发展的耦合协调度，本书根据喻平和闫卉靓（2016）的研究，进行改进和简化，设立指标体系如表 6-7 所示。

表6-7　耦合度计算

系统	指标	指标属性	系统	指标	指标属性
金融创新	研发强度	+	经济增长	人均收入	+
	金融资源配置	+		人均 GDP	+
	资本化率	+		单位资本产出	+
	金融相关比率	+		单位能源产出	−
	保费收入/GDP	+		人均教育经费	+

查阅数据后，考虑其多重共线性的可能，进行主成分分析，提取主成分后，把成分得分系数矩阵中的权重乘以各项变量。

$$Y_1 = -0.002X_1 + 0.286X_2 + 0.271X_3 + 0.297X_4 + 0.261X_5 \tag{6-27}$$

$$Y_2 = -0.986X_1 + 0.051X_2 - 0.012X_3 + 0.060X_4 - 0.104X_5 \tag{6-28}$$

计算出主成分分值后，再用 Y 乘以各自的权重，得到系统的分值，即金融创新的发展指数：

$$Y = \frac{64.277}{64.277 + 20.231} \cdot Y_1 + \frac{20.231}{64.277 + 20.231} \cdot Y_2 \tag{6-29}$$

接着以相同的方法算出各年份经济增长的发展指数后，借助廖重斌（1999）对环境和经济协调发展的研究，定义公式如下：

$$C_m = \left\{ (u_1 u_2 \cdots u_m) \Big/ \left[\prod_{i=1,2\cdots m,\, j=1,2\cdots m} (u_i + u_j) \right] \right\}^{1/m} \tag{6-30}$$

C 为多系统耦合的耦合度，则两个子系统耦合关联度模型可定义为

$$C_m = \left[\frac{u_1 \cdot u_2}{(u_1 + u_2)} \right]^{\frac{1}{2}} \tag{6-31}$$

其中，u 为子系统的综合评价分数。

以此达到对耦合度估算的目的。

6.3.2　结构方程模型

结构方程模型的思想起源于遗传学学者 Swall Wright 在 20 世纪 20 年代提出的路径分析概念。后因为其可以估计多个变量之间的关系，在 20 世纪七八十年代，被广泛运用于计量经济学。侯杰泰和成子娟（1999）对结构方程模型的应用和分析策略进行了探讨。周涛和鲁耀斌（2006）对该方法在实证中进行了应用，通过建立消费者网上信贷模型，估计消费者购买商品的动机。

结构方程模型假定潜变量之间存在因果关系，同时潜变量分别用一组测量变量的线性组合表示。通过验证测量变量之间的协方差，估计潜变量之间的路径系数，从而在统计上检验所假设的模型对研究过程是否合适。如果证实假设的模型是合适的，就可以确定潜变量之间的关系假设是合理的。

相较于一般的计量模型，结构方程模型的变量有显变量（观测变量）与潜变量两种基本形态。数据能够被研究者直接获得的变量被称为观测变量，而不能被研究者观测但可以由观测变量推估出来的变量被称为潜变量。结构模型和测量模型二者则直接组成了结构方程模型。测量模型描述的是潜变量如何被相应的观测变量测量，它通常可以写成如下形式：

$$x = \Lambda_x \xi + \delta \tag{6-32}$$

$$y = \Lambda_y \eta + \varepsilon \tag{6-33}$$

式（6-32）、式（6-33）分别是外生变量（观测变量）和内生变量（潜变量）的测量方程，如图 6-1 所示。

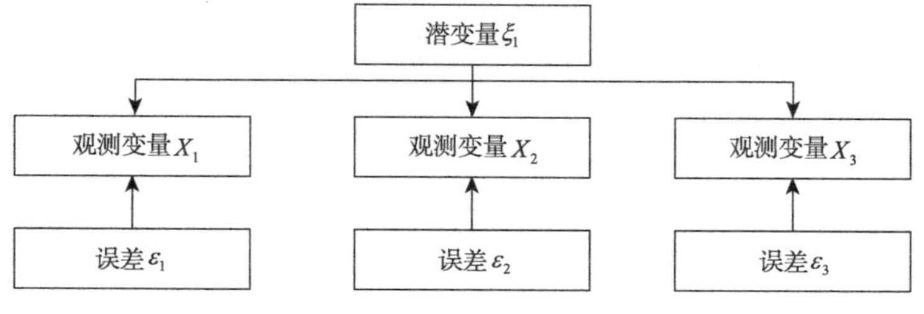

图 6-1　测量方程图

潜变量之间、其他变量无法解释的变异部分这二者的和则组成结构模型，通常写成如下形式：

$$\eta = B\eta + \Gamma\xi + \zeta \tag{6-34}$$

其中，B 为内生潜变量路径系数矩阵；η 为内生潜变量向量；Γ 为外生潜变量路径系数矩阵；ξ 为外生潜变量向量；ζ 为结构方程的残差项，反映了在方程中无法解释的变异部分。结构方程图如图 6-2 所示。

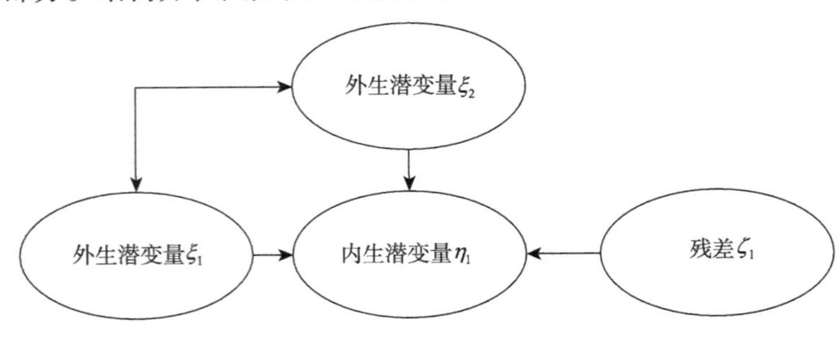

图 6-2　结构方程图

假定：测量方程误差项 ε、δ 及结构方程残差项 ζ 的均值为 0；误差项之间、误差项与因子之间不相关；残差项 ζ 与所有误差项、因子都不相关。

1）结构方程模型优势分析

相较于传统的回归分析，结构方程模型具备以下三大优势。

（1）可以同时拥有多个因变量。多个因变量同时被估计，整个估计过程被变成一个整体，而逻辑由传统的因果关系转变为由因到果再由果到因这种复杂关系，研究人员只需要用拟合度等指标去观测模型的合理程度，而非精细计算事物间的量化关系。

（2）拥有误差向量解释回归分析无法解释的部分。因此结构方程模型适用于研究“模糊的”、难以“精细计算”的事物，如人的意愿、复杂系统间的关系等。

（3）多重共线性不会影响预测因子的结果解释。实际上，结构方程模型已经假定了预测因子间不存在多重共线性，操作中，只有因子的多重共线性是“完全共线”才会导致结果无法输出。在“普通”的多重共线性的输出结果中，这种共线性也会反映在输出表中。反过来说，只要结果能够输出，即不存在“完全”共线，就不需要考虑多重共线性。

2）结构方程模型适用性分析

首先，结构方程模型可以评价多维的相互关联的关系。例如，要素投入因素和创新驱动因素同时存在，在我们尚且不能判断优劣的情况下，把它们放在一个模型中做出比较。

其次，没有察觉到的概念关系也能在评价中被表征出来，测量误差也能在评价中一并被解释出来。我们在选取指标计算的同时，并不能准确地刻画出所有的方面，只能选取几个有限的方面进行刻画，然而结构方程模型有分辨隐藏事物的能力。

最后，也是最重要的一点，结构方程模型可以通过计算协方差，描述一些我们通常无法直接量化的概念，如本书中的概念“影响因素”。

因此，把结构方程模型运用于研究金融创新与经济增长耦合这种复杂系统具备传统计量模型所不具备的“适用性”。

6.3.3　全路径模型与假设

模型路径图是结构方程模型的公式，图中椭圆代表潜在变量，长方形代表观测变量，小圆代表测量误差。依据上文的叙述，利用软件 AMOS 24.0 作图，如图 6-3 所示。

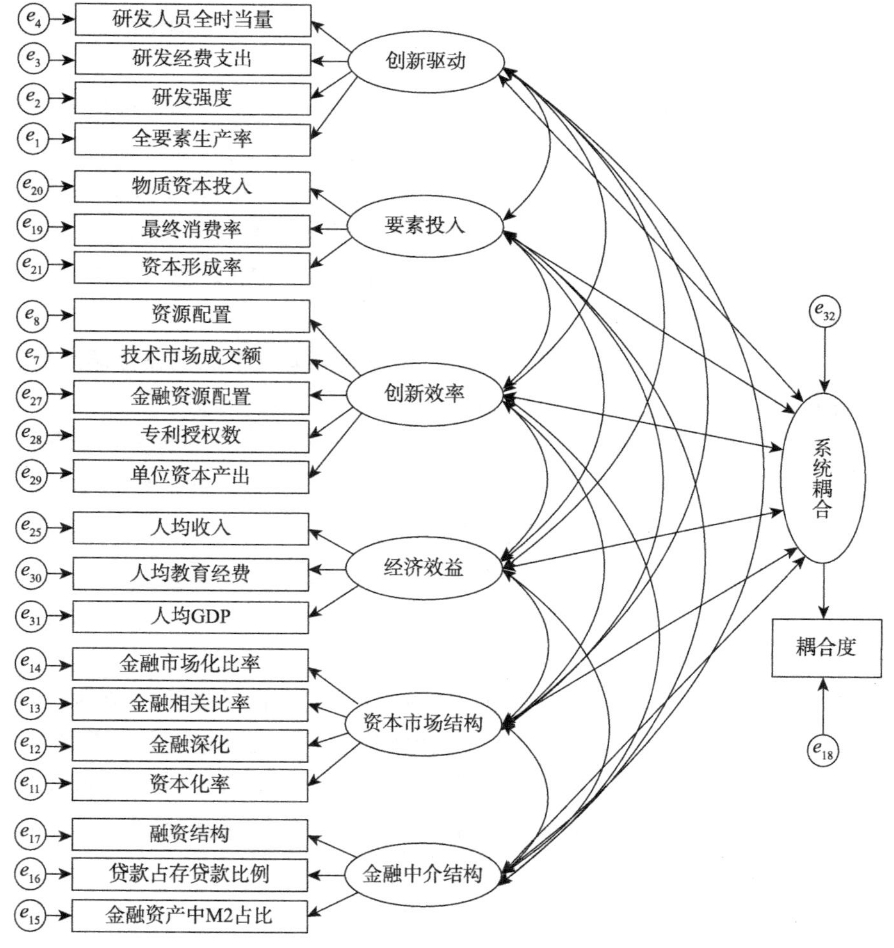

图 6-3　路径分析

依据设定的全路径模型，同时为了达到我们用数据检验模型的目的，设立如下六条假设命题。

$H_{6\text{-}1}$：耦合系统通过创新驱动因素提升耦合驱动力促进系统耦合协调度提升。

创新驱动因素是促进系统耦合的关键要素，一方面，创新驱动改变了金融创新与经济增长的产出函数，为系统耦合提供了基本的动力；另一方面，创新驱动为落后地区的后发优势提供了可能，通过“技术模仿”“模式模仿”缩小差距，可能实现落后地区赶超发达地区。

$H_{6\text{-}2}$：耦合系统通过要素投入因素提升耦合驱动力促进系统耦合协调度提升。

要素投入因素是促进系统耦合的基本命题，无论是古典、新古典经济理论，还是后来的内生增长理论都是从要素投入的角度出发的。在促进耦合的视阈下，要素投入不仅是经济增长的基础，更是金融创新的根本。创新的目的是资源配置的最优化、资本产出的最大化，在要素投入不足的情况下，系统的耦合就变成了空谈。

$H_{6\text{-}3}$：耦合系统通过提升创新效率提升耦合效率促进系统耦合协调度提升。

创新效率因素是耦合系统运行的必要条件，是衡量系统耦合效率的重中之重，有效率的创新会反哺创新本身——更多的研发投入、更多的研发人员、更多的教育经费等。同时，有效率的创新更会促进经济增长——通过工具创新、制度创新降低经济增长成本；通过业务创新、模式创新提升经济增长质量；通过市场创新、法律创新提升经济增长的稳定性。

$H_{6\text{-}4}$：耦合系统通过提升经济效益提升耦合效率促进系统耦合协调度提升。

经济效益因素是促进系统耦合的最终目标。高的经济效益，不仅是经济增长的初衷，也是让经济发展更进一步的重要保证，只有高的经济增长才会有更多的要素被投入下一轮的经济周期中，才会有更多的储蓄向投资和消费转变，从而带动新一轮的经济增长。同时，高的经济效益，会带来更高的投资需求、消费需求，致使资金、资本回流至金融创新，进而催生出更高层次的创新。

$H_{6\text{-}5}$：耦合系统通过资本市场结构因素调节耦合系统结构促进系统耦合协调度提升。

资本市场结构因素是耦合系统的“体温计”。资本市场拥有一个良性的资本结构时，高度的市场化、宽裕的流动性会使得资产被良好地定价，资本会由充裕部门转向亟待发展部门，由低收益部门转向高收益部门，通过“无形的手”自动调节资源配置，促进系统耦合，并实现两个子系统相互交替、螺旋上升的耦合态势。

$H_{6\text{-}6}$：耦合系统通过金融中介结构因素调节耦合系统结构促进系统耦合协调度提升。

金融中介结构因素是耦合系统的“润滑剂”。首先，它行使国家的货币政策，为市场提供更多的关键信息，如政策意图，资金价格等；其次，它是社会融资的主要渠道，金融中介的“放水”政策，直接影响到社会各部门的资金使用，进而影响到产出；最后，它是资源配置平台，通过“有形的手”，向社会指定部门分配资源，虽然有时可能会造成产能过剩（如国家近十年大力发展的新能源产业链），但它对于促进系统耦合的作用是不能被否定的。

7　实证检验结果及分析

7.1　中国金融创新与经济增长的整体耦合实证分析

7.1.1　数据来源及处理

7.1.1.1　数据收集

根据前文设立的指标体系，本书从《中国统计年鉴》《中国金融年鉴》《新中国××年统计资料汇编》等权威统计文献，中国宏观经济数据库、中国财政税收数据库、中国金融数据库等相关数据库，EPS 全球数据统计分析平台、Wind 资讯金融终端等数据终端中进行数据的筛选和整理，得到 1978~2017 年金融创新系统指标体系的 560 项数据，以及经济增长系统指标体系的 640 项数据。

7.1.1.2　数据标准化

本书采用直线型无量纲化方法中的极差标准化法进行数据标准化，具体操作步骤如下。

（1）构建指标体系原始数据矩阵。

$$X=\left\{X_{ij}\right\}_{mn}\left(X_{ij}\geqslant 0,\ 0\leqslant i\leqslant m,\ 0\leqslant j\leqslant n\right) \tag{7-1}$$

$$X=\begin{Bmatrix} X_{11} & X_{12} & \cdots & X_{1n} \\ X_{21} & X_{22} & \cdots & X_{2n} \\ \vdots & \vdots & & \vdots \\ X_{m1} & X_{m2} & \cdots & X_{mn} \end{Bmatrix} \tag{7-2}$$

其中，m 为年份；n 为指标项数；X_{ij} 为指标 X_j 在第 i 个年份上呈现出的数值。

（2）无量纲化处理。由于指标体系中同时存在正向指标和负向指标，直接处理不同性质的指标不能正确地反映指标间不同的作用力，本书分两部分对指标进行处理。其中，金融创新指标体系的中央银行资产与金融总资产之比，以及经济增长指标体系的城乡恩格尔系数差距、全国城乡居民人均收入比、居民消费价格指数为负向指标，单独进行负向指标的处理。此外，其余指标都为正向指标，直接进行正向指标的处理。

正向指标极差标准化公式：

$$X'_{ij} = \frac{X_{ij} - \min X}{\max X - \min X} \tag{7-3}$$

负向指标极差标准化公式：

$$X'_{ij} = \frac{\max X - X_{ij}}{\max X - \min X} \tag{7-4}$$

其中，X'_{ij} 为新矩阵的项；X_{ij} 为原始矩阵的项；$\max X$ 为原始矩阵 X 中单个变量取值的最大值；$\min X$ 为原始矩阵 X 中单个变量取值的最小值。

（3）经过计算得到新矩阵 X'。经过以上步骤可以得到金融创新系统指标体系和经济增长系统指标体系的标准化值。

在用极差标准化对数据进行去量纲处理时，由于极差标准化方法的限制，有部分数据的取值为 0，但为了方便之后用熵值法进行权重的计算，在这里用 0.000 1 这个极小值取代 0。

7.1.1.3 指标体系权重确定

本书采用熵值法对指标体系的权重进行计算，具体步骤如下。

（1）计算指标 X_{ij} 在第 j 项下第 i 个年份的权重 P_{ij}：

$$P_{ij} = \frac{X_{ij}}{\sum_{i=1}^{m} X_{ij}} \tag{7-5}$$

（2）计算所有指标对 X_j 的权重总量 E_j：

$$E_j = -K \sum_{i=1}^{m} P_{ij} \mathrm{LnLn}\left(P_{ij}\right) \tag{7-6}$$

（3）计算各指标权重的一致性 d_j：

$$d_j = 1 - E_j \tag{7-7}$$

（4）计算各指标体系的权重 W_j：

$$W_j = \frac{d_j}{\sum_{j=1}^{n} d_j} \tag{7-8}$$

根据上述步骤，通过计算，可以对金融创新系统指标体系和经济增长系统指标体系进行赋值，得出两个指标体系各项指标的权重，如表 7-1 所示。

表7-1 金融创新系统和经济增长系统指标体系各项指标的权重

系统	一级指标	二级指标	权重
金融创新系统	金融创新规模指标	年末金融机构贷款余额/GDP	0.035 7
		金融资产总量/M1	0.057 8
		金融业增加值/GDP	0.035 6
		股票市值/GDP	0.123 0
		社会融资规模/GDP	0.061 8
	金融创新效率指标	金融相关率	0.058 0
		金融机构存贷比	0.083 0
		M2/GDP	0.042 6
		（M2–M1）/GDP	0.051 5
		保险密度	0.178 0
		保险深度	0.057 7
		股票交易量/GDP	0.164 7
	金融创新环境指标	中央银行资产与金融总资产之比（–）	0.016 3
		中央银行总资产与 GDP 之比	0.034 6
经济增长系统	经济规模指标	GDP	0.090 9
		国家财政收入	0.109 5
		全社会固定资产投资完成额	0.118 6
		进出口总额	0.092 8
		城镇化率	0.032 9
		社会消费品零售额	0.094 5
	经济效益指标	财政收入占 GDP 比重	0.027 2
		人均 GDP	0.087 5
		就业率	0.014 4
		农村居民人均可支配收入	0.074 0
		城镇居民人均可支配收入	0.077 2
		劳动生产率	0.087 2
		资本形成率	0.025 5
	经济稳定指标	城乡恩格尔系数差距（–）	0.025 0
		全国城乡居民人均收入比（–）	0.034 9
		居民消费价格指数（–）	0.008 0

注：由于舍入修约，数据有偏差

7.1.2 耦合结果及分析

7.1.2.1 耦合关联度和耦合协调度

将处理后的标准化数据和赋值后的系统权重代入前文的耦合关联度模型和耦合协调度模型，计算可得到中国金融创新与经济增长的耦合关联度 C 和耦合协调度 D。图 7-1 反映了 1979~2017 年接近 40 年的耦合关联度与耦合协调度数值及变化趋势。

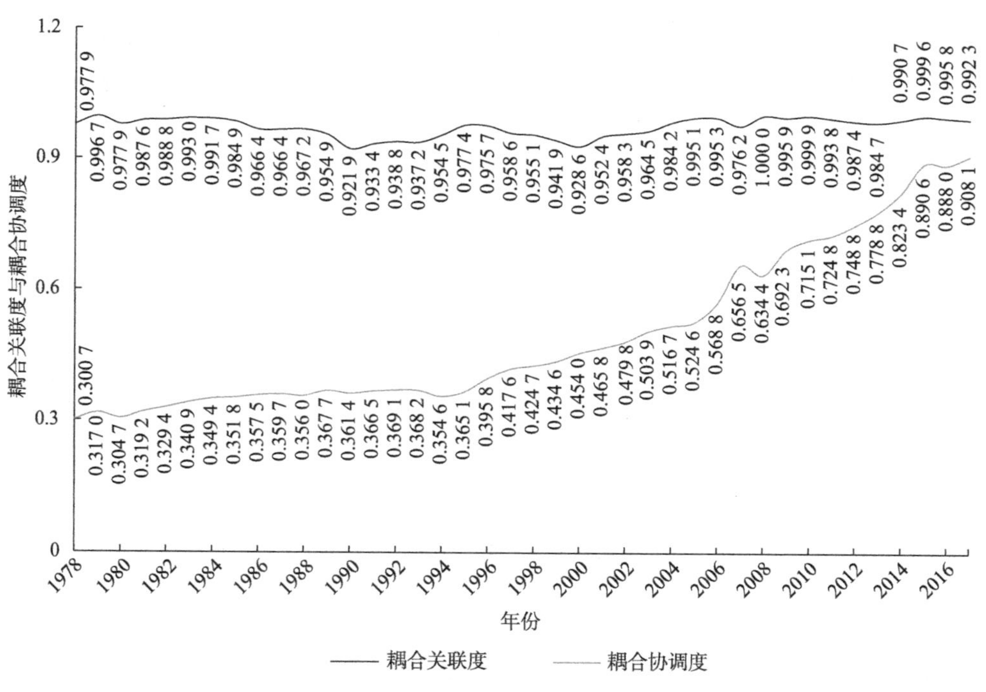

图 7-1 耦合关联度与耦合协调度

（1）从耦合关联度的绝对值来看，1979~2017 年的接近 40 年中，中国金融创新与经济增长始终处于高度耦合中。这与中国一直以来高度重视金融改革的政策导向相吻合，进一步体现了“金融是经济发展的血液和重要支撑”。纵观接近 40 年的耦合关联度的数值，发现耦合关联度最低值出现在 1990 年，数值为 0.921 9；最高值出现在 2008 年，数值达到 1.000 0。

（2）从耦合协调度的绝对值来看，金融创新与经济增长的耦合协调度整体处于上升态势。由图 7-1 和表 6-4 可知，1978~1996 年处于轻度失调状态；1997~2002

年处于濒临失调状态；2003 年金融创新与经济增长的耦合协调度数值首次超过 0.5，开始有从失调转向协调的态势，直至 2006 年都处于勉强协调状态；2007~2009 年处于初级协调阶段；2010~2013 年处于中级协调阶段；2014~2016 年处于良好协调阶段；2017 年，金融创新与经济增长的耦合协调度已经达到了优质协调状态。这与中国金融不断创新、经济不断发展的历程相吻合。此外，由图 7-1 的曲线走势和数值变化可知，2007~2008 年耦合协调度下降幅度最大，达到 0.022 1。同期，耦合关联度达到峰值 1.000 0。

7.1.2.2　耦合关联度增速和耦合协调度增速

在耦合关联度和耦合协调度计算结果的基础上，以前一年的数据为基础，通过计算得到每年的耦合关联度同比增速和耦合协调度同比增速，如图 7-2 所示。

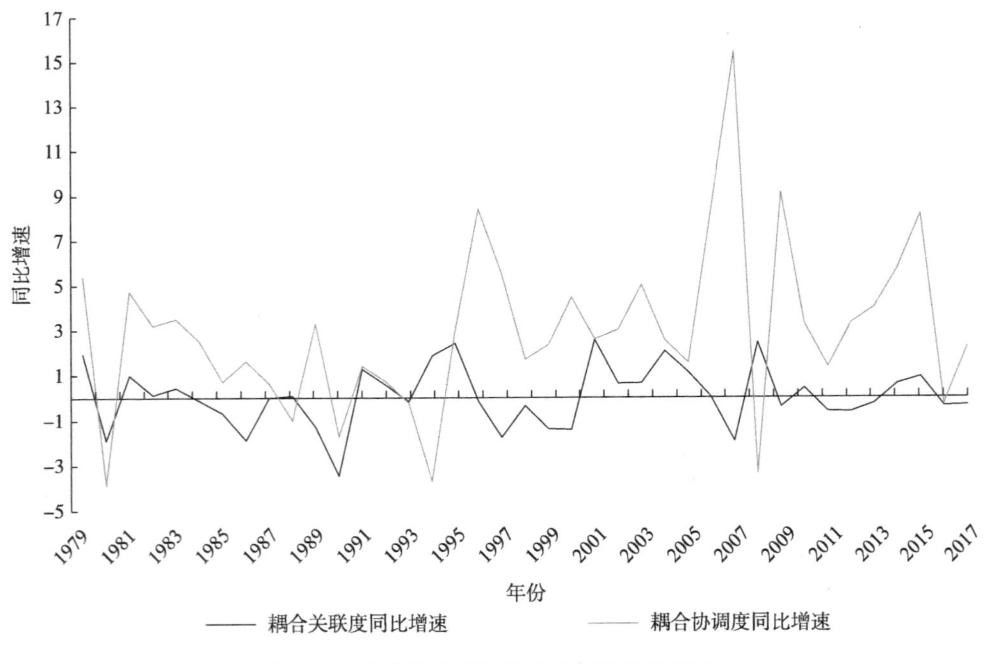

图 7-2　耦合关联度与耦合协调度同比增速

图 7-2 直观地反映了金融创新与经济增长的耦合关联度同比增速和耦合协调度同比增速的变化。

（1）从耦合关联度同比增速上看。中国的金融创新与经济增长的耦合关联度波动很大，平均增速为 4.69%。耦合关联度同比增速在 1990 年处于最低值，增速达到−3.46%，耦合关联度在这一年衰退严重，但 1991 年出现了大幅反弹，增速达到 1.26%，两年增速相差 4.72%，成为 1979~2017 年接近 40 年中最大的增速波动；

耦合关联度同比增速在 2001 年处于最高值，增速达到 2.56%，但 2002 年耦合关联度的增速下降至 0.62%，2001 年增速和 2002 年增速相差 1.94%。1980 年、1990 年、1997 年和 2007 年的负增长较为显著，成为耦合关联度发展较为薄弱的几年。

（2）从耦合协调度同比增速上看。1979~2017 年的耦合协调度同比增速的平均值为 2.94%。耦合协调度同比增速在 1980 年处于最低值，增速达到−3.86%；在 2007 年处于最高值，增速达到 15.41%，是平均增速的 5.24 倍，位于 1979~2017 年增速的峰值，但 2008 年耦合协调度同比增速（−3.36%）也出现了 1979~2017 年来最大的波动，波动达到 18.77%。此外，1980 年、1994 年和 2008 年的负增长较为显著，耦合协调度的发展在这几年中面临困境。

7.2 中国金融创新与经济增长的区域耦合实证分析

7.2.1 数据来源及处理

本章的研究以中国 31 个省（区、市）为研究对象，所用的区域金融创新和经济增长数据来源于 2014~2017 年《中国统计年鉴》、全国科技经费投入统计公报、各省（区、市）的统计年鉴、金融年鉴和区域金融运行报告。

经过熵值法计算金融创新系统和经济增长系统中各指标的权重，最后得到的权重结果见表 7-2。

表7-2 金融创新系统和经济增长系统中各指标的权重

系统	指标	权重
金融创新系统	金融机构存款余额	0.120 0
	金融机构贷款余额	0.095 0
	研发经费投入强度	0.095 2
	专利授权数	0.205 2
	居民财产性收入比重	0.101 6
	社会融资规模	0.102 9
	A 股筹资额	0.191 0
	保险赔款及给付	0.088 8

续表

系统	指标	权重
经济增长系统	人均 GDP	0.154 2
	人均财政收入	0.253 5
	人均固定资产投资	0.114 7
	人均财政支出	0.216 9
	交通客运总量	0.115 5
	人均消费品零售额	0.144 9

注：由于舍入修约，数据有偏差

7.2.2　耦合度和耦合协调度评价

表 7-2 显示了金融创新系统和经济增长系统中各指标的权重，将这些权重代入系统功效计算模型中便可以得到中国 31 个省级单元的金融创新系统和经济增长系统的综合功效，以及金融创新与经济增长的耦合度和耦合协调度（表 7-3）。

表7-3　金融创新与经济增长的耦合度和耦合协调度

编号	省（区、市）	2014 年		2015 年		2016 年		2017 年	
		耦合度 C	耦合协调度 D	耦合度 C	耦合协调度 D	耦合度 C	耦合协调度 D	耦合度 C	耦合协调度 D
1	北京	0.998 8	0.859 1	0.999 3	0.868 0	0.999 1	0.834 0	0.999 4	0.859 9
2	天津	0.885 0	0.632 2	0.920 7	0.652 7	0.861 3	0.591 2	0.889 5	0.624 6
3	河北	0.961 3	0.424 5	0.969 2	0.429 8	0.978 9	0.441 1	0.966 2	0.430 1
4	山西	0.998 5	0.367 9	0.999 4	0.365 4	0.999 1	0.342 9	1.000 0	0.353 1
5	内蒙古	0.809 8	0.456 9	0.877 9	0.450 9	0.794 9	0.405 1	0.831 6	0.436 7
6	辽宁	0.957 9	0.546 0	0.992 4	0.505 1	0.993 1	0.433 7	0.984 7	0.490 0
7	吉林	0.917 6	0.382 6	0.908 2	0.381 1	0.884 8	0.381 3	0.903 7	0.378 9
8	黑龙江	0.999 8	0.355 1	0.997 3	0.341 7	0.990 9	0.346 4	0.998 5	0.341 7
9	上海	0.990 2	0.734 4	0.990 6	0.752 4	0.988 1	0.761 0	0.992 0	0.753 3
10	江苏	0.985 6	0.766 5	0.990 4	0.769 2	0.982 5	0.783 1	0.982 9	0.781 8
11	浙江	0.976 4	0.721 1	0.987 6	0.723 2	0.978 9	0.747 0	0.976 1	0.741 1
12	安徽	0.991 9	0.449 6	0.991 0	0.432 6	0.991 9	0.451 2	0.990 2	0.446 1
13	福建	0.995 9	0.528 6	0.997 0	0.548 3	0.994 1	0.544 7	0.997 0	0.544 0
14	江西	0.999 5	0.371 2	0.998 8	0.380 0	0.998 1	0.397 0	0.999 8	0.380 2
15	山东	0.978 4	0.585 7	0.983 1	0.588 5	0.989 2	0.589 3	0.981 6	0.590 2
16	河南	0.978 0	0.447 4	0.990 6	0.462 6	0.994 7	0.480 6	0.987 3	0.464 5

续表

编号	省（区、市）	2014年		2015年		2016年		2017年	
		耦合度 C	耦合协调度 D	耦合度 C	耦合协调度 D	耦合度 C	耦合协调度 D	耦合度 C	耦合协调度 D
17	湖北	0.999 7	0.482 8	0.989 8	0.492 1	0.992 3	0.512 5	0.996 2	0.497 5
18	湖南	0.997 6	0.460 8	0.999 3	0.456 2	0.995 3	0.460 7	0.999 8	0.459 3
19	广东	0.939 2	0.711 2	0.925 2	0.734 5	0.919 7	0.764 7	0.917 4	0.747 0
20	广西	0.989 7	0.314 1	0.997 4	0.329 9	0.995 0	0.332 1	0.998 7	0.321 1
21	海南	0.868 5	0.318 4	0.824 3	0.303 6	0.943 0	0.363 9	0.911 1	0.334 6
22	重庆	0.990 5	0.478 2	0.976 4	0.476 3	0.964 6	0.472 5	0.978 6	0.474 2
23	四川	0.949 6	0.492 6	0.976 1	0.500 6	0.989 4	0.497 6	0.971 0	0.496 1
24	贵州	0.999 6	0.319 1	0.986 7	0.335 6	0.954 4	0.344 6	0.985 5	0.328 8
25	云南	0.931 9	0.331 6	0.948 6	0.342 6	0.988 3	0.351 4	0.953 1	0.335 5
26	西藏	0.299 7	0.206 5	0.354 9	0.230 1	0.246 8	0.199 2	0.226 6	0.182 7
27	陕西	0.998 8	0.474 4	0.997 0	0.471 6	0.994 5	0.463 8	0.997 8	0.469 5
28	甘肃	0.979 8	0.295 2	0.987 1	0.311 9	0.999 2	0.313 4	0.992 2	0.300 5
29	青海	0.607 9	0.287 1	0.644 8	0.296 8	0.573 0	0.265 5	0.578 0	0.271 8
30	宁夏	0.612 9	0.265 8	0.547 7	0.247 0	0.645 9	0.274 4	0.568 5	0.251 1
31	新疆	0.919 9	0.367 6	0.922 2	0.361 2	0.904 9	0.336 1	0.921 2	0.351 9

7.2.3 耦合度和耦合协调度空间格局

7.2.3.1 金融创新与经济增长耦合度空间格局

C 为金融创新与经济增长的耦合度，取值区间[0,1]。进一步，当 $0\leqslant C<0.6$ 时，表明金融创新与经济增长系统处于低度耦合阶段；当 $0.6\leqslant C<0.9$ 时，表明金融创新与经济增长系统进入磨合的中度耦合阶段；当 $0.9\leqslant C\leqslant 1$ 时，金融创新与经济增长系统呈现高度耦合。从2014~2017年的平均值来看，中国31个省级单元金融创新与经济增长耦合度的空间分布并不均衡，耦合值分布在区间[0.2,1]，耦合度极差较大。通过 C 判断可以发现，最高的是山西，最低的是西藏，31个省级单元中有28个省级单元的金融创新与经济增长耦合度达到0.8以上，说明中国大部分省级单位的经济增长与金融创新有较大的关联性。31个省级单元耦合度 C 的平均值为0.920 8，处于高度耦合阶段。

中国31个省级单元金融创新与经济增长耦合具有明显的空间分布规律。在中国东南部的高度耦合和中度及低度耦合区域的分割线可以近似看作一条贯穿中国版图的近似45度的斜线，与人口分界线“黑河—腾冲线”相近。金融创新与经济增长高度耦合地区（$0.9 \leqslant C \leqslant 1$）主要分布在中国东南部的重要经济区，包括东北综合经济区（辽宁、吉林和黑龙江）、北部沿海经济区（北京、河北和山东）、长江中下游经济区（湖北、湖南、江西、安徽、浙江、江苏和上海）、黄河中游经济区（陕西、山西和河南）、大西南综合经济区（云南、贵州四川、重庆和广西）和南部沿海经济区（福建、广东和海南）。值得注意的是，西北部的新疆的耦合度也是高度耦合，可能的原因是近年来国家提出的“一带一路”倡议使新疆、甘肃和陕西受到政策福利的积极影响。新疆具有独特的区位优势，作为中国向东欧国家开放的重要窗口，是丝绸之路经济带上的交通运输和文化交流的核心枢纽，同甘肃和陕西构成丝绸之路经济带核心区，使金融和经济得到同步发展。金融创新与经济增长中度耦合地区（$0.6 \leqslant C < 0.9$）主要包括内蒙古经济区，这里天然草原资源丰富，是中国主要的畜牧产业发展地，煤炭和天然气资源丰富，是中国重要的能源生产基地。金融创新与经济增长低度耦合地区（$0 \leqslant C < 0.6$）主要为西藏和青海的青藏高原经济区，这些地方因为地处“世界屋脊”，地理位置偏远，土地贫瘠，经济以草原牧业和旅游业为主，但是经济增长无法为金融提供良好的创新和发展环境，因此金融创新与经济增长耦合程度较低。

7.2.3.2　金融创新与经济增长耦合协调度空间格局

D为金融创新与经济增长的耦合协调度，取值区间[0,1]。根据ArcGis 10.2分级中采用的自然间断点分级法将耦合协调度划分为四种类型，当$0 \leqslant D < 0.3$时，表明金融创新与经济增长系统处于低耦合阶段；当$0.3 \leqslant D < 0.4$时，表明金融创新与经济增长系统进入拮抗阶段；当$0.4 \leqslant D < 0.6$时，表明金融创新与经济增长系统进入磨合阶段；当$0.6 \leqslant D \leqslant 1$时，表明金融创新与经济增长系统进入和谐阶段。从2014~2017年的平均值来看，31个省级单元D值差别较大，耦合协调度分布在区间[0.182 7,0.868 0]，极差较大，说明中国31个省级单元的平均经济增长水平和金融创新耦合协调度存在较大差异。通过D判断可以发现，最高的是北京，最低的是西藏，31个省级单元中有12个省级单元的金融创新与经济增长耦合协调度在0.4~0.6，说明中国大部分省级单元的金融创新与经济增长处于磨合阶段。31个省级单元耦合协调度D的平均值为0.466 9，处于磨合阶段。

中国31个省级单元金融创新与经济增长耦合协调度具有明显的空间分布规律，但是与耦合度不同。金融创新与经济增长高度和谐区（$0.6 \leqslant D \leqslant 1$）只有北京、江苏、上海、浙江和广东。这5个省级单元分别地处北部沿海经济区中心、长三角地区和珠三角地区。首都北京作为全国的政治中心和经济中心积聚了全国优质的金融资源和顶尖的人力资源，经济和金融在良好的“生态”环境下和谐有序地发展，通过京津冀一体化对周围辐射，可以发现周围的天津、河北的金融创新与经济增长耦合协调度也是中等水平。长三角地区的上海、江苏和浙江得益于得天独厚的地理环境，上海虽然政治地位不如北京，但作为国际化金融大都市，上海自贸区成熟，航运交通方便，对外贸易繁荣，长三角地区形成以上海为龙头、周边地区跟随的格局。广东自改革开放以来为珠三角地区树立了良好的发展榜样，而且积极参与经济自贸区和“一带一路”建设，形成了创新型经济体系，实现金融创新与经济增长的高度耦合协调。金融创新与经济增长磨合区（$0.4 \leqslant D < 0.6$）范围较广，分布在中国版图的中部和南部非沿海区域。金融创新与经济增长拮抗区（$0.3 \leqslant D < 0.4$）主要分布在东北地区、西北地区、西南地区及东南地区的江西和福建。金融创新与经济增长低耦合区（$0 \leqslant D < 0.3$）主要为宁夏、西藏和青海的青藏高原经济区。

7.3　金融创新与经济增长区域耦合的溢出效应分析

通过探索性空间数据分析（exploratory spatial data analysis，ESDA），将省级单元的金融创新与经济增长耦合的关系通过可视化的方式呈现出来，具体用于揭示耦合的空间关联性和空间异质性。然后，进一步通过空间计量分析来揭示金融创新与经济增长耦合对经济增长的溢出效应。

7.3.1　空间权重矩阵

空间权重矩阵的设定依据有多种，但是基础依据是空间的相关性会随着距离的增加而减少，这里的距离既包括狭义的地理距离也包括广义的关系距离，通常在研究中会根据研究对象和研究的空间效应来合理地构建空间权重矩阵。为了完整和科学地测度中国金融创新与经济增长耦合度的直接效应和溢出效应，本章分别从地理关系距离、经济关系距离和人口关系距离三个方向建立空间权重矩阵 W。一般空间权重矩阵 W 为式（7-9）所示的形式：

$$W_{nn}=\begin{bmatrix} w_{11} & \cdots & w_{1j} & \cdots & w_{1n} \\ \vdots & \ddots & \vdots & \ddots & \vdots \\ w_{i1} & \cdots & w_{ij} & \cdots & w_{in} \\ \vdots & \ddots & \vdots & \ddots & \vdots \\ w_{n1} & \cdots & w_{nj} & \cdots & w_{nn} \end{bmatrix} \tag{7-9}$$

矩阵中的元素 w_{ij} 表示区域 i 和 j 的关系。

7.3.1.1　地理关系空间权重矩阵

在设定空间权重矩阵时，为了避免人为的主观因素的影响，首先考虑地理关系空间权重矩阵。基于地理关系的空间权重矩阵一般有两种：基于邻接关系的 0-1 邻接空间权重矩阵和基于地理距离的空间权重矩阵。

1）0-1 邻接空间权重矩阵

0-1 邻接空间权重矩阵是根据区域之间的邻接关系来定义 w_{ij} 的数值[式（7-10）]，如果区域 i 和区域 j 相邻接，则 $w_{ij}=1$；如果区域 i 和区域 j 没有直接的邻接关系，那么 $w_{ij}=0$；另外，定义自身和自身的关系为 $w_{ii}=0$。此时，空间权重矩阵是一个稀疏 0-1 矩阵。

$$w_{ij}=\begin{cases} 1 & \text{当区域}\,i\,\text{和区域}\,j\,\text{相邻} \\ 0 & \text{其他关系} \end{cases} \tag{7-10}$$

显然 $w_{ij}=w_{ji}$，即矩阵 W 是对称阵，但是这与实际情况不符，因为一般情况下区域之间的影响是非对称双向的甚至是单向的。为了消除总体区域周边外部区域的影响，将空间权重矩阵标准化处理[式（7-11）]，使得每个区域与所有区域的关系总和为单位 1，即每一行标准化的元素和为 1。

$$w_{ij}^{*}=\begin{cases} \dfrac{w_{ij}}{\sum\limits_{k=1}^{n} w_{ik}} & \text{当区域}\,i\,\text{和区域}\,j\,\text{相邻} \\ 0 & \text{其他关系} \end{cases} \tag{7-11}$$

前面的 0-1 邻接空间权重矩阵只表现了一阶相邻关系。此外，为了进一步表现区域之间“相邻之相邻”的二阶相邻关系，在实际运用中还采用高阶邻接矩阵。高阶邻接矩阵一方面反映了多区域之间的空间关系，另一方面还表现了这种关系的渗透作用。这种高阶邻接矩阵更多地用于时空数据从一个地区对物理邻近区域的初始影响到进一步对“邻接之地”邻近区域的扩散影响，这种高阶邻接矩阵能更好地测算随时间产生的空间溢出效应。

2）地理距离空间权重矩阵

实际上，当一个区域的影响力较大时，不仅相邻的区域会受到影响，还会对距离较远的区域造成影响。根据地理学第一定律，两个区域的空间距离越短，则其空间相关性越强，那么在空间权重矩阵中的数值越大。因此，用地理距离来定义的空间权重矩阵比 0-1 邻接空间权重矩阵能更好地表现距离更远的区域之间的空间关系，这里采用空间距离倒数来计算权重。

$$w_{ij}^{d}=\frac{\beta}{d_{ij}} \tag{7-12}$$

其中，d_{ij} 为区域 i 和区域 j 之间的地理距离；β 为提前设定好的正值参数；w_{ij}^{d} 为区域 i 和区域 j 的权重。

距离 d_{ij} 是一个外生变量，由区域 i 和区域 j 的实际地理空间距离决定，并在短期内是一个静态变量，不会随时间发生变化，更无滞后性问题，只与测量对象有关。此外，空间距离的决定方法有多种，如果区域之间有公路、铁路等交通方式，则可以用交通距离的平均值；如果拥有区域的经纬度坐标数据，则可以用区域的经纬度坐标计算欧氏距离（Euclidean distance）或者弧度距离（arc distance）。同理，也对空间权重矩阵进行标准化处理[式（7-13）]。

$$w_{ij}^{d*}=\begin{cases}\dfrac{w_{ij}^{d}}{\sum\limits_{k=1}^{n}w_{ij}^{d}} & i\neq j\\ 0 & i=j\end{cases} \tag{7-13}$$

本书的地理关系空间权重矩阵使用地理距离空间权重矩阵，其中对于省级单元直接用省会城市之间的距离来表示省级区域之间的空间距离。

7.3.1.2 经济距离空间权重矩阵

在研究区域金融创新与经济增长耦合的空间效应时，还要考虑经济水平的影响。因此，在建立空间权重矩阵时，除了地理关系空间权重矩阵外，还可以利用经济因素建立空间权重矩阵，这里的经济因素包括但不限于 GDP、收入、资本等要素的总量和流量，通过计算两个区域经济变量的差距来表示两个区域的经济距离。常见的方法中，对于省级区域之间的经济距离直接用省级单元的人均 GDP 差值来表示。

$$d_{ij}^{e}=\left|\bar{y}_i-\bar{y}_j\right| \tag{7-14}$$

其中，$\bar{y}_i$ 为区域 i 在观察期 $\left[T_1,T_2\right]$ 的人均 GDP。

$$\overline{y}_i = \frac{1}{T_2 - T_1 + 1}\sum_{t=T_1}^{T_2} y_{it} \tag{7-15}$$

考虑到在研究区域金融创新与经济增长耦合的空间效应时，还要考虑地理因素和经济水平的影响，以及经济发达区域和经济落后区域相互影响的非对称性，需要将地区人均 GDP 差异纳入权重矩阵，因此设计如下权重[式（7-16）]，并进一步标准化。

$$w_{ij}^{e} = w_{ij}^{d}\frac{\overline{y}_i}{\overline{y}} \tag{7-16}$$

$$w_{ij}^{e*} = \begin{cases} \dfrac{w_{ij}^{e}}{\sum\limits_{k=1}^{n} w_{ik}^{e}} & i \neq j \\ 0 & i = j \end{cases} \tag{7-17}$$

其中，w_{ij}^{e} 为经济距离空间权重；w_{ij}^{d} 为地理距离空间权重；$\overline{y}$ 为全国人均 GDP。

7.3.1.3 人口距离空间权重矩阵

在研究区域金融创新与经济增长耦合的空间效应时，除了考虑地理因素和经济因素外，还应考虑人口密度因素。因此，在建立空间权重矩阵时，除了地理距离空间权重矩阵和经济距离空间权重矩阵外，还可以利用人口因素建立空间权重矩阵，这里的人口因素包括但不限于人口密度、适龄劳动、创业就业、人力资本的总量和流量，通过计算两个区域经济变量的差距来表示两个区域的经济距离。常见的方法中，对于省级区域之间的经济距离直接用省级单元的城市人口密度来表示。进一步考虑到经济发达地区和经济落后地区相互影响的非对称性，需要将地区人口密度差异纳入权重矩阵，因此设计如下权重[式（7-18）]，并进一步标准化。

$$w_{ij}^{p} = w_{ij}^{d}\frac{\overline{p}_i}{\overline{p}} \tag{7-18}$$

$$\overline{p}_i = \frac{1}{T_2 - T_1 + 1}\sum_{t=T_1}^{T_2} p_{it} \tag{7-19}$$

$$w_{ij}^{p*} = \begin{cases} \dfrac{w_{ij}^{p}}{\sum\limits_{k=1}^{n} w_{ik}^{p}} & i \neq j \\ 0 & i = j \end{cases} \tag{7-20}$$

其中，w_{ij}^{p} 为经济距离空间权重；w_{ij}^{d} 为地理距离空间权重；$\overline{p}_i$ 为地区 i 在观察期 $[T_1,T_2]$ 的平均人口密度；$\overline{p}$ 为全国平均城市人口密度。

7.3.2 空间相关性检验

为了研究金融创新与经济增长耦合的空间效应，在进行空间计量分析之前，要先判断被解释变量是否存在空间相关性。如果不存在空间相关性，就能用标准的计量方法来分析；如果存在空间相关性，观测值就无法满足高斯–马尔可夫的条件，就要考虑使用空间计量模型。空间相关性检验一般包含全局相关性检验和局部相关性检验。

7.3.2.1 全局相关性

全局相关性检验用于检验不同区域的指标在整体空间的相互依赖程度。全局相关性检验一般最常用的指标有全局 Moran's I 指数、全局 Geary's C 指数等。

全局 Moran's I 指数在实践中使用频率更高，其计算方法如下：

$$I=\frac{n}{\sum_{i=1}^{n}\left(Y_i-\bar{Y}\right)^2}\frac{\sum_{i=1}^{n}\sum_{j=1}^{n}w_{ij}\left(Y_i-\bar{Y}\right)\left(Y_j-\bar{Y}\right)}{\sum_{i=1}^{n}\sum_{j=1}^{n}w_{ij}} \tag{7-21}$$

其中，n 为研究的区域个数；w_{ij} 为区域 i 和区域 j 的空间权重；Y_i 和 Y_j 为区域 i 和区域 j 的属性值；$\bar{Y}=\frac{1}{n}\sum_{i=1}^{n}Y_i$。

全局 Moran's I 指数的取值介于[−1,1]，当 $I>0$ 时，两个区域的属性值之间正相关，高属性值与高属性值集聚，低属性值与低属性集聚，即存在空间正相关关系；当 $I<0$ 时，两个区域的属性值之间负相关，高属性值与低属性值集聚，低属性值与高属性值集聚，即存在空间负相关关系；当 $I=0$ 时，两个区域的属性值相互独立随机分布，即不存在空间相关关系。

全局 Geary's C 指数也常用于检验空间相关性，其计算方法如下：

$$C=\frac{(n-1)\sum_{i=1}^{n}\sum_{j=1}^{n}w_{ij}\left(Y_i-Y_j\right)^2}{\sum_{i=1}^{n}\sum_{j=1}^{n}w_{ij}\sum_{i=1}^{n}\left(Y_i-\bar{Y}\right)^2} \tag{7-22}$$

其中，n 为研究的区域个数；w_{ij} 为区域 i 和区域 j 的空间权重；Y_i 和 Y_j 为区域 i 和区域 j 的属性值；$\bar{Y}=\frac{1}{n}\sum_{i=1}^{n}Y_i$。

全局 Geary's C 指数的取值介于[0,2]，当 $C<1$ 时，两个区域的属性值之间正相关，属性值高低程度差异性低，即存在空间正相关关系；当 $C>1$ 时，两个区域的属性值之间负相关，属性值高低程度差异性高，即存在空间负相关关系；当 $C=1$ 时，两个区域的属性值相互独立随机分布，即不存在空间相关关系。

7.3.2.2　局部相关性

全局相关性表现的是全局整体的空间相关关系，仅能说明空间的平均异质性，难以展现区域异质性和区域局部的空间相关关系。因此，需要进一步引入局部相关性检验来检验不同区域的指标在局部空间的相互依赖程度。局部相关性检验一般最常用的指标有局部 Moran's I 指数、局部 Geary G_i 指数等。

Anselin（1995）提出用局部 Moran's I 指数来检验局部区域是否存在空间自相关性，其计算方法如下：

$$I_i = \frac{n\left(Y_i - \bar{Y}\right)}{\sum_{i=1}^{n}\left(Y_i - \bar{Y}\right)^2} \sum_{i=1}^{n}\sum_{j=1}^{n} w_{ij}\left(Y_j - \bar{Y}\right) \tag{7-23}$$

其中，n 为研究的区域个数；w_{ij} 为区域 i 和区域 j 的空间权重；Y_i 和 Y_j 为区域 i 和区域 j 的属性值；$\bar{Y} = \frac{1}{n}\sum_{i=1}^{n} Y_i$ 。

局部 Moran's I 指数的取值介于[−1, 1]，当 $I_i>0$ 时，区域 i 的属性值被邻近区域相似属性值包围，即存在空间正相关关系；当 $I_i<0$ 时，区域 i 的属性值被邻近区域相异属性值包围，即存在空间负相关关系；当 $I_i=0$ 时，区域 i 的属性值被邻近区域不相关属性值包围，即不存在空间相关关系。

Getis 和 Ord（1992）提出用一个局部 G_i 指数来检验局部是否存在高低属性值集聚的情况，其计算方法如下：

$$G_i = \frac{\sum_{j=1}^{n} w_{ij} Y_j}{\sum_{j=1}^{n} Y_j} \tag{7-24}$$

其中，n 为研究的区域个数；w_{ij} 为区域 i 和区域 j 的空间权重；Y_j 为区域 j 的属性值。局部 G_i 指数越高表示高属性值的区域更趋于集聚，局部 G_i 指数越低表示低属性值的区域更趋于集聚。

除了局部 Moran's I 指数和局部 G_i 指数外，Moran 散点图也常被用来区分局部空间自相关类型。Moran 散点图描述不同区域属性值与其周围邻近区域属性加权平均值之间的对应关系，并通过二维坐标散点图表示，在图形上横轴表示区域属性值，纵轴表示邻近区域属性加权平均值，因此图形可以分为四个象限。

7.3.2.3 空间相关性检验结果

1）全局自相关检验结果

该部分基于前面提到的地理距离空间权重矩阵、经济距离空间权重矩阵和人口距离空间权重矩阵三种矩阵进行全局自相关检验，计算全局 Moran's *I* 指数和全局 Geary's *C* 指数，结果如表 7-4 所示。

表7-4 全局Moran's *I*指数和全局Geary's *C*指数

权重矩阵	指数	2014 年	2015 年	2016 年	2017 年
地理距离空间权重矩阵	*I*	0.122	0.118	0.114	0.118
	P	0	0	0	0
	Z	4.601	4.482	4.389	4.807
	C	0.862	0.871	0.872	0.733
	P	0.001	0.002	0.003	0.002
	Z	−3.279	−3.030	−2.977	−2.706
经济距离空间权重矩阵	*I*	0.122	0.118	0.114	0.116
	P	0	0	0	0
	Z	4.601	4.482	4.389	4.695
	C	0.862	0.871	0.872	0.751
	P	0.001	0.002	0.003	0.001
	Z	−3.279	−3.030	−2.977	−2.991
人口距离空间权重矩阵	*I*	0.122	0.118	0.114	0.138
	P	0	0	0	0
	Z	4.601	4.482	4.389	4.269
	C	0.862	0.871	0.872	0.731
	P	0.001	0.002	0.003	0.002
	Z	−3.279	−3.030	−2.977	−2.595

从表 7-4 中可以看出，在不同的权重矩阵下，协调度的 Moran's *I* 指数在 2014~2017 年均为正值，且 *P* 值为 0，且 Moran's *I* 指数的正态统计量 *Z* 值大于 1.96，拒绝不存在空间相关性的原假设，在统计上说明中国整体上金融创新与经济增长耦合的协调度存在明显的空间正相关性。

再看协调度的 Geary's *C* 指数，在不同的权重矩阵下均小于 1，且 *P* 值为 0，同样说明存在空间正相关性，与 Moran's *I* 指数的检验结果相符。

2）局部自相关检验结果

本书通过 Stata 14 软件绘制 Moran 散点图来进行局部自相关检验，图形可以分为四个象限。第一象限（HH）表示高属性值被高属性值包围，具有空间正相关关系；第二象限（LH）表示低属性值被高属性值包围，具有空间负相关关系；第三象限（LL）表示低属性值被低属性值包围，具有空间正相关关系；第四象限（HL）表示高属性值被低属性值包围，具有空间负相关关系。如果研究对象均匀分布于四个象限，则说明不同属性值之间不存在空间相关性。中国 2014~2016 年 31 个省级单元耦合协调度的 Moran 散点图见图 7-3~图 7-5，各省（区、市）的具体编号见表 7-3。

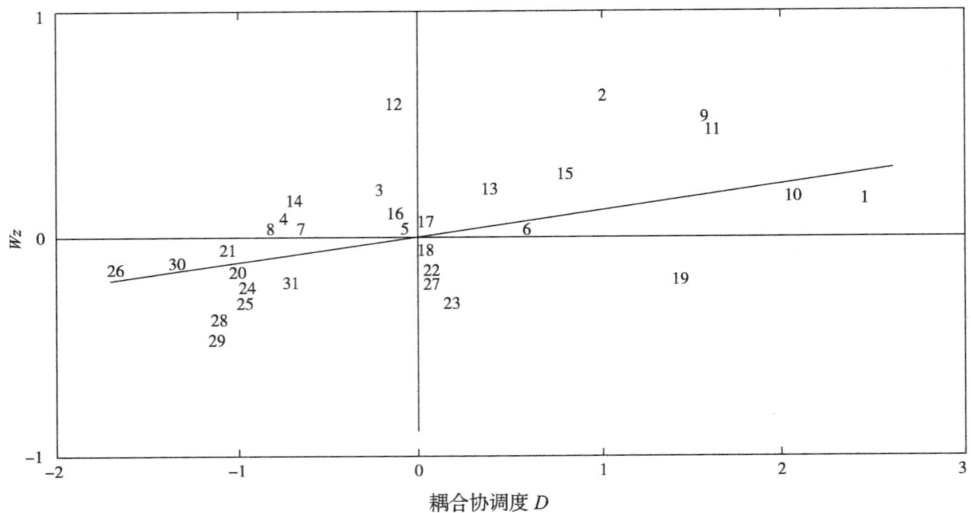

图 7-3 2014 年 31 个省级单元耦合协调度的 Moran 散点图（I=0.122）

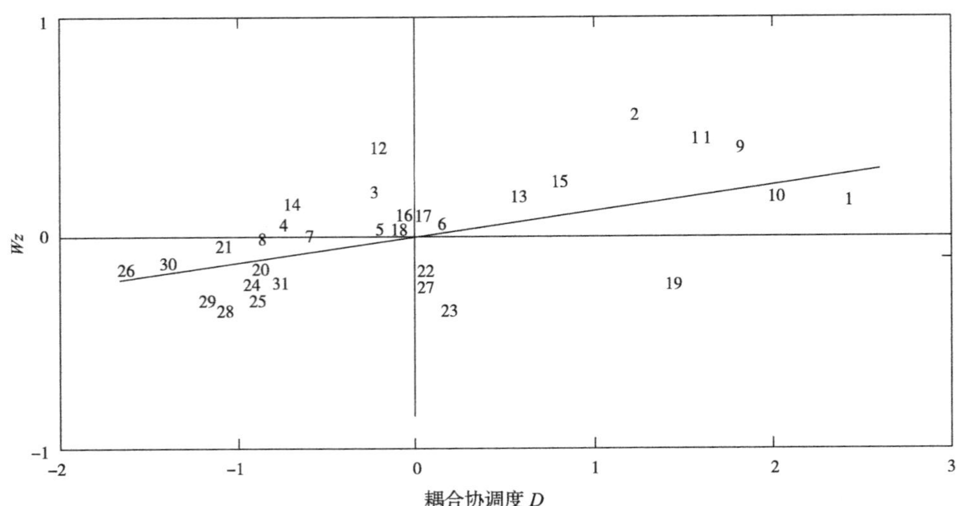

图 7-4 2015 年 31 个省级单元耦合协调度的 Moran 散点图（I=0.118）

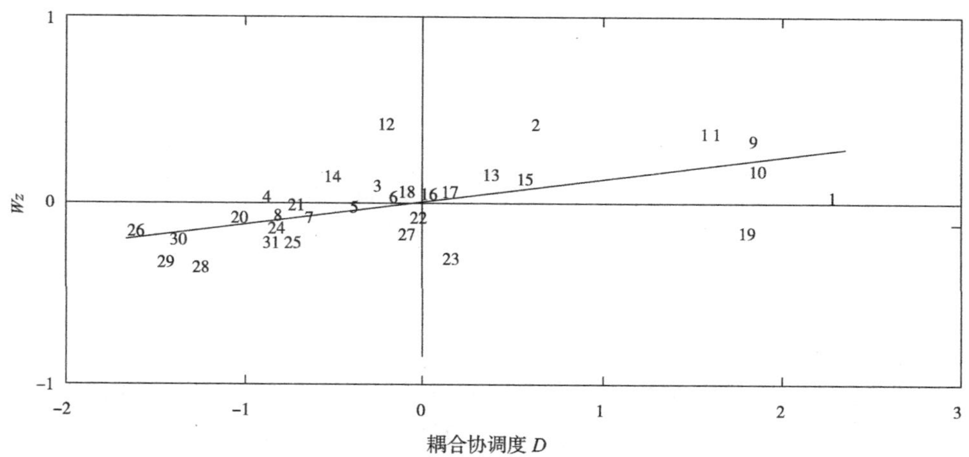

图 7-5 2016 年 31 个省级单元耦合协调度的 Moran 散点图（I=0.114）

从图 7-3~图 7-5 可以看出，大量的点落在了第一象限和第三象限，而第二象限和第四象限的点相对较少。这说明中国省级单元的金融创新与经济增长耦合协调度不是随机分布的，该属性值在空间分布上存在集聚现象。对于金融创新与经济增长耦合协调度较高的地区，其邻近地区的耦合协调度也相对较高，表现为高—高集聚（第一象限）；对于耦合协调度较低的地区，其邻近地区的耦合协调度也相对较低，表现为低—低集聚（第三象限）。

综合考虑 2014~2016 年 Moran 散点图可以大致发现变动情况不显著，高属性值被高属性值包围的地区有北京、天津、上海、江苏、浙江、福建、山东、河南和湖北；低属性值被低属性值包围的地区有内蒙古、吉林、黑龙江、广西、重庆、海南、贵州、云南、西藏、陕西、甘肃、青海、宁夏和新疆；低属性值被高属性值包围的地区有河北、山西、辽宁、安徽、江西和湖南；高属性值被低属性值包围的地区有广东和四川。

7.3.3 空间面板模型

空间面板模型是在面板数据和截面数据空间计量模型的基础上发展起来的一类计量模型，相比传统的回归分析方法，它考虑了区域之间的空间相关性和时间相关性，能更客观地揭示区域属性值之间的时空特征。

7.3.3.1 变量选取和数据说明

研究中国区域金融创新与经济增长耦合协调度对经济增长的影响路径，必须要从耦合协调度的构建基础开始。

1）被解释变量

在既往的文献中最常用的衡量一个地区经济增长程度的指标是 GDP，GDP 是指一定时间一定区域内所有常驻单位最终生产的商品和劳动价值总和。本书选用人均 GDP 对数值来衡量经济增长，消除人口规模带来的影响，记为 LnPGDP。

2）解释变量

核心解释变量是第 4 章已经计算了的 31 个省（区、市）的耦合协调度，耦合协调度侧重于反映系统的整体协调发展情况，表明不同区域的金融创新水平与经济增长水平的相互作用和相互联系。对区域金融创新与经济增长的耦合协调度 D 取对数，记为 LnD。

此外，考虑到经济增长的过程是一个连续过程，相比静态模型，建立动态模型更能体现经济增长的动态连续性。此外，影响经济增长的因素很多，在模型设定时引入经济增长的滞后一期可以控制模型设定受被忽视因素的影响，克服内生性问题。因此，本书增加被解释变量滞后一期作为解释变量。

3）控制变量

在区域金融创新与经济增长的耦合协调度测算中已经包含了金融创新环境、投入和产出，地区经济发展实力、潜力和活力。为了防止在回归中出现多重共线性和内生性问题，在考虑控制变量时不再考虑这些已经出现过的变量，因此本书选取以下几个可能影响经济增长的指标作为控制变量。

（1）金融监管。金融监管支出的扩张，反映了金融监管的加强及金融系统累积风险的增加。大多地方公共财政支出中的金融监管等事务支出指标体现了地方金融部门的行政支出、监管支出及其他支出等。因为地方金融监管支出的细项无法完全获取，所以本书选取地方公共财政支出中的金融监管等事务支出的对数值在一定程度上衡量金融监管强度（LnFR）。

（2）外商直接投资。外商直接投资与进出口和经济增长之间存在密切关系。一方面，外商直接投资为国内企业引进了先进技术和管理经验，国内企业借鉴和学习外国优秀的管理经验，直接采用或者创新发明新专利技术提高生产效率；另一方面，国际资本流动增加了国内就业机会，创造更多原本未设立的岗位需求或者扩张已经存在的岗位需求，改善了劳动市场和基础设施环境。因此，本书选取各地区人均外商直接投资总额的对数值来衡量外商直接投资（LnPFDI）。

（3）研发人力资本。一方面，研发人力资本作为直接生产要素投入生产环节，得到的发明专利、实用新型和外观设计产品被纳入广义的经济发展范畴；另一方面，研发人力资本的积累增加了创新和模仿规模，通过技术创新促进经济增长，提高了物质回报率从而促进经济增长。因此，本书选取各地区研发人员数量的对数值来衡量研发人力资本水平（LnHum）。

（4）城镇化水平。农村家庭在进行农业生产活动时，会面对各种造成经济损失的风险和收入不稳定性，因此大量的农村家庭出于风险规避心理进城寻求相对稳定的工作，使城镇吸纳周围人群而扩张，这种劳动力转移无形之中推动了城镇化，在经济结果中表现为产业结构转变。劳动力从第二产业流向第三产业，而不同产业的生产率不同，因此经济产出也发生了变化。此外，城镇化造成了产业集聚现象，企业因城镇化而被迁移或者集中规划，企业集聚的同时技术资源集聚，为技术创新创造环境，间接影响了经济增长。因此，本书用各地区城镇人口比重的对数值来衡量城镇化水平（LnUrb）。

4）数据说明

本书选取 2014~2017 年中国 31 个省级单元的数据，GDP 数据来自《中国统计年鉴》，金融监管等事务支出数据来自地方统计年鉴和《中国金融年鉴》，外商直接投资数据采用《中国对外经济统计年鉴》中地方实际利用外商直接投资额；研发人力资本数据和城镇化水平数据来自各省（区、市）的统计年鉴。

7.3.3.2 模型设定

根据截面数据空间计量模型，常用的空间面板数据模型主要包括空间滞后模型（spatial autoregressive model，SAR）、空间误差模型（spatial error model，SEM）和空间杜宾模型（spatial dubin model，SDR）三种形式。

1）空间滞后模型

空间滞后模型主要用于检验当存在空间依赖性时，相邻区域的属性值（被解释变量）对整个系统内其他区域的属性值（被解释变量）的影响。当被解释变量受其空间滞后性影响时，仅仅考虑其解释变量是无法充分估计被解释变量的。空间滞后模型形式上可表现为

$$y_{it} = \rho W_i y_t + \beta_i x_{it} + \mu_i + \gamma_t + \varepsilon_{it} \tag{7-25}$$

其中，y_{it} 为被解释变量；ρ 为空间滞后因变量系数；W_i 为空间权重矩阵 W 的第 i 行；$W_i y_t$ 为空间滞后因变量，表示区域 i 的被解释变量受到邻近区域被解释变量的影响；β_i 为解释变量的系数；x_{it} 为解释变量；μ_i 为区域 i 的个体效应；γ_t 为时间效应；ε_{it} 为残差项。

结合本书的研究变量，建立空间滞后模型[式（7-26）]估计中国区域金融创新与经济增长耦合协调度的经济效应。

$$\begin{aligned}\mathrm{LnPGDP}_{it} = \rho\sum_{j=1}^{n} w_{ij}\mathrm{LnPGDP}_{jt} + \beta_1\mathrm{LnPGDP}_{it-1} + \beta_2\mathrm{Ln}D_{it} + \beta_3\mathrm{LnFR}_{it} \\ + \beta_4\mathrm{LnPFDI}_{it} + \beta_5\mathrm{LnHum}_{it} + \beta_6\mathrm{LnUrb}_{it} + \mu_i + \gamma_t + \varepsilon_{it}\end{aligned} \tag{7-26}$$

其中，被解释变量 LnPGDP_{it} 表示经济增长；LnPGDP_{it-1} 为被解释变量的滞后一期；$\mathrm{Ln}D_{it}$ 表示金融创新与经济增长耦合协调度；LnFR_{it} 表示金融监管强度；LnPFDI_{it} 表示外商直接投资；LnHum_{it} 表示研发人力资本；LnUrb_{it} 表示城镇化水平；μ_i 表示区域 i 的个体效应；γ_t 表示时间效应；ε_{it} 表示残差项。

2）空间误差模型

空间误差模型强调误差项具有空间相关性时对属性值的影响。误差项存在空间相关性时意味着解释变量和被解释变量之间存在的不是简单的线性关系，或回归模型有遗漏变量的问题，或模型存在自回归情况。空间误差模型形式上可表现为

$$\begin{cases} y_{it} = \beta_i x_{it} + \mu_i + \gamma_t + \phi_{it} \\ \phi_{it} = \rho W_i \phi_t + \varepsilon_{it} \end{cases} \tag{7-27}$$

其中，y_{it} 为被解释变量；x_{it} 为解释变量；W_i 为空间权重矩阵 W 的第 i 行；$W_i\phi_t$ 为空间滞后误差项，表示区域 i 的误差项受邻近区域误差项的影响；ρ 为空间滞后误差项系数；μ_i 为区域 i 的个体效应；γ_t 为时间效应；ε_{it} 为残差项。

因为一个区域经济增长的空间相关性可能来源于误差项的空间相关性，结合本书的研究变量，建立空间滞后模型[式（7-28）]估计中国区域金融创新与经济增长耦合的经济效益。

$$\begin{cases} \mathrm{LnPGDP}_{it} = \beta_1\mathrm{LnPGDP}_{it-1} + \beta_2\mathrm{Ln}D_{it} + \beta_3\mathrm{LnFR}_{it} + \beta_4\mathrm{LnPFDI}_{it} \\ \qquad + \beta_5\mathrm{LnHum}_{it} + \beta_6\mathrm{LnUrb}_{it} + \mu_i + \gamma_t + \phi_{it} \\ \phi_{it} = \rho\sum_{j=1}^{n} w_{ij}\phi_{jt} + \varepsilon_{it} \end{cases} \tag{7-28}$$

其中，被解释变量 LnPGDP_{it} 表示经济增长；LnPGDP_{it-1} 为被解释变量的滞后一期；$\mathrm{Ln}D_{it}$ 表示金融创新与经济增长耦合协调度；LnFR_{it} 表示金融监管强度；LnPFDI_{it} 表示外商直接投资；LnHum_{it} 表示研发人力资本；Urb_{it} 表示城镇化水平；μ_i 表示区域 i 的个体效应；γ_t 表示时间效应；ε_{it} 表示残差项。

3）空间杜宾模型

空间杜宾模型包含了被解释变量的空间滞后项，并同时考虑了误差项与空间

滞后因变量之间的关系。空间杜宾模型能计算解释变量对被解释变量的直接效应和溢出效应。直接效应是指一个区域解释变量的改变对该区域被解释变量的影响。溢出效应，即间接效应，是指一个区域解释变量的改变影响了该区域之外的区域的被解释变量。空间杜宾模型形式上可表现为

$$y_{it}=\rho W_i y_t+\beta_i x_{it}+\theta W_i x_t+\mu_i+\gamma_t+\varepsilon_{it} \tag{7-29}$$

其中，y_{it}为被解释变量；ρ为空间滞后因变量系数；W_i为空间权重矩阵W的第i行；$W_i y_t$为空间滞后因变量，表示区域i的被解释变量受到邻近区域被解释变量的影响；x_{it}为解释变量；θ为空间滞后自变量系数；$W_i x_t$为空间滞后解释变量，表示区域i的被解释变量受到邻近区域被解释变量的影响；μ_i为区域i的个体效应；γ_t为时间效应；ε_{it}为残差项。

采用空间杜宾模型能较好地分析区域金融创新与经济增长耦合对区域经济增长的直接效应和溢出效应的具体情况。建立空间滞后模型[式（7-30）]估计中国区域金融创新与经济增长耦合的经济效益。

$$\begin{aligned}\mathrm{LnPGDP}_{it}=&\rho\sum_{j=1}^{n}w_{ij}\mathrm{LnPGDP}_{jt}+\beta_1\mathrm{LnPGDP}_{it-1}+\beta_2\mathrm{Ln}D_{it}+\beta_3\mathrm{LnFR}_{it}\\&+\beta_4\mathrm{LnPFDI}_{it}+\beta_5\mathrm{LnHum}_{it}+\beta_6\mathrm{LnUrb}_{it}+\theta_1\sum_{j=1}^{n}w_{ij}\mathrm{LnPGDP}_{jt-1}\\&+\theta_2\sum_{j=1}^{n}w_{ij}\mathrm{Ln}D_{jt}+\theta_3\sum_{j=1}^{n}w_{ij}\mathrm{LnFR}_{jt}+\theta_4\sum_{j=1}^{n}w_{ij}\mathrm{LnPFDI}_{jt}\\&+\theta_5\sum_{j=1}^{n}w_{ij}\mathrm{LnHum}_{jt}+\theta_6\sum_{j=1}^{n}w_{ij}\mathrm{LnUrb}_{jt}+\mu_i+\gamma_t+\varepsilon_{it}\end{aligned} \tag{7-30}$$

其中，被解释变量LnPGDP_{it}表示经济增长；LnPGDP_{it-1}为被解释变量的滞后一期；$\mathrm{Ln}D_{it}$表示金融创新与经济增长耦合协调度；LnFR_{it}表示金融监管强度；LnPFDI_{it}表示外商直接投资；LnHum_{it}表示研发人力资本；LnUrb_{it}表示城镇化水平；μ_i表示区域i的个体效应；γ_t表示时间效应；ε_{it}表示残差项。

7.3.3.3 模型选择

1）空间模型选择

首先对空间面板模型建立非空间面板模型[式（7-31）]，并采用OLS（ordinary least square，普通最小二乘法）检验，计算当不存在空间相关性时的LM[①]-lag检

① LM：Lagrange multiplier，拉格朗日乘数。

验统计量和 LM-err 检验统计量，若 LM-lag 统计量和 LM-err 统计量均不显著，则说明不存在空间相关性，采用 OLS 估计结果；若 LM-lag 统计量显著而 LM-err 统计量不显著，则采用空间滞后模型；若 LM-err 统计量显著而 LM-lag 统计量不显著，则采用空间误差模型；若 LM-lag 统计量和 LM-err 统计量均显著，则进一步计算稳健 LM-lag 统计量和稳健 LM-err 统计量。若稳健 LM-lag 统计量显著而稳健 LM-err 统计量不显著，则选择空间滞后模型；若稳健 LM-err 统计量显著而稳健 LM-lag 统计量不显著，则选择空间误差模型；若稳健 LM-lag 统计量和稳健 LM-err 统计量均显著，则选择空间杜宾模型。图 7-6 列出了具体的空间模型选择路线。

$$y_{it} = \beta_i x_{it} + \mu_i + \gamma_t + \varepsilon_{it} \tag{7-31}$$

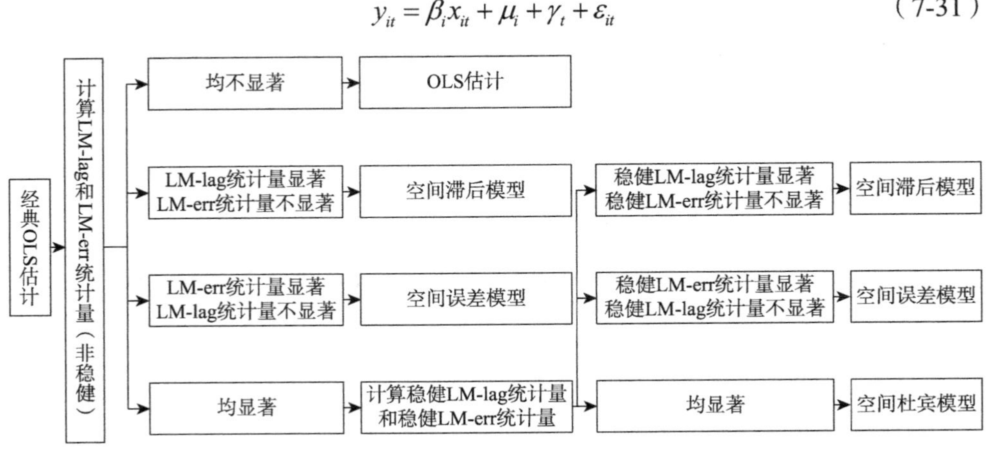

图 7-6　空间模型选择路线

本书通过 Matlab 2017b 对普通面板模型进行 OLS 估计和 LM 检验，再进行稳健 LM 检验，部分检验结果整理见表 7-5。对非空间面板模型进行 LM 检验，由表 7-5 可知，LM-lag 统计量和 LM-err 统计量值分别为 49.413 7 和 31.627 1，*P* 值均为 0，LM-lag 统计量和 LM-err 统计量均显著，那么进一步计算稳健 LM-lag 统计量和稳健 LM-err 统计量。由表 7-5 可知，稳健 LM-lag 统计量和稳健 LM-err 统计量分别为 20.366 2 和 26.184 1，*P* 值均为 0，稳健 LM-lag 统计量和稳健 LM-err 统计量均显著。因此，应该建立空间杜宾模型。

表7-5　金融创新与经济增长耦合的经济效应的LM检验

检验指标	LM-lag	LM-err	稳健 LM-lag	稳健 LM-err
统计量	49.413 7	31.627 1	20.366 2	26.184 1
P 值	0	0	0	0

2）固定效应和随机效应选择

根据个体效应与解释变量是否相关，判断建立个体效应模型还是随机效应模型，检验方法采用 Hausman 检验。Hausman 检验原假设是“H_0：μ_i 与 X_{it} 不相关，应该建立随机效应模型”。构建 Hausman 检验统计量，如果检验统计量大于临界值则拒绝建立随机效应模型的原假设，应建立固定效应模型。

本书通过 Matlab 2017b 对空间面板模型进行 Huasman 检验，其检验统计量值为 821.297 3，且 P 值为 0。因此，应该建立固定效应模型。

7.3.4 模型检验与稳定性检验

7.3.4.1 模型检验

1）空间杜宾模型检验

本书研究金融创新与经济增长耦合的经济效应，通过前面对模型的选择，最终选择属于固定效应模型的空间杜宾模型[式（7-30）]，固定效应模型又分为时间固定效应模型、空间固定效应模型和时空双固定效应模型。接下来进一步分析在不同权重矩阵的情况下，金融创新与经济增长耦合的直接经济效应和间接经济效应。本书使用 Stata 14 软件对中国 31 个省级单元 2014~2016 年空间面板数据的空间杜宾模型检验结果见表 7-6。

表7-6 空间杜宾模型检验结果

变量	空间固定效应模型 LnPGDP	时间固定效应模型 LnPGDP	时空双固定效应模型 LnPGDP
Main			
L.LnPGDP	0.437 4*** （3.611 4）	0.233 7*** （4.682 2）	2.037 3*** （7.035 3）
L.WLnPGDP	−0.561 9*** （−3.216 9）	−0.557 6*** （−4.411 2）	−1.834 1*** （−7.088 3）
Ln*D*	0.168 4 （0.131 0）	0.112 4*** （3.912 4）	0.775 2*** （5.182 9）
LnFR	−0.013 8** （−2.403 4）	−0.072 6*** （−3.175 6）	−0.006 6 （−0.168 4）
LnPFDI	0.058 4*** （3.607 6）	0.008 3** （2.226 9）	0.120 8*** （7.067 7）

续表

变量	空间固定效应模型 LnPGDP	时间固定效应模型 LnPGDP	时空双固定效应模型 LnPGDP
LnHum	0.737 4*** （3.903 9）	0.195 1*** （3.909 2）	0.796 4*** （4.461 1）
LnUrb	0.227 5 （0.490 6）	0.885 8*** （3.313 1）	0.591 1*** （4.273 8）
Wx			
Ln*D*	0.138 4** （2.217 0）	0.577 9*** （3.210 5）	0.069 0*** （4.109 5）
LnFR	0.157 1*** （3.646 8）	0.119 0** （2.454 1）	0.026 2 （0.401 3）
LnPFDI	−0.481 1*** （−3.841 3）	−0.111 0*** （−3.282 5）	−0.389 7*** （−4.810 2）
LnHum	−0.205 0 （−0.205 1）	−0.112 6*** （−3.713 2）	−0.687 8*** （−4.164 3）
LnUrb	−1.022 8*** （−3.180 9）	−0.932 7*** （−3.351 3）	−0.106 9*** （−4.918 7）
rho	2.628*** （4.142 1）	2.402*** （4.447 1）	1.076* （1.726 4）
sigma2	0.000 5*** （7.243 0）	0.002 2*** （8.412 7）	0.000 5*** （8.383 7）
R^2	0.905	0.896	0.933

***、**和*分别表示在 1%、5%和 10%水平下显著

注：括号内数值为估计参数的 *t* 统计量；Main 为自变量 *X* 的回归系数，指的是该变量指标对本地区的影响系数；L.WLnPGDP 为空间滞后的经济增长数据；*Wx* 为空间效应 *W* 的回归系数，指的是该变量指标对其他地区的空间溢出效应；rho 为被解释变量对周边地区的空间溢出系数

根据空间杜宾模型的估计结果（表 7-6），在三个固定效应模型中，时空双固定效应模型的检验结果好于时间固定模型和空间固定模型的检验结果。在时空双固定模型中，上期经济增长（L.LnPGDP）、金融创新与经济增长耦合协调度（Ln*D*）、外商直接投资（LnPFDI）、研发人力资本（LnHum）和城镇化率（LnUrb）系数为正值，金融监管（LnFR）系数为负值。除了金融监管（LnFR）的系数不显著外，上述其他 5 个解释变量的系数均在 1%的显著性水平下拒绝为零的原假设。

在时空双固定模型中，金融创新与经济增长耦合协调度（Ln*D*）的系数为正值，表明金融创新与经济增长耦合对经济增长存在显著正向作用，在金融不断深化的背景下，金融创新与经济增长耦合的经济效应明显。上期经济增长

（L.LnPGDP）的系数显著为正值，表明地区经济增长受自身过去经济增长的影响。外商直接投资（LnPFDI）的经济效应显著为正向，外商直接投资为国内企业引进了先进技术和管理经验并增加了国内就业机会，改善了劳动市场和基础设施环境。研发人力资本（LnHum）的系数为正值，表明研发人力资本投入促进了经济增长，研发人力资本的积累增加了创新和模仿规模，通过技术创新促进经济增长，提高了物质回报率从而促进经济增长。城镇化率（LnUrb）的经济效应为正向，城镇化进程一般表现为劳动力转移，在经济结果中表现为促进生产率更高的产业发展，造成产业集聚现象和技术资源集聚，为技术创新创造环境，间接影响了经济增长。金融监管（LnFR）的系数为负值，但是不显著，说明金融监管面临诸多问题，监管者对金融市场脱媒和金融科技发展趋势的预期和把控不到位，缺乏对新型金融创新的包容度，对银行表外业务施加严苛约束造成了企业融资困难，限制了经济增长。

在时空双固定效应模型的参数检验结果中，回归系数 rho 表示的是空间自相关系数，通过了 10%的显著性水平检验，说明存在空间自相关。除了金融监管外，Wx 的系数均通过 1%的显著性水平检验，说明中国 31 个省级单元的经济增长存在空间溢出性，各省（区、市）人均 GDP 的增长不仅受到本省（区、市）内部各影响因素的作用，还受到临近省（区、市）经济增长和各影响因素的作用。空间距离越短，邻近省（区、市）的溢出影响越强。因此，需要进一步分析各因素在空间相关性下的溢出经济效应。

2）空间效应分解

为了进一步深入分析金融创新与经济增长耦合的溢出经济效应，本书对空间效应分解分析，具体结果见表 7-7。表 7-7 列出了在地理距离空间权重矩阵下各解释变量对经济增长的直接效应、溢出效应和总效应。

表7-7 空间效应分解

变量	直接效应	溢出效应	总效应
LnD	0.757 0***	0.073 7**	0.830 7**
	（3.131 9）	（2.408 2）	（2.469 7）
LnFR	−0.006 7	0.021 4	0.014 7
	（−0.832 5）	（0.569 1）	（0.374 8）
LnPFDI	0.201 9***	−0.125 1***	0.076 8**
	（5.592 8）	（−3.754 6）	（2.538 8）
LnHum	0.806 1***	−0.636 2**	0.169 9**
	（5.722 8）	（−2.205 6）	（2.431 4）
LnUrb	0.534 9***	−0.178 5	0.356 4*
	（9.634 6）	（−0.604 2）	（1.848 3）

***、**和*分别表示在 1%、5%和 10%水平下显著

注：括号内数值为估计参数的 t 统计量

表 7-7 表明，主要解释变量金融创新与经济增长耦合协调度（LnD）的直接效应系数显著为正值，说明本地区的金融创新与经济增长耦合对本地区经济增长具有正向促进作用；溢出效应系数显著为正值，说明本地区的金融创新与经济增长耦合还对邻近地区经济增长具有正向促进作用；总效应系数显著为正值。

在其他控制变量中，金融监管（LnFR）的直接效应、溢出效应和总效应均不显著，表明金融监管对促进经济增长还不显著。外商直接投资（LnPFDI）、研发人力资本（LnHum）和城镇化率（LnUrb）的直接效应和总效应系数显著为正值，溢出效应系数显著为负值。这表明三个指标在促进本地经济增长的同时，对邻近地区的经济造成抑制作用，或者说不同经济发展程度的地区均具有不同强度的“虹吸效应”，不同地区凭借着自己的金融创新能力、外商对经济的支持力、巨量的研发人员投入、强大的技术创新能力及城镇化程度等对其邻近地区的资源要素产生一定的吸引力和辐射。

7.3.4.2　稳定性检验

1）更换权重矩阵

前面对空间杜宾模型的检验采用的是地理距离空间权重矩阵，根据地理距离的倒数计算权重。将地理距离空间权重矩阵分别替换成经济距离空间权重矩阵和人口距离空间权重矩阵，再利用 Stata 14 软件对空间杜宾模型进行估计，采用时空双固定效应模型，表 7-8 列出了主要解释变量的估计结果，略去各解释变量的空间滞后项的系数估计结果。

表7-8　基于经济距离空间权重矩阵和人口距离空间权重矩阵的检验结果

变量	经济距离空间权重矩阵	人口距离空间权重矩阵
L.LnPGDP	2.064 0*** （6.231 3）	1.820 1** （2.897 2）
L.WLnPGDP	−1.142 8*** （−6.838 3）	−1.867 8*** （−9.108 1）
LnD	0.330 6*** （4.824 9）	0.465 2*** （5.073 9）
LnFR	−0.105 8 （−0.281 8）	−0.063 0 （−0.093 1）
LnPFDI	0.721 2*** （−7.337 7）	0.524 1*** （−3.618 9）
LnHum	0.738 2*** （5.965 1）	0.820 7*** （6.078 2）

续表

变量	经济距离空间权重矩阵	人口距离空间权重矩阵
LnUrb	0.938 1***	0.811 1***
	(6.331 2)	(4.519 9)
rho	2.912 0***	2.375 3
	(9.258 6)	(6.592 6)
R^2	0.864	0.816

***、**分别表示在 5%、1%水平下显著

注：括号内数值为估计参数的 t 统计量

从表 7-8 更换权重矩阵的稳健型检验的估计结果可以看出，基于经济距离空间权重矩阵和人口距离空间权重矩阵总体回归结果非常理想，模型的参数估计结果只是发生了细微的变化，而系数的正负性与上文的估计结果一致，空间自相关系数 rho 显著说明存在空间相关性。因此，可以认为模型的估计结果是可靠稳健的。

2）更换估计方法

前面利用空间杜宾模型的时空双固定效应模型估计了金融创新与经济增长耦合协调度的溢出效应，但是考虑到 LeSage 和 Pace（2009）指出点估计在分析溢出效应时可能存在的误差，将空间面板模型 [式（7-29）] 改成模型 [式（7-32）]，然后将被解释变量 Y 对 N 个区域的第 k 个解释变量求偏导得到偏微分矩阵。

$$Y=(I-\rho W)^{-1}(X'\beta+WX'\theta)+(I-\rho W)^{-1}(\mu_i+\gamma_t+\varepsilon_{it}) \tag{7-32}$$

$$\left[\frac{\partial E(Y)}{\partial x_{1k}}\cdots\frac{\partial E(Y)}{\partial x_{nk}}\right]=\begin{pmatrix}\dfrac{\partial E(y_1)}{\partial x_{1k}} & \cdots & \dfrac{\partial E(y_1)}{\partial x_{nk}}\\ \vdots & & \vdots\\ \dfrac{\partial E(y_n)}{\partial x_{1k}} & \cdots & \dfrac{\partial E(y_n)}{\partial x_{nk}}\end{pmatrix}=(I-\rho W)^{-1}\begin{pmatrix}\beta_k & \cdots & w_{1n}\theta_k\\ \vdots & & \vdots\\ w_{n1}\theta_k & \cdots & \beta_k\end{pmatrix} \tag{7-33}$$

在式（7-33）右边的矩阵中，定义矩阵对角线元素 β_k 为第 k 个变量的变化对该区域被解释变量变动的直接效应，定义矩阵每列非对角线元素的和 $\sum_{i=1}^{n} w_{ij}\theta_k\left(i\neq j\right)$ 为其他区域第 k 个变量的变化对该区域被解释变量变动的溢出效应（间接效应）。在此分解的基础上，空间杜宾模型分解的直接效应需关注 $(I-\rho W)^{-1}\left(\beta_k+w\theta_k\right)$ 对角线元素，溢出效应需关注 $(I-\rho W)^{-1}\left(\beta_k+w\theta_k\right)$ 非对角线元素。

因此，这里再次使用偏微分方法检验空间杜宾模型下金融创新与经济增长耦合协调度的直接效应、溢出效应和总效应，结果见表 7-9。

表7-9　偏微分方法的总空间效应分解

变量	直接效应	溢出效应	总效应
Ln*D*	0.733 5*** (6.197 6)	0.113 4*** (3.661 8)	0.846 9*** (7.039 3)
LnFR	−0.040 6 (−0.751 9)	0.075 7 (0.374 1)	0.035 1** (2.818 3)
LnPFDI	0.772 0*** (4.647 9)	−0.589 2*** (−6.776 0)	0.182 8* (1.536 4)
LnHum	0.810 8*** (8.089 2)	−0.716 2** (−2.815 0)	0.094 6 (0.515 9)
LnUrb	0.759 9*** (5.322 3)	−0.634 3*** (−9.564 9)	0.125 6** (2.469 7)

***、**和*分别表示在1%、5%和10%水平下显著

注：括号内数值为估计参数的 t 统计量

从表 7-9 可以看出，金融创新与经济增长耦合协调度的直接效应、溢出效应系数显著为正值，说明这个解释变量在促进本地区经济增长的同时也促进了邻近地区的经济增长。外商直接投资、研发人力资本和城镇化率的直接效应系数显著为正值，溢出效应系数显著为负值，与前面空间杜宾模型的参数估计结果相符，说明这三个解释变量在促进本地区经济增长的同时限制了邻近地区的经济增长。总效应系数显著为正值说明不同地区各产业发展的总经济效益为正。

此外，金融监管的直接经济效益和间接经济效益不显著，但是总经济效益显著为正，表明金融监管更多侧重于统筹全局性，局部的金融监管投入更多的是适应全国性的监管政策。健全的金融监管制度与整体的经济增长环境形成良性循环，金融监管的总经济效应显著表现为正。

7.4　金融创新与经济增长耦合影响因素的实证分析

7.4.1　数据来源及处理

7.4.1.1　数据收集与计算

根据前文设立的指标体系，本书从《中国统计年鉴》《中国金融年鉴》《中国

科技统计年鉴》《科技统计资料汇编》《新中国××年统计资料汇编》等权威统计文献，中国宏观经济数据库、中国财政税收数据库、中国金融数据库等相关数据库，EPS 全球数据统计分析平台、Wind 资讯金融终端等数据终端进行数据的筛选和收集，并对数据进行时间序列的排列和归类。

研究表明，结构方程模型的样本数值在 100 以上时，更适合采取最大似然估计法。相反，样本数值过于庞大会使数据评价变得敏感，稍微修改个别数字就会产生巨大的偏差，这样不利于产生信度高的结果。因此，本书把样本量控制在 100~200。同时，因为耦合的最佳模式随着时间的变化一直在改变，为了控制住时间变量，并且考虑到数据的可获得性，本书选取 2014~2017 年 29 个省（区、市）的面板数据。没有选择西藏和新疆的原因是，这二者的发展程度与其他 29 个省（区、市）差异较大，数据较为失真，会影响评价结果。

模型中的各指标主要是通过《中国统计年鉴》《中国工业统计年鉴》《中国高技术产业统计年鉴》《中国金融年鉴》、Wind 资讯经济数据库、EPS 数据库的相关数据直接获得，或者根据 7.1.1.2 小节的方法计算得到。

7.4.1.2 数据标准化

在金融创新与经济增长的指标体系中，各项指标的实际意义有很大的差别，同时指标之间的数量级和计量单位也不尽相同，这给整体数据的处理和分析带来大量的困难，同时对模型结果造成错误的影响。因此，为了增加数据的可比性，同时降低计算难度，本书在这里对数据进行无量纲化处理，消除数据量纲对整体数据的影响，也更能模拟出问卷的效果，保证模型结果的准确性。

无量纲化处理有很多种方法，主要可以分为直线型无量纲化方法、折线型无量纲化方法和曲线型无量纲化方法。本书数据时间跨度不大，但中国各省（区、市）间经济体量相差较大，因此选用 Z-score 标准化，将数据范围缩小到[−1,1]，从而消除其数量级和量纲的影响。

同时，因为指标体系中同时存在正向指标和负向指标，不同性质的指标进行直接处理不能正确地反映指标间不同的作用力，所以本书分两部分对指标进行无量纲化处理。

具体操作步骤如下。

（1）负向指标正向化：

$$x^{ij} = -x^{ij} \tag{7-34}$$

（2）接着进行标准化：

$$Y_{ij} = \frac{x^{ij} - x_{\bar{\bar{J}}}}{\sigma_j} \quad (7\text{-}35)$$

其中，$x_{\bar{\bar{J}}}$ 和 σ_j 分别表示指标 x^{ij} 的均值和标准差。

7.4.1.3　信度分析

信度分析是一种检验问卷数据真实性、有效性的一种方法，也是测度评价体系时的必然步骤，可以用信度系数的大小来表示信度的高低，即信度分析的结果可以有效反映被测量样本的有效性和真实性。在检测内在信度时，我们使用克隆巴赫系数（Cronbach’s alpha）来描述信度的高低。如果 Cronbach’s alpha 值大于 0.6，则表明数据具备研究价值；如果 Cronbach’s alpha 值大于 0.7，则表明数据信度非常高；如果 Cronbach’s alpha 值小于 0.6，则表明指标需要重新设计。把经过标准化处理的数据输入 SPSS 24.0 进行信度分析，其结果如表 7-10 所示。

表7-10　数据信度检验

潜变量	Cronbach’s alpha 系数	观测变量个数
创新驱动因素	0.850	4
要素投入因素	0.656	3
创新效率因素	0.725	5
经济效益因素	0.921	3
资本市场结构因素	0.631	3
金融中介结构因素	0.724	4
系统耦合	—	1
总体模型	0.772	23

该研究样本数据各个维度的 Cronbach’s alpha 值均大于 0.6，而仅仅要素投入因素与资本市场结构因素未达到 0.7，可以说样本数据具有较高的可信度，可以进行下一步的研究。

7.4.2　结构方程模型检验及结果

7.4.2.1　基于最大似然估计法的模型估计的初步结果

把上述标准化数据输入在 AMOS 24.0 中提前建立好的全路径模型中，并选取最大似然估计对结构方程模型进行估计，设置进行标准化输出，得到的结果如表 7-11 所示。

表7-11 结构方程模型路径输出结果

路径			估计值	标准误差	临界比	*P* 值	水平
系统耦合	<---	创新驱动	0.644	0.297	2.172	0.030	par_14
系统耦合	<---	创新效率	2.835	0.477	5.942	***	par_15
系统耦合	<---	经济效益	2.107	0.412	5.119	***	par_16
系统耦合	<---	资本市场结构	1.566	0.424	3.695	***	par_17
系统耦合	<---	金融中介结构	−0.639	0.356	−1.795	0.073	par_18
系统耦合	<---	要素投入	−1.255	0.340	−3.689	***	par_22
技术进步（用全要素生产率表示）	<---	创新驱动	0.286	0.113	2.524	0.012	par_1
研发强度	<---	创新驱动	0.783	0.111	7.077	***	par_2
研发经费	<---	创新驱动	0.789	0.111	7.120	***	par_3
研发人员全时当量	<---	创新驱动	0.788	0.111	7.107	***	par_4
技术市场成交额	<---	创新效率	0.701	0.109	6.407	***	par_5
资源配置	<---	创新效率	0.783	0.111	7.050	***	par_6
资本化率	<---	资本市场结构	0.701	0.111	6.308	***	par_7
金融深化	<---	资本市场结构	0.734	0.111	6.599	***	par_8
金融相关比率	<---	资本市场结构	0.794	0.111	7.141	***	par_9
金融市场化比率	<---	资本市场结构	−0.044	0.118	−0.377	0.706	par_10
金融资产中 M2 占比	<---	金融中介结构	0.478	0.124	3.858	***	par_11
贷款占存贷款比例	<---	金融中介结构	0.566	0.119	4.760	***	par_12
融资结构	<---	金融中介结构	0.458	0.124	3.694	***	par_13
最终消费率	<---	要素投入	0.283	0.125	2.256	0.024	par_19
物质资本投入	<---	要素投入	0.682	0.114	5.987	***	par_20
资本形成率	<---	要素投入	0.635	0.115	5.535	***	par_21
人均收入	<---	经济效益	0.805	0.112	7.215	***	par_23
金融资源配置	<---	创新效率	0.759	0.111	6.809	***	par_24
专利授权数	<---	创新效率	0.401	0.109	3.694	***	par_25
单位资本产出	<---	创新效率	0.268	0.110	2.430	0.015	par_26
人均教育经费	<---	经济效益	0.706	0.110	6.398	***	par_27
人均 GDP	<---	经济效益	0.787	0.111	7.113	***	par_28
耦合度	<---	系统耦合	1.000				

***表示在 1%水平下显著

根据前文的假设，有如下假设检验。

（1）H_{6-1} 的假设检验。结果显示创新驱动因素与系统耦合的路径系数为 0.644，P 值小于 0.05，说明创新驱动因素与系统耦合具有显著的正相关关系，因此支持 H_{6-1}。

（2）H_{6-2} 的假设检验。结果显示要素投入因素与系统耦合的路径系数为 −1.255，P 值小于 0.05，说明要素投入因素与系统耦合具有显著的负相关关系，因此拒绝 H_{6-2}。

（3）H_{6-3} 的假设检验。结果显示创新效率因素与系统耦合的路径系数为 2.835，P 值小于 0.05，说明创新效率因素与系统耦合具有显著的正相关关系，因此支持 H_{6-3}。

（4）H_{6-4} 的假设检验。结果显示经济效益因素与系统耦合的路径系数为 2.107，P 值小于 0.05，说明经济效益因素与系统耦合具有显著的正相关关系，因此支持 H_{6-4}。

（5）H_{6-5} 的假设检验。结果显示资本市场结构因素与系统耦合的路径系数为 1.566，P 值小于 0.05，说明资本市场结构因素与系统耦合具有显著的正相关关系，因此支持 H_{6-5}。

（6）H_{6-6} 的假设检验。结果显示金融中介结构因素与系统耦合的路径系数为 −0.639，P 值为 0.073，大于 0.05，说明金融中介结构因素与系统耦合具有非显著的负相关关系，因此拒绝 H_{6-6}。

7.4.2.2　结构方程模型拟合度检验

结构方程模型数据是根据实际数据得到的，而实际数据计算出来的相关系数矩阵和假设推导出来的相关系数矩阵间的差异被称为整体模型配适度，也叫模型拟合度，用来检查假设模型与实际模型间的差异。因此，在估算完成后，需要进行整体模型的路径拟合度检验。

1）模型的内在结构拟合度

模型的内在结构拟合度用来评价模型内估计参数的显著程度、各指标及潜变量的信度，主要包括潜变量的组成信度、平均提炼方差两项指标。

（1）潜变量的组成信度（component reliability，CR），相似于前文的信度检验，它用来描述观测变量间的一致性，是结果可信的重要前提，CR 的值大于 0.7 即可。

（2）平均提炼方差（average variance extraction，AVE）。与 CR 相反，AVE 估计的是测量模型的聚合效度，用来描述潜变量的各观测变量对该潜变量的平均差异解释力，即 CR 要求的是数据的一致性，而 AVE 要求的是数据的差异性，如果数据失去了差异性，那么不同观测变量的设置就失去了意义。AVE 的值大于 0.5 即可。

2）整体模型拟合度

整体模型拟合度用来评价真实数据与假设模型之间的拟合程度，主要包括以下指标。

（1）绝对拟合度。绝对拟合度用来描述模型可以确定的相关矩阵、协方差矩阵的占比。

（2）简约拟合度和增值拟合度。前者评判模型的简约程度，无效的模型路径会降低简约拟合度；后者则评判理论模型和假设模型的拟合度。具体包括以下指标。

卡方拟合指数。其是从选定的模型协方差矩阵与观察数据协方差矩阵相匹配程度的角度分析假设的显著性。卡方拟合指数值不显著的话，代表模型拟合度好。同样地，卡方拟合指数值显著的模型，直接被拒绝。

残差均方根（residual mean root，RMR）。它是样本方差减去估计方差的平方和协方差减去对应估计协方差的平方，对上述平方和取平均值的平方根。越小的 RMR 对应越好的拟合度，一般认为 RMR 不能大于 0.1。

其余的指标重要性相对较弱，在此不一一解释，如表 7-12 所示。

表7-12　指标对照

指标简写	指标名称	指标取值
RMSEA	近似误差均方根	小于 0.1
GFI	拟合优度指数	大于 0.9
PGFI	简效拟合优度指数	越接近 1 越好
PNFI	简效拟合优度指数	越接近 1 越好
NFI	规范拟合指数	越接近 1 越好
TLI	Tucker-Lewis 系数	越接近 1 越好
CFI	比较拟合指数	越接近 1 越好
CMIN/DF	卡方除以自由度	越接近 0，表示模型与数据的拟合度越好

数据输出后，查看拟合度评价，本书研究的拟合度如表 7-13 所示。

表7-13　整体模型检验指标

绝对适配度统计量			增值适配度统计量			简约适配度统计量	
CMIN/DF	GFI	RMSEA	NFI	IFI	CFI	PGFI	PNFI
15.513	0.800	0.380	0.536	0.798	0.743	0.640	0.633
10 以下	越接近 1 越好	越小越好	越接近 1 越好			大于 0.5	

依据上述模型拟合指标，发现模型拟合效果并不好，NFI、IFI、CFI 数值也都不高，因此需要进行模型修正。

7.4.2.3　显著性检验模型修正

表 7-13 已经显示了模型的初步计算效果，但是拟合效果并不理想，本书根据显著性检验进行修正。表 7-11 明确显示 H_{6-6}不成立，因此删除 H_{6-6}路径（分析金融中介结构因素不显著的原因可能是，我国银行的融资政策、货币供给都是由国家操控的，都具有政策意图，不是完全的市场化，导致数据出现偏差）。调整路径以后，再次运行 AMOS 24.0，拟合效果如表 7-14 所示。

表7-14　整体模型检验指标（修正后）

绝对适配度统计量			增值适配度统计量			简约适配度统计量	
CMN/DF	GFI	RMSEA	NFI	IFI	CFI	PGFI	PNFI
12.131	0.791	0.231	0.657	0.803	0.786	0.669	0.690
10 以下	越接近 1 越好	越小越好	越接近 1 越好			大于 0.5	

事实上此次修正有不小的改进，CMN/DF 值从 15.513 下降到 12.131，其他拟合指数也趋于优化，剩余的 5 条假设路径均已在 P 值为 0.05 以下显著，虽然并不能完美契合模型拟合要求，但对于金融创新与经济增长耦合的复杂巨系统来说已经足够了，因为我们无法完美模拟出所有路径，也无法获得能体现所有信息的数据，但是剩余 5 条假设已经完全显著，足以证明一些结论。最后的路径估计如表 7-15 所示。

表7-15　结构方程模型路径输出结果（修正后）

路径			估计值	标准误差	临界比	P 值	水平
系统耦合	<---	创新驱动	0.616	0.302	2.042	0.041	par_11
系统耦合	<---	创新效率	2.973	0.481	6.186	***	par_12
系统耦合	<---	经济效益	2.102	0.417	5.040	***	par_13
系统耦合	<---	资本市场结构	1.712	0.425	4.027	***	par_14
系统耦合	<---	要素投入	−1.376	0.339	−4.059	***	par_18
技术进步（用全要素生产率表示）	<---	创新驱动	0.284	0.113	2.504	0.012	par_1
研发强度	<---	创新驱动	0.782	0.111	7.070	***	par_2
研发经费	<---	创新驱动	0.790	0.111	7.121	***	par_3

续表

路径			估计值	标准误差	临界比	*P* 值	水平
研发人员全时当量	<---	创新驱动	0.788	0.111	7.109	***	par_4
技术市场成交额	<---	创新效率	0.713	0.109	6.525	***	par_5
资源配置	<---	创新效率	0.786	0.111	7.083	***	par_6
资本化率	<---	资本市场结构	0.711	0.111	6.407	***	par_7
金融深化	<---	资本市场结构	0.731	0.111	6.578	***	par_8
金融相关比率	<---	资本市场结构	0.798	0.111	7.179	***	par_9
金融市场化比率	<---	资本市场结构	−0.050	0.117	0.429	0.008	par_10
最终消费率	<---	要素投入	0.281	0.124	2.263	0.024	par_15
物质资本投入	<---	要素投入	0.687	0.113	6.059	***	par_16
资本形成率	<---	要素投入	0.644	0.114	5.642	***	par_17
人均收入	<---	经济效益	0.805	0.112	7.213	***	par_19
金融资源配置	<---	创新效率	0.759	0.111	6.823	***	par_20
专利授权数	<---	创新效率	0.399	0.108	3.687	***	par_21
单位资本产出	<---	创新效率	0.269	0.110	2.448	0.014	par_22
人均教育经费	<---	经济效益	0.704	0.110	6.384	***	par_23
人均 GDP	<---	经济效益	0.785	0.111	7.098	***	par_24
耦合度	<---	系统耦合	1.000				

***表示在 1%水平下显著

8 研究结论及建议

8.1 研究结论

8.1.1 中国金融创新与经济增长整体耦合特征

1）总体提升程度大

具体而言，耦合协调度实现跨越式发展，从 1978 年的轻度失调阶段提升为 2017 年的优秀协调阶段，金融创新与经济增长之间的相互作用更多地表现为良性共振，系统发展由无序走向有序。1978~2017 年的 40 年来，经济增长为金融创新带来了良好的市场环境，金融创新弥补了经济增长中出现的市场失灵和市场残缺，两个系统和系统间各主体逐步放弃对资本、信息、技术、人力等各客体要素的争夺，开始流动、共享这些要素，系统间的发展也逐步由对抗走向统一，改变了市场发展的结构和管理机制，为整个社会经济带来了新的动力和活力。

2）阶段性特征明显

具体分为以下三个阶段。

（1）耦合发展的萌芽阶段：1978~1996 年。从数据上看，耦合关联度均分布在 0.9~1，但耦合协调度普遍在 0.4 以下；耦合的发展速度也没有质的提升，这 19 年间，耦合关联度的平均增速为−0.002%，远低于 1978~2017 年的 40 年的平均增速 4.96%，耦合协调度的平均增速为 1.6%，低于 40 年的平均增速 2.94%。

（2）耦合发展的加速阶段：1997~2009 年。从数据上看，这 13 年间，耦合关联度依然处于 0.9 左右，增量为 0.037 3；耦合协调度由 0.4 左右发展到接近 0.7，增量达到 0.274 7，耦合协调度从濒临失调阶段发展到初级协调阶段。耦合关联度和耦合协调度的平均增速分别为 0.184%和 4.856%，这一时期耦合协调度平均增速高于 1978~2017 年的 40 年的平均增速。

（3）耦合发展的稳定阶段：2010~2017 年。从数据上看，耦合协调度既不像萌芽阶段发展缓慢，又不像加速阶段那样有明显的提升和下降，耦合表现出稳中增长的趋势，耦合协调度从初步协调阶段发展到良好协调阶段，2017 年耦合协调度达到 1978~2017 年的 40 年来的峰值，是这一阶段耦合稳定发展的成果。在增速上，没有出现极端值，仅有的负增长是 2016 年，负增速也控制在 0.5%以内，表现出稳定阶段增速的平顺性。

8.1.2 中国金融创新与经济增长区域耦合特征

（1）耦合协调度比耦合度能更好地反映金融创新与经济增长的发展关系。耦合度分析无法充分反映金融创新与经济增长的发展关系。通过耦合度计算发现，31 个省级单元中有 28 个省级单元的金融创新与经济增长耦合度达到 0.8 以上，31 个省级单元耦合度 C 的平均值是 0.920 8，说明中国大部分省级单元的经济增长与金融创新有较大的关联性，而实际上中国省级单元金融创新水平有较大差异。耦合度在某些特殊情况下难以反映出金融创新与经济增长的协同作用，特别是在多个地区或区域对比研究下，单纯地考虑耦合度可能会使结论产生误导。因此，仅仅靠耦合度无法揭示金融创新与经济增长的发展关系，还要进一步考虑金融创新与经济增长的耦合协调度模型。

（2）根据耦合协调度能将中国除香港、澳门和台湾地区以外的省级单元分为金融创新与经济增长和谐区、磨合区、拮抗区和低耦合区四类。对四类地区的经济结构的分析表明，金融创新与经济增长磨合区是全国金融部门创新产出最集中的地方，和谐区次之，原因是前者总体规模较大，后者平均发展水平较高。金融创新与经济增长低耦合区是全国金融创新产出结构占比最大的地区，和谐区次之，原因是前者金融创新的特殊性和依赖性强，后者的单体发展水平较高。

（3）空间相关性检验结果表明，整体上中国金融创新与经济增长耦合协调度存在明显的空间正相关性。中国省级单元的金融创新与经济增长耦合协调度不是随机分布的，该属性值在空间分布上存在集聚现象。高属性值被高属性值包围的地区有北京、天津、上海、江苏、浙江、福建、山东、河南和湖北；低属性值被低属性值包围的地区有内蒙古、吉林、黑龙江、广西、重庆、海南、贵州、云南、西藏、陕西、甘肃、青海、宁夏和新疆；低属性值被高属性值包围的地区有河北、山西、辽宁、安徽、江西和湖南；高属性值被低属性值包围的地区有广东和四川。

（4）经济效应分析结果表明，金融创新与经济增长耦合对经济增长存在显著正向作用，地区经济增长受自身过去经济增长的影响。外商直接投资的经济效应显著为正，研发人力资本投入促进了经济增长。城镇化率的经济效应为正，金融监管的经济效应不显著，甚至限制了经济增长。

（5）空间效应分解结果表明，金融创新与经济增长耦合的直接效应系数显著为正值，说明本地区的金融创新与经济增长耦合对本地区经济增长具有正向促进作用，溢出效应系数显著为正值，说明本地区的金融创新与经济增长耦合还对邻近地区经济增长具有正向促进作用，总效应系数显著为正值。在其他控制变量中，金融监管的直接效应和溢出效应系数不显著，但是总效应系数显著为正值，这表明金融监管更多侧重于统筹全局性。外商直接投资、研发人力资本和城镇化率的直接效应和总效应系数显著为正值，溢出效应系数显著为负值，这表明三个指标在促进本地区经济增长的同时，对邻近地区的经济造成抑制作用，或者说不同经济发展程度的地区均具有不同强度的“虹吸效应”。

8.1.3　金融创新与经济增长耦合影响因素归纳

8.1.3.1　整体结果分析归纳

从模型的结果可以看出，2014~2017 年，创新驱动因素、创新效率因素、资本市场结构因素、经济效益因素均会显著地促进金融创新与经济增长的耦合发展，且路径系数分别达到 0.616、2.973、1.712、2.102。

要素投入因素已经开始对系统耦合产生副作用，路径系数为−1.376。这也印证了中国现在正处于“转型”的关键时期，一直以投入要素刺激经济发展会使得金融创新与经济增长的耦合出现负作用。

创新驱动因素是正向因素中路径系数最低的一项，究其原因，可能是我国的科技发展处于起步阶段，很多东西亟待发展，一味地提高研发支出、投入研发人员，不能在短时间内解决当前的科技窘境，毕竟金融创新的革新是供给端的革新，需要大量的时间去从根本上发展科技，完成“供给侧”结构性改革。

另外三项——经济效益因素、创新效率因素、资本市场结构因素，都会对系统耦合产生显著的正向作用，代表我国现在已经初步进入金融、经济高度发展的阶段，提升经济效益、创造科技成果、提升资本的边际增长率、完善资本市场都会加速金融创新与经济增长的耦合。

8.1.3.2　创新驱动因素分析归纳

如图 8-1 及表 8-1 所示，4 个基础指标对创新驱动因素的 P 值均显示为显著状态，路径系数都较大，说明模型效果较好，这 4 个基础指标可以很好地形容创新驱动因素。

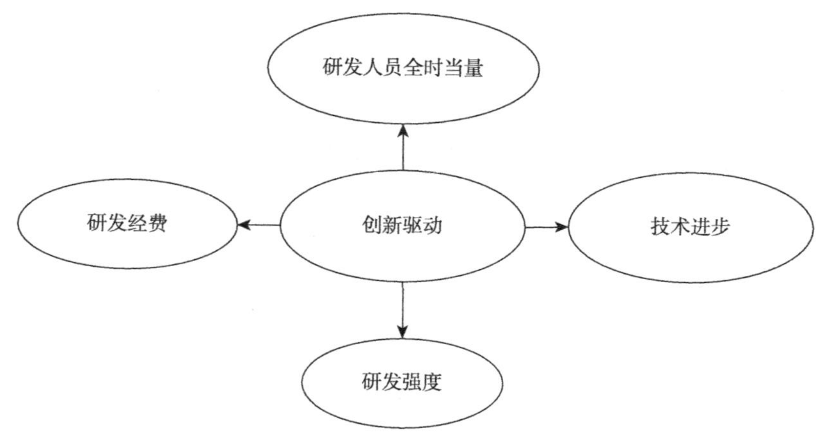

图 8-1　创新驱动因素路径

表8-1　创新驱动因素估计值

路径			估计值	*P* 值	水平
技术进步	<---	创新驱动	0.284	**	par_1
研发强度	<---	创新驱动	0.782	***	par_2
研发经费	<---	创新驱动	0.790	***	par_3
研发人员全时当量	<---	创新驱动	0.788	***	par_4

***、**分别表示在 1%、5%水平下显著

从具体的路径系数来看，2014~2017 年，我国实施创新驱动最有效的方法还是加大研发强度、增加研发人员投入。令人值得注意的是，2014~2017 年的 4 年间，我国研发经费的投入逐步增多，而在 2017 年，我国研发经费总投入达 1.75 万亿元，首次位居世界第二。虽然代表技术进步的全要素生产率这一指标对创新驱动因素的影响路径系数不高，但依然有正向作用，它低于前三者的原因，很可能是我国正处于转型初期，技术不成熟，技术增长对创新驱动的边际值不高，我国高科技行业的发展现状就是对此结果最好的例证，如芯片半导体行业，虽然我国技术正在逐年进步，但是技术成熟度始终不能达到世界前沿水平。近年来，中芯国际集成电路制造有限公司的量产产品已经完成从 28 纳米到 14 纳米的跨越，然而现在世界顶尖水平是以高通公司、台湾积体电路制造股份有限公司（简称台积电）为代表生产的 7 纳米与 6 纳米芯片，因此我国大陆地区的芯片半导体行业依旧无法占领世界市场的主要份额。在我国创新市场的发展阶段，在技术进步程度有限的情况下并不能十足地促进系统耦合，技术发展的初期还是以“技术模仿与引进”为主，只有技术的积累达到质变，才会显著地促进系统的耦合发展。

8.1.3.3　要素投入因素分析归纳

如图 8-2 及表 8-2 所示，3 个基础指标的 P 值都显著，且路径系数都较大，说明指标设计合理，3 个基础指标可以很好地形容要素投入因素。

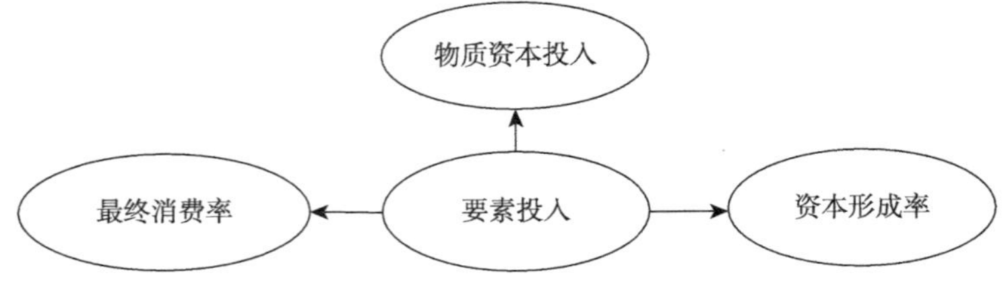

图 8-2　要素投入因素路径

表8-2　要素投入因素估计值

路径			估计值	P 值	水平
最终消费率	<---	要素投入	0.281	**	par_15
物质资本投入	<---	要素投入	0.687	***	par_16
资本形成率	<---	要素投入	0.644	***	par_17

***、**分别表示在 1%、5%水平下显著

从数值上看，最终消费率与要素投入的贡献度最低，只有 0.281；资本形成率次之，为 0.644；物质资本投入最高，为 0.687。考虑到前文的结果，要素投入因素是唯一一个对系统耦合产生显著副作用的因素，那么这里贡献度越高，就越抑制系统耦合。

物质资本投入的贡献度最高（0.687），那么显而易见，2014~2017 年增加物质资本投入会对系统耦合造成最高的负效应，我国已经处于经济"新常态"，房地产业在很大程度上影响着我国的 GDP，低端的第一产业、第二产业，也已经不能显著地促进系统耦合，增加人力资本、科技投入，转变经济增长方式已经刻不容缓。

资本形成率与最终消费率的贡献度（0.644 与 0.281）也同时印证了上述观点，通过加大传统的要素投入，已经不能促进系统耦合，而经济增长必须寻找新的支撑点。现在最迫切需要的，是从供给侧做出变化，创新出更优质的投资标的来刺激投资，生产出更优质的产品来刺激消费，这才是解决问题的根本之道。

8.1.3.4　创新效率因素分析归纳

如图 8-3 及表 8-3 所示，5 个基础指标的 P 值都显著，且路径系数都较大，说明指标设计合理，5 个基础指标可以很好地形容创新效率因素。

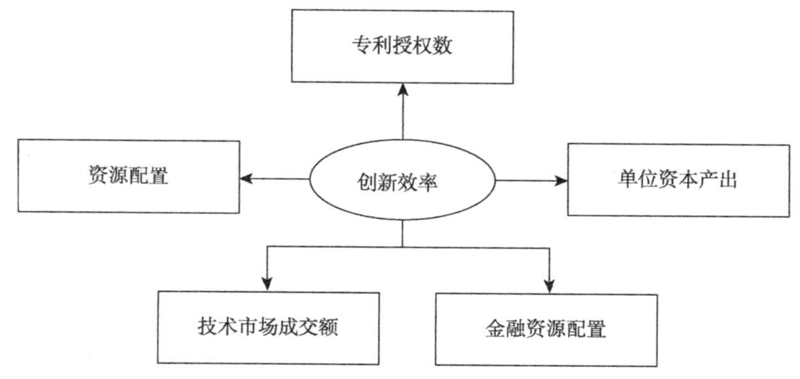

图 8-3 创新效率要素路径

表8-3 创新效率因素估计值

路径			估计值	*P* 值	水平
金融资源配置	<---	创新效率	0.759	***	par_20
专利授权数	<---	创新效率	0.399	***	par_21
单位资本产出	<---	创新效率	0.269	**	par_22
技术市场成交额	<---	创新效率	0.713	***	par_5
资源配置	<---	创新效率	0.786	***	par_6

***、**分别表示在 1%、5%水平下显著

从数值上看，代表提高资源配置效率的“资源配置”和“金融资源配置”两项，对创新效率因素的贡献度最高，分别为 0.786 和 0.759，回顾指标体系，资本增量中第三产业占比代表资源配置指标，金融业增加值占 GDP 比重代表金融资源配置指标。因此，从此项实证结果可以得出以下结论：①提升资源配置效率，将大大提升耦合的创新效率，从而促进系统耦合；②将金融资源更多地分配给第三产业，尤其是金融业，会是效率极高的资源配置方案。总之，科学的资源配置、优化的产业结构，将大大促进金融创新与经济增长及其系统的耦合。

代表着金融创新成果的技术市场成交额同样具有高的贡献度，数值为 0.713；而专利授权数的贡献度只有 0.399。专利授权数代表着创新成果，而技术市场成交额不仅代表了金融创新产出中的创新，更代表了“有效创新”，只有市场认为有价值的创新，才会在技术市场上产生成交额。通过此项实证结果，我们可以看出，要提升创新效率，仅仅增加创新成果是不够的，还需要更多的有效创新，只有实实在在的创新成果，才能促进创新效率的提升，促进系统耦合。两者的贡献度所呈现出的强烈反差，也从侧面反映出我国当下金融创新效率还是一个值得注意的问题，无效创新很多，这也可能与我国的要素禀赋有关，科技产业起步晚，一切都处于摸索阶段，因此才会有大量的无效创新。

单位资本产出对于创新效率因素贡献度只有 0.269，远远不如上述 4 项，代表着提升单位资本产出，并不能有效地提升创新效率。究其原因，现在我国正处于第 2 章所叙述的金融创新与经济增长发展不相适宜的阶段，高度的经济发展、低水平的金融创新，“低水平的耦合陷阱”导致经济增长的支撑点并不在单位资本产出。

通过查阅资料，从我国历史的实际情况来看，单位资本产出对经济增长的贡献度甚至有极大的副作用，1952~1978 年，资本生产率的配置效应年增长率为−1.41%，对产出的增长贡献率为−12.61%，虽然 1979~2002 年这两项指标有所改善，但是远远不及预期。结合第 3 章，提高单位资本产出是金融创新对经济增长的根本贡献，而这里，它对耦合的低贡献度也说明了我国的金融创新还有很长一段路要走。

8.1.3.5 经济效益因素分析归纳

如图 8-4 及表 8-4 所示，3 个基础指标的 *P* 值都显著，且路径系数都较大，说明指标设计合理，3 个基础指标可以很好地形容经济效益因素。

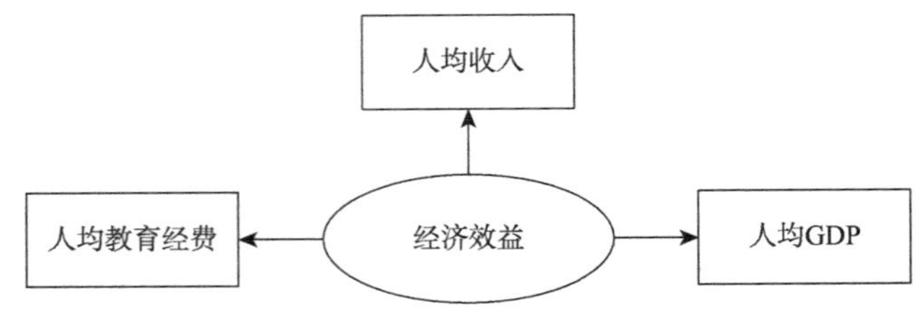

图 8-4 经济效益路径

表8-4 经济效益因素估计值

路径			估计值	*P* 值	水平
人均收入	<---	经济效益	0.805	***	par_19
人均教育经费	<---	经济效益	0.704	***	par_23
人均 GDP	<---	经济效益	0.785	***	par_24

***表示在 1%水平下显著

从数值上来看，人均收入对经济效益因素的贡献度最高，为 0.805，人均 GDP 与人均教育经费则分别为 0.785、0.704，这 3 项指标对经济效益因素的贡献度都非常高，这也印证了我国“以民为本”的指导方针是正确的，继续不断提高人民收入，加大教育经费支出，提高人均 GDP 将非常有效地提升经济效益，并促进金融创新与经济增长的耦合。

8.1.3.6　资本市场结构因素分析归纳

如图 8-5 及表 8-5 所示，4 个基础指标的 P 值都显著，且前三个基础指标的路径系数都较大，说明指标设计合理，4 个基础指标可以很好地形容经济效益因素。

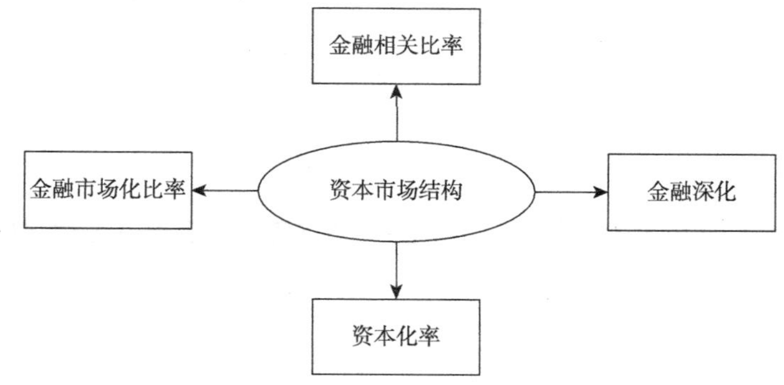

图 8-5　资本市场结构因素路径

表8-5　资本市场结构因素估计值

路径			估计值	P 值	水平
资本化率	<---	资本市场结构	0.711	***	par_7
金融深化	<---	资本市场结构	0.731	***	par_8
金融相关比率	<---	资本市场结构	0.798	***	par_9
金融市场化比率	<---	资本市场结构	−0.050	***	par_10

***表示在 1%水平下显著

从贡献度数值上来看，金融相关比率对资本市场结构因素的贡献度最高，为 0.798，而金融相关比率也是衡量一国金融深化的指标，戈德史密斯认为一国的金融相关比率不会永无止境地上升，最终会稳定在 1.5 左右。实证结果表明，金融相关比率的提升会显著地促进资本市场结构因素提升，从而加速系统耦合，说明我国资本市场虽有发展，但依然存在发展空间。

资本化率与金融深化的贡献度非常高，分别为 0.711 和 0.731。这也证明，当下我国加大资本市场发展力度，提高货币化程度，不断提升货币的流动性，会给金融创新与经济增长耦合系统带来长足的发展。

金融市场化比率的贡献度为−0.050，回顾前文，FMR=FIR−SOFIR，SOFIR=国有银行存贷款余额/GDP，这个指标是反映金融相关比率刨除国有金融相关比率的数值，是反映市场竞争程度的指标。将此结果对比金融相关比率的实证结果（显著的促进），可以发现，当前我国资本市场依然是以国有资产为主，是属于政府导向的市场，一旦刨除国有因素，剩余的金融相关比率对系统耦合的贡献为负，这也使得我国资本市场化进程减慢。当下，我国开展了国有资本市场化改革，并已取得十足进展，相信不远的将来，不断降低的 SOFIR，会使我国资本市场真正地市场化，使得金融创新与经济增长的耦合快速发展直至成熟。

8.2 政策建议

8.2.1 基于中国金融创新与经济增长整体耦合表现的建议

1）加强法律保障体系

目前，中国金融创新与经济增长的耦合正处于良好协调的高度耦合向优质协调的完全耦合过渡发展的时期，金融与经济的适配性尚未完全，且面临复杂多变的外部环境，需要相关法律法规的保驾护航。首先，应加强金融创新领域和经济增长核心领域的立法工作，不断完善相关法律体系，形成良好的法律保障环境，加强对市场进入与退出的监管。其次，建立和完善国家的征信体系，加强信用制度建设和创新，整合市场监督管理、税务、海关等部门的数据信息，加强与相关企业合作，充分利用云数据、大数据、区块链等新技术推动统一、健全的一体化征信平台建设，加强对于社会信用体系的建设，约束失信行为和建立个人破产制度。最后，加强和优化金融领域的法律监管和政府管理，增强金融立法的前瞻性，在法律层面规范市场退出机制和风险处置机制。

2）完善金融支撑体系

多元化、多层次结构的金融支撑体系是增强金融与经济适配性的关键。首先，要构建丰富完整的资本市场体系，建立和完善金融市场，建立多层次的资本投资结构，积极鼓励创新金融工具的使用，充分发挥资本市场的融资功能。其次，继续推动金融领域的市场化改革，打破刚性兑付，完善资金的定价与配置机制；不断推进银行商业化，改善银行的公司治理结构，在银行内部形成卓有成效的制衡机制，促进银行与企业关系的优化发展，提高商业银行的风险定价能力，实现借贷利率的市场化。最后，充分发挥政府对金融领域的宏观调控作用，维护金融市场的健康秩序，弥补市场失灵，引导和鼓励市场的长期价值投资，破除短期投机和监管套利动机。

3）发挥协同作用

企业是经济增长系统的参与主体，金融机构是金融创新系统的参与主体，加强企业和金融机构的协同作用，发挥耦合系统内部的协同效应，将直接推动金融与经济的发展。

首先，创新产融结合方式，让金融更大程度地深入、渗透到企业之中，针对企业生产、制造、销售的各阶段，设计针对性强的金融服务产品，为企业提供综合方案，以解决产业链上可能出现的各种问题，使得金融体系能够有效助力企业发展，双方形成和谐共赢的有机整体。其次，深化金融体制改革，推进金融机构实行差异化定价策略，降低企业融资成本，特别是小微企业和重点领域企业；推进金融机构经营方式的转变，优化升级服务水平，使得金融更好地支持经济结构调整和转型升级。最后，采取措施使货币信贷存量恢复运作并产生效益，灵活运用增量，增强资金的流动性，明确资金投向重点，对重点或示范引导行业进行着重投放，不断提高资金的使用效率。

4）加强风险管理

风险管理贯穿经济、金融发展的全过程。首先，积极开展日常风险监测和预警工作，构建有效的风险预警和风险处置工作机制，建立健全重要金融机构和重要经济增长领域的实时监测，主动监测，及时通报，积极下发风险提示。其次，深入落实货币体系全流程管控，严格执行金融创新与经济增长中的货币监管，从源头上防范风险，强化货币管理，及时发现和化解货币风险。最后，加大自主及司法清收力度，积极处置相关的不良资产，清除系统发展过程中的漏洞，夯实发展基础，严格按照相关管理部门和机构的各项检查要求整治工作，深入查明问题，整改落实，化解潜在风险。

8.2.2　基于中国金融创新与经济增长区域耦合表现的建议

1）充分发挥耦合协调度的空间相关性

中国省级单元的金融创新与经济增长耦合协调度不是随机分布的，该属性值在空间分布上存在集聚现象。中国部分地区的金融创新与经济增长耦合协调度的空间相关性高，高属性值被高属性值包围的地区有北京、天津、上海、江苏、浙江、福建、山东、河南和湖北。因此，针对这些地区，在制定金融政策时，可以考虑这些地区的联动性和区域性，在这些地区执行金融政策时往往传递快、效率高，能更好地发挥现代金融服务实体经济的作用。金融创新与经济增长耦合的直接效应、溢出效应系数显著为正值，说明本地区的金融创新与经济增长耦合协调度同时对本地区和邻近地区经济增长具有正向促进作用，且总效应系数显著为正值。因此，进一步发挥区域金融一体化的特点，在长三角、珠三角、京津沪等资源集中区域深化区域金融合作，发挥长短板互补作用和优势叠加作用，实现金融和经济的良性循环。

2）努力扩充研发人力资本储备

一方面，研发人力资本作为直接生产要素被投入生产环节，得到的发明专利、实用新型和外观设计产品被纳入广义的经济发展范畴；另一方面，研发人力资本的积累增加了创新和模仿规模，通过技术创新促进经济增长，提高了物质回报率从而促进经济增长。增加创新型教育投入可以最直接地提高人力资本水平，一方面提高平均素质，丰富个体通用性知识和专业技能知识，另一方面优化人力资本结构以适应产业结构调整。基于个体特征异质性进行差异性培养，在不同领域各具才能的人才就能获得更高水平的专业技能或综合能力，因此，需建立全面而完善的人才培养机制，增强研发人才包容性。中西部欠发达地区在科技、医疗等领域亟须大量人才，鼓励研发人才在不同地区和单位有序流动以缩小地区经济增长差距。

3）持续推动新型城镇化进程

城镇化进程的发展在经济结果中表现为产业结构转变，劳动力从第二产业流向生活性服务业、生产性服务业和公共服务业等第三产业，而不同产业的生产率不同，因此经济产出也会发生变化。此外，城镇化造成了产业集聚现象，企业因城镇化而被迁移或者集中规划，企业集聚的同时技术资源集聚，为技术创新创造环境，间接影响了经济增长。因此，应坚持以人为本，强化城市基础设施和公共基础服务建设，将城乡一体化建设提高到新高度。应优化人口户籍落户政策，降低人口迁徙的成本浪费，从根本上解决农村人口城镇化基本问题。此外，鼓励民间资本进入城镇化建设项目，降低准入门槛，建立公平竞争的环境，解决资金流动性不足的难题，优化资金配置，在一定程度上可避免经济建设资源浪费。

8.2.3 促进中国金融创新与经济增长耦合合理发展的建议

1）加强创新驱动战略的实施，打造坚实技术壁垒

从本书的驱动力分析实证结果来看，创新驱动因素对促进耦合的作用均为正

向，而要素投入因素皆为显著的负向贡献，秉持增加正向贡献、减少负向贡献的原则，施行创新驱动战略，调节要素投入将是促进系统耦合的必要举措之一。

目前，我国正处于技术引进、技术模仿红利消耗殆尽的时期，寻找新的耦合动能，寻找新的创新动能、发展动能，迫在眉睫。与低成本优势、规模优势相比，技术优势不仅具有长效、高效等突出特点，而且具备技术壁垒优势，拥有十足的议价权、自主选择权和国际上的话语权。

首先，要建设多元化研究发展体系，建立产学研一体化的研发平台，完善科研项目流程管理制度。要把好钢用在刀刃上，着力攻克重大技术难关，要敢于完成技术从无到有、从有到完美的重大突破。从研究发展的根本抓起，让我国的金融创新产生源源不断的活力。其次，要完善《中华人民共和国知识产权保护法》《中华人民共和国专利法》《中华人民共和国商标法》等，保护创新主体的合法权益，建立知识产权交易平台，完善创新成果交易方式。建立、完善、维护各项相关法律法规、体制，为创新驱动保驾护航。最后，建立相应的监管体系，对于滥用知识产权、假冒伪劣创新产品，实施实时监控，坚持“冒头就打”的原则，维护我国创新驱动战略的实施。

最终，我国会采用投资、消费、出口驱动的经济发展模式，为经济增长找到新的动力。

2）着力提升金融创新效率，创新、监管齐头并进

根据实证结果来看，创新效率因素每一条都会促进耦合，尤其是代表着创新成果的技术市场成交额与代表着资源配置效率的金融资源配置对耦合会起到非常明显的促进作用。提升创新效率要从四个方面入手。

一是优化资源配置，加速利率市场化进程是关键。利率就是资本的价格，利率价格被扭曲，无法使资金价格市场化，储蓄无法有效增加，投资没有约束，致使资金短缺、违约风险加大、金融体系脆弱性加剧。反之，当利率能真正反映资金供求关系，资源才能达到最优配置。

二是提高创新的有效性，增加有效创新，抑制无效创新。首先，要把金融创新的方向落到实处，根据需求制定创新的方向和目标；其次，要事先做好市场研究，根据市场偏好，决定创新的流程及产品和服务的投放；最后，要及时评估创新结果，做好客户回访调查、估计创新的经济效益，定期总结创新成果，为以后的创新提供经验。

三要控制金融风险。首先，控制金融市场风险，要建立具体、完善的风控体系，提高对突发金融事件的应对能力。要健全金融稳定应急预案，当风险出现时，及时召开风险研究会议，保证各风控部门的顺利衔接，坚定地实施风险管理制度，必要时还需要增加对金融个体的窗口指导。其次，培育良好的金融机构的内控环

境，完善公司治理结构，提升人员的专业水平，坚决降低道德风险、操作风险、管理风险、决策风险，增强服务能力，提高企业的经营能力，通过壮大资本实力，提高抗风险能力。

四是加强监管，增强监管者的有效性、协同性、一致性、安全性。充分发挥"一行三会"的稳定、协调作用，构建金融监管生态，做到监管信息共享，在监管系统共建的同时，明确权责界限，避免出现监管的"真空地带"。"一行三会"要充分利统计、财政、税务等部门的信息，结合云计算、大数据等科技，对新型金融创新施行有效监管，避免出现打着"金融创新"的口号，实则出现"割韭菜"的情况。

3）推进国有资产市场化改革，做到国资、市场"一刀切"

该建议是从实证结果中的负面效应得出的，资本市场结构因素中唯一的负面效应是金融市场化比率，而金融市场化比率是金融相关比率刨除国有金融相关比率的数值，是反映市场竞争程度的指标，对比金融相关比率的实证结果（显著地促进耦合），可以发现，当前我国资本市场依然是以国有资产为主，是属于政府导向的市场，一旦刨除国有因素，剩余的金融相关比率对系统耦合的贡献为负向，这也使得我国资本市场化进程减缓。

推进国有资产市场化改革，是促进市场竞争，激发市场活力，促进金融创新与经济增长耦合的重大举措，也是我国告别政府导向发展模式的重大举措。

首先，要打破国有资产垄断行业的格局，让符合资质的民营企业参与，进行市场化竞争；其次，坚决进行国有企业股权改革，把股权分给市场，让市场监督国有企业，让市场来给国有企业定价，让市场分享国有企业的盈利；再次，杜绝"政府背景专享扶持"，从融资渠道、融资价格到运营资质、运营成本、运营利润，都要做到"一刀切"，不享受特权和优待，一律按照市场化的规则进行；最后，完善市场化"配套"改革，如职工薪酬改革、职工考核绩效改革、新的监督管理机构改革。

以国有资产市场化改革带头，加速我国市场化改革，将有效地完善我国的金融功能，推动经济的长效、可持续增长，促进金融创新与经济增长的耦合。

4）调节资本、货币间的关系，坚决不搞"大水漫灌"

本书中，要素投入因素是唯一一个显著地抑制系统耦合的因素，且路径系数为-1.376。依据本书的体系设定，要素投入中，最主要的因素是投资，这已经充分地说明，在当下的我国，靠投资拉动的粗放增长型经济已经不是最优模式了。如何在降低要素投入的情况下，依然保持经济的增速，是我们面临的一个时代性问题。同时，另一点值得注意的是，虽然在资本市场结构因素中，资本化率与货币化率对耦合的促进是显而易见的，但是货币、资本间的关系依然举足轻重，在修正模型前，金融中介结构因素仅仅因为 P 值大了 0.023 而不显著（0.05 为显著），但实际上在面板数据中，0.073 的 P 值已经可以看出一些问题，贷款占存贷款比例、融资结构、金融总资产中 M2 占比，都会对系统的耦合产生抑制作用。综合上述两条不难发现，我国目前最大的问题就是投资不均，市场化程度不够，货币、资本直接的关系没有得到良好的调节。

首先，要优化金融结构。优化金融结构最重要的是大力发展资本市场，提升资本市场在经济增长中的重要性。我国现在处于银行主导的融资模式，不到 100 家的金融上市公司实现的利润要比上市的 3 000 多家非金融上市公司的利润还要多。要坚决摒弃传统的“以钱赚钱”的投资思路，要把钱投入具体的产业，通过产业产生利润，通过利润完成资本增值，通过资本增值扶持我国实体经济的发展。

其次，要改变融资模式。近年来，我国的间接融资占比一直保持在直接融资占比的 4~5 倍，这是一个非常夸张的数值。高的间接融资占比，会抑制经济增长的活力，降低金融供给效率。我们要做的，就是要逐渐改变这种状况。一方面，要打造一个规范、透明、开放、有韧性、高度市场化的资本市场，建立健全直接融资体制，尤其是股权融资，提供给直接融资一个好的市场环境。另一方面，出台相关鼓励性政策，为合法、合规、合格的融资者提供便利、好处，鼓励大中小企业改变传统的融资模式。同时，还要试点施行注册制，降低直接融资门槛，为一些有潜力的民营企业提供直接融资渠道。

最后，要施行稳健有效的货币政策。避免出现大幅“放水”，谨慎对待货币发行，要在对货币的调控中精准施策，把资金调到短期需求最高的部门，同时保持逆周期调节，逐渐取消银行信贷投放指标，实现商业银行根据存款确定贷款的自主调节。在维持流动性合理、银行补充资本适量的前提下，引导资金最终流向实体经济。

第 3 部分　新发展理念下的金融创新与经济增长之间关系研究

9 技术驱动下金融创新与经济增长的关系研究

9.1 金融科技和实体经济的机理分析

在对金融科技的定义中，我们认为金融科技主要是利用新兴 IT 技术在金融业进行创新，因此金融科技对实体经济的促进作用机理我们可以归纳为金融科技将新兴 IT 应用于金融业，提升金融服务实体经济的效率，从而促进实体经济发展。一是金融机构利用金融科技进行金融创新，拓宽客户支付渠道，从原始的移动支付、第三方支付逐渐拓宽到聚合支付渠道，提高消费者支付效率，实现支付创新。二是助推资产管理业务脱虚向实。大数据、区块链的应用，使得信息在资金的供需双方之间快速传递，信息传递实现对称，降低了信息的交易成本，一方面投资者可以更好地了解金融产品，另一方面金融机构利用高智能科技合理对接投资项目，提升服务质量。三是在新技术驱动下，利用区块链技术改善供应链尾端小微企业融资困境，并且与金融科技公司合作，拓宽小微企业融资渠道，降低融资成本。四是金融科技促进社会消费。利用大数据对消费者的消费行为、消费偏好进行动态分析，合理推荐消费者偏好产品，不断完善消费金融体系。五是金融科技维护金融稳定，利用大数据不断完善客户信用评分体系，构建信用预警系统。因此，金融科技对实体经济的促进机理主要是利用技术支持从支付渠道、资产管理、消费融资、社会消费及金融监管五个角度提升金融服务实体经济效率，促进实体经济发展。图 9-1 为我国金融科技对实体经济的促进机理。

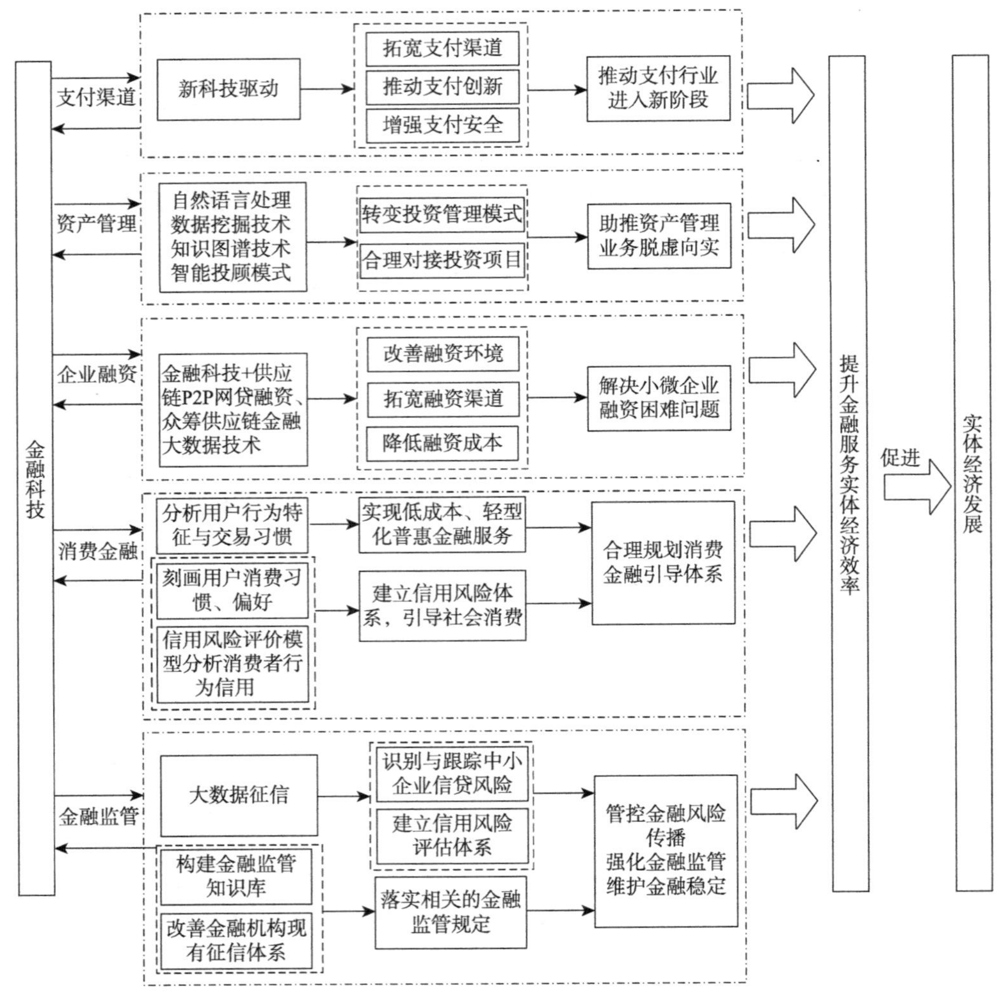

图 9-1　我国金融科技对实体经济的促进机理

9.1.1　中国金融科技对实体经济促进机理分析

1）推动支付行业进入新阶段

当前众多支付方式的出现表明我国支付行业已经步入一个快速发展的时代，金融科技的发展可以拓宽支付渠道，推动支付创新。一是在新技术的驱动下，支付渠道不断拓宽，从前几年支付宝、微信支付及百度钱包等掌控整个支付市场，到现在聚合支付、云支付等方兴未艾，根据中国人民银行发布的《支付体系总体运行情况》报告，2015~2018 年支付业务笔数与支付业务金额的累计增幅中，变化最大的主要是由新技术驱动的支付业务。由此可见，新技术的驱动不断推动着支付业务的发展。二是支付方式不断创新，当前以人工智能与生物识别为代表的新的支付技术在第三方支付中的运用越来越广泛。刷脸支付、指纹支付及虹膜支付，可以极大地提高支付的安全性，也成为未来支付模型发展的新风口。三是增强支付过程安全性。金融科技所应用的新技术能够在更为复杂的交易支付环境中对客户的身份进行识别与管理，进一步提升支付的安全性。在金融科技的不断驱动下，支付行业的支付渠道不断拓宽，支付手段不断创新，使得资金流通速度加快，实现资源的有效配置，促进实体经济的发展。

2）助推资产管理业务脱虚向实

金融机构必须开展服务于实体经济的根本目标的资产管理业务，而金融科技是资产管理业务的重要管理工具和评估工具，有助于资产管理业务脱虚向实。金融科技在资产管理业务中的典型应用可以从资金端和资产端两个方面进行分析。

在资金端方面，一是智能获客。对接投资者与理财项目，提升服务的精准性。同时，利用金融科技，构建实体经济的知识网络与关系网络，挖掘发现某些特定行业的发展规律和特征，利用有针对性的营销策略，建立上下游和横向同步拓展获取渠道的产业链关系。利用数据挖掘技术高效获取金融价值信息，实现投资者与实体经济双赢局面。二是智能客服。利用自然语言处理技术，定制个性化、人性化客服平台，在语音识别、问题检索及交互会话的基础上，使得智能客服能与客户进行自主、准确、高效的沟通，增加用户与产品的黏性。

在资产端方面，主要利用技术支持提升金融机构管理效率。一是转变投资管理模式，提高资产管理业务服务实体经济主动性。将金融科技运用到资产管理业务的各个环节，如产品研发、投资组合，将原本比较被动的资产管理模式转变为主动管理模式，提升资产管理业务流动性，主动捕捉市场投资机会，根据市场行情，灵活改变投资范围，将投资领域拓展到比较热门的实体经济企业相关产品，提供多样化投资产品及个性化金融服务。二是打造智能投顾模式，提升资产管理业务服务实体经济有效性。结合算法模型，灵活根据客户投资偏好，定制个性化资产配置方案。同时，利用神经网络，在进行投资组合管理时，灵活选择投资行业，根据投资不同项目进行框架制定，并有效评估投资组合生命周期。

3）解决小微企业融资困难问题

金融科技聚焦小微企业融资困境，解决小微企业融资难、融资贵问题。一是金融科技为小微企业投融资提供“第二曲线”。“金融科技+供应链”新模式改善小微企业融资困境。金融科技增加供应链信息的公开性，提升其在供应链中的传递速度，以金融科技驱动的智能供应链金融平台，可以有效打破信息孤岛，利用交叉多维验证确保供应链信息的可靠性，实现核心企业“信用流+资金流”多级分享和可控，使得供应链各环节有效防范风险，改善供应链长尾端中小企业的融资困境。二是金融科技拓宽小微企业融资渠道。因为逆向选择及道德风险等问题，传统商业银行在实施借贷过程中会出现信息不对称问题，其会对一些小微企业提高贷款利率及提高贷款门槛，所以小微企业面临融资难的问题。因此，一些金融机构利用技术支持拓宽小微企业融资渠道，当前小微企业利用金融科技公司进行融资的方式有 P2P 网贷融资与众筹两种，这两种方式借贷成本及门槛条件较低，并且金融科技中的智能数据分析及智能反欺诈等技术应用，能在一定程度上减少传统商业银行信息不对称问题，满足小微企业的融资需求。三是大数据技术能有效降低小微企业的融资成本。根据不同小微企业发展特点，金融科技公司为其定制不同的金融服务，精准解决其融资痛难点，还可以减少冗杂的宣传费用，提高融资效率，同时获取更多的数据，能建立起全面完整的企业信用体系，准确有效地评估小微企业的信用水平，更好地发现中小企业投融资需求。

4）合理规划消费金融引导体系

无论是传统的消费金融机构，还是互联网消费金融平台，都在新技术的驱动下迅速发展。《2018 年中国消费信贷市场研究》报告显示，我国消费金融规模截至 2018 年 10 月已经达到 8.45 万亿元，因此运用金融科技合理规划消费金融引导体系，更好地服务消费，对促进实体经济发展具有非常重要的现实意义。一是通过大数据征信技术，有效针对用户行为特征与交易习惯，利用移动终端将大量用户数据集中到一个平台，实现用户需求与风险管控两手抓，及时识别欺诈行为，降低边际获客成本与运行成本，实现小额度、高频率的普惠金融服务，有效支持大众金融消费。二是金融科技公司在网络上进行用户消费实时动态抓取，及时分析消费者浏览网页、搜索记录等信息，根据这些信息推出符合消费者需求的产品，引导社会消费，通过消费拉动实体经济发展。三是基于机器学习的信用风险评价模型对众多个人消费者的信用进行归纳评价，为银行的信贷决策提供有力的依据。信用风险评价模型可以对贷款人不同时期的消费贷款行为进行动态管理，实时监控其大额消费支出，并对其还款能力进行风险评估，准确判断个人消费者的信用情况，帮助银行筛选、获取及留存客户。因此，以金融科技为依托，合理规划社会消费金融，通过社会消费推动实体经济增长。

5）强化金融监管，维护金融稳定

依靠技术创新带动金融科技创新，运用金融科技创新合规管理的新体系，强化金融监管，维护金融稳定。一是通过大数据实施风险预警，尤其是对中小企业信贷风险实施识别与跟踪。利用大数据从企业账户、交易、治理等各方面收集相关数据，跟踪并关联分析。加强金融科技公司与商业银行的合作，利用移动 IT，获取更多客户的信息，实现有效的线上线下自动化风险预警与控制。同时，利用数据挖掘技术与专家评估机制，建立企业信用评估体系，可以有效防范风险与应对风险。利用数据挖掘工具，根据贷款者之前贷款消费信息建立信用评分模型，有效避免道德风险；利用数据挖掘方法为中小企业设计一个财务困境预警系统，并制定一系列可用于缓解财务风险的风险概况、风险指标、预警系统和财务路线图，有效应对风险。二是加强金融业务授信风控与反欺诈。以大数据为支撑，扩充与客户信用强相关的数据，提升客户信息厚度，同时以客户身份识别为中心，结合客户出行、社交、信息获取等场景数据，刻画用户行为特征，建立线上客户个人信用风险评估体系。三是运用金融科技手段落实相关的金融监管规定。将一系列法律法规、行业规范、内部制度进行整合，利用自然语言与移动计算技术，采用智能化专家系统，构建金融监管知识库，进行自觉合规管理；采用机器学习与区块链技术，从监管理念出发，改善金融机构现有征信体系，协助银行不断适应监管需求的变化，提升监管部门的监管效率，避免金融风险传递，维护金融稳定。

9.1.2 中国金融科技对实体经济抑制机理分析

金融科技在对实体经济发展起到推动作用的同时，在现实发展中也起到了一定的抑制作用。图 9-2 为我国金融科技对实体经济的抑制机理。其一是金融科技发展带来的信息泄露风险日益增加。随着日常生活和金融科技关系越发密不可分，企业与银行、金融机构的交易信息，个人的消费信息等都被纳入庞大的数据网络中，大数据的信息越发全面。然而，对于个人而言，将自身的支付和消费信息保存在并非牢不可破的互联网中，本身就是一次风险极大的投资；同样，对于企业而言，企业赖以生存的客户信息和核心保密技术若是泄露了，不仅仅会对企业的社会声誉造成极大的影响，还会使客户的选择倾向发生改变，更会削弱企业的市场竞争力，给企业带来不可估量的损失，甚至可能会破坏整个行业的发展，引发系统性风险，对金融服务实体经济造成巨大的冲击。二是金融科技的发展给某些居心不良的金融科技公司提供了更多的机会，以高回报吸引实体经济合作，赚取高额的管理费和服务费已经司空见惯，实际反而可能会增加实体企业的融资成本。三是金融科技可能导致资金流入虚拟经济领域。在企业进行项目融资的过程中，若无法对金融客户进行有效和持续的监控，可能会导致融资资金通过层层划转最终流向虚拟经济领域，如大量的房地产项目实际并未促进实体经济项目的发展。四是金融科技难以融入实体经济相关项目。金融科技发展离不开互联网的发展，因而与金融科技接触更为紧密的绝大多数为网络创新等虚拟经济项目，而传统的制造业、生产业、服务业等本身因具备成熟的体制，反而难以与金融科技相辅相融。五是金融科技使信息过度公开，宣传效果显著且成本低廉，某些信用较差、还款能力较差的虚拟企业利用金融媒介的吹嘘，轻易获得了本就有限的资源，反而桎梏了优质企业的发展。

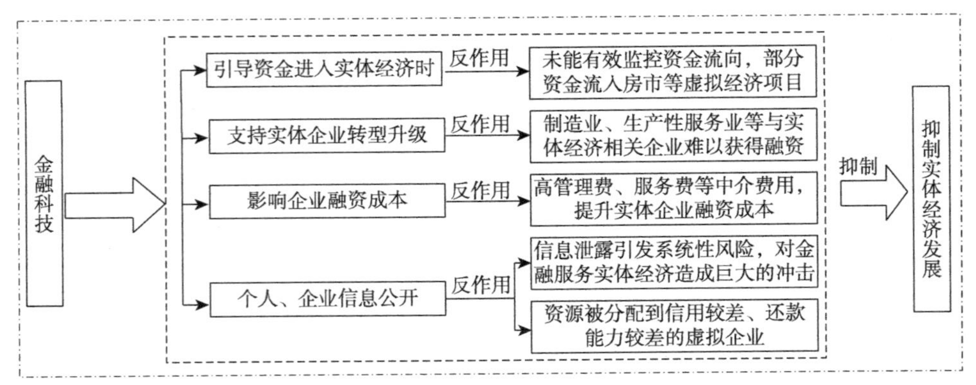

图 9-2　我国金融科技对实体经济的抑制机理

9.2　中国金融创新与经济增长的评价指标体系

建立金融科技评价指标体系，可以全面考察我国金融科技发展水平，准确评估我国金融科技发展的综合实力，包括发展现状和未来发展潜力。因此，对于我国金融科技评价指标体系的构建，应从如何促进实体经济角度选取多个互补但避免重复的多个指标来构建评价指标体系，用一个总指标，即金融科技指数来反映我国金融科技发展情况。在评价指标体系构建过程中，参考郭品和沈悦（2015）对于互联网金融指数的计算方法，采用文本挖掘法，找到金融科技指标构成，利用百度搜索引擎，量化原始词库计算 2013~2017 年我国 31 个省（区、市）金融科技关键词频率。金融科技可以理解为互联网金融的延续与改进，其关键词频率与互联网金融有较多重合部分，如移动支付、互联网理财等，但金融科技也有其独特的关键词，如聚合支付、大数据，云计算、人工智能及区块链等。因此，本书建立金融科技评价指标体系，主要从金融科技促进实体经济发展，基于金融科技功能观，即支付清算、消费融资、财富管理、信息传递、技术支持及金融监管，并结合包含金融科技相关概念关键词在内的这七大子系统，建立金融科技原始词库，构建如表 9-1 所示的金融科技评价指标体系。

表9-1　金融科技评价指标体系

评价系统	子系统	原始词库
金融科技指数	相关概念关键词	金融科技
		互联网金融
		比特币
	支付清算	第三方支付
		在线支付
		移动支付
		网上支付
		聚合支付
	消费融资	P2P
		众筹
	财富管理	互联网理财
		网络理财
		理财平台
		互联网保险
		金融理财
	信息传递	电子银行
		网络银行
		网上银行
		影子银行
	技术支持	大数据
		云计算
		人工智能
		区块链
	金融监管	金融风险
		数字鸿沟

我国金融科技评价指标体系构建的熵值法模型如下：将金融科技发展水平视为一个整体样本，由金融科技相关概念及六大功能共 7 个二级指标、26 个三级观测指标，建立我国金融科技发展水平的数据矩阵。熵值法是一种客观加权方法，通过计算指标的信息熵，确定每一个三级指标对于整个金融科技系统的影响因子，最后测算整个系统的综合得分，主要的测量和评估步骤如下。

1）数据标准化处理

由于各指标的数量级及单位均存在差异，需要对各指标进行标准化处理。$X_{ij\min}$ 为该三级指标中的最小值，$X_{ij\max}$ 为最大值。

$$\pi_{ij}=\begin{cases}\dfrac{X_{ij}-X_{ij\min}}{X_{ij\max}-X_{ij\min}} & \text{正功效}\\[2ex] \dfrac{X_{ij\max}-X_{ij}}{X_{ij\max}-X_{ij\min}} & \text{负功效}\end{cases} \tag{9-1}$$

2）消除功效值 π_{ij} 中的零值

因为存在原始数据 $X_{ij\min}$ 在标准化处理过程中变成 0 值，在熵值法中无法取对数，所以进行适当调整。

$$\pi'_{ij}=0.999\pi_{ij}+0.001 \tag{9-2}$$

3）计算每个指标所占比重

$$y_{ij}=\frac{\pi'_{ij}}{\sum_{i=1}^{m}\pi'_{ij}} \tag{9-3}$$

4）计算每个指标的熵值 e_j

$$e_j=-\frac{1}{\mathrm{LnLn}m}\sum_{i=1}^{m}y_{ij}\mathrm{LnLn}y_{ij} \tag{9-4}$$

5）计算差异系数 g_j

$$g_j=1-e_j \tag{9-5}$$

6）计算指标的权重 w_j

$$w_j=\frac{g_j}{\sum_{j=1}^{n}g_j} \tag{9-6}$$

7）测算金融科技系统综合评分

$$V_i=\sum w_j\pi_{ij} \tag{9-7}$$

利用上述熵值法计算我国 31 省（区、市）的金融科技指数，结果如表 9-2 所示。由表9-2可知，我国金融科技指数平均值为0.274，但是差距较大，北京金融科技指数平均值排名第一，为0.820，西藏排名最后，为0.001。根据国家统计局的划分，我国区域分为东、中、西三大地区[①]，我国东、中、西部地区金融科技指数差异也较大，划分区域明显。我国东部地区总体金融科技发展水平较高，东部地区11省（市）中，有8省（市）金融科技指数高于我国平均水平，中部地区金融科技发展水平居中，西部地区金融科技发展水平有待提高。

表9-2 我国31省（区、市）的金融科技指数测算结果

省（区、市）	2013年	2014年	2015年	2016年	2017年	平均值	排名
北京	0.654	0.884	0.907	0.866	0.789	0.820	1
天津	0.129	0.218	0.203	0.230	0.215	0.199	17
河北	0.189	0.254	0.307	0.376	0.422	0.310	11
山西	0.142	0.168	0.211	0.258	0.270	0.210	16
内蒙古	0.072	0.093	0.124	0.148	0.174	0.122	25
辽宁	0.136	0.205	0.274	0.317	0.342	0.255	14
吉林	0.090	0.127	0.164	0.212	0.216	0.162	22
黑龙江	0.094	0.140	0.171	0.230	0.222	0.171	21
上海	0.276	0.414	0.532	0.662	0.578	0.492	5
江苏	0.299	0.729	0.530	0.640	0.676	0.575	3
浙江	0.527	0.411	0.501	0.661	0.664	0.553	4
安徽	0.147	0.213	0.260	0.312	0.358	0.258	13
福建	0.175	0.273	0.380	0.418	0.428	0.335	10
江西	0.096	0.156	0.185	0.235	0.285	0.191	20
山东	0.258	0.391	0.439	0.550	0.602	0.448	6
河南	0.221	0.317	0.397	0.493	0.528	0.391	7
湖北	0.198	0.261	0.322	0.447	0.452	0.336	9
湖南	0.148	0.208	0.257	0.335	0.378	0.265	12
广东	0.481	0.646	0.785	0.951	0.959	0.764	2
广西	0.116	0.165	0.187	0.232	0.271	0.194	19
海南	0.039	0.059	0.069	0.090	0.095	0.070	28
重庆	0.090	0.150	0.190	0.254	0.296	0.196	18
四川	0.187	0.269	0.374	0.581	0.525	0.387	8
贵州	0.073	0.091	0.128	0.163	0.204	0.132	24

① 根据国家统计局的划分，我国区域分为东、中、西三大地区，东部地区为北京、天津、河北、辽宁、上海、江苏、浙江、福建、山东、广东、海南；中部地区为山西、吉林、黑龙江、安徽、江西、河南、湖北、湖南；西部地区为内蒙古、广西、重庆、四川、贵州、云南、西藏、陕西、甘肃、青海、宁夏、新疆。

续表

省（区、市）	2013 年	2014 年	2015 年	2016 年	2017 年	平均值	排名
云南	0.089	0.138	0.150	0.193	0.213	0.157	23
西藏	0.001	0.002	0.001	0.001	0.001	0.001	31
陕西	0.148	0.201	0.254	0.328	0.318	0.250	15
甘肃	0.061	0.080	0.102	0.115	0.132	0.098	26
青海	0.013	0.013	0.017	0.029	0.033	0.021	30
宁夏	0.025	0.030	0.034	0.043	0.053	0.037	29
新疆	0.061	0.075	0.091	0.110	0.119	0.091	27

区域金融科技发展水平存在较大差异的主要原因是各省（区、市）的金融科技公司数量与质量相差较远。目前，北京、上海、广东和浙江的金融科技公司数量位居我国前列，我国中部地区的金融科技公司数量也超过百家，但西部地区，如新疆、西藏、宁夏、甘肃等地的金融科技公司数量不超过 30 家。从金融科技公司数量方面也可以看出，数量多的省（区、市），经济发展也位居前列，金融科技公司数量较少的省（区、市），其经济发展也比较薄弱。西部地区不论是金融科技公司数量和质量都比较落后，金融科技资源区域分布不平衡、不均衡的矛盾比较突出。因此，不同省（区、市）发展金融科技应该因地制宜，不能盲目扩张引入企业与技术，要以金融科技与技术创新发展为特色，形成适合当地的金融科技发展体系，强化各部门的协调运作，共同推动金融科技发展。

图 9-3 为我国 31 个省（区、市）的金融科技指数与实体经济发展水平统计图，金融科技指数为 31 个省（区、市）2013~2017 年平均值，实体经济发展数值为 2013~2017 年 31 个省（区、市）实体经济产值（地区生产总值减去金融业与房地产业产值）平均值。由图 9-3 可知，我国 31 个省（区、市）的金融科技发展水平与实体经济发展水平拟合程度较高，说明二者之间关联度较高，因此，研究金融科技对我国实体经济贡献度具有较强现实意义。

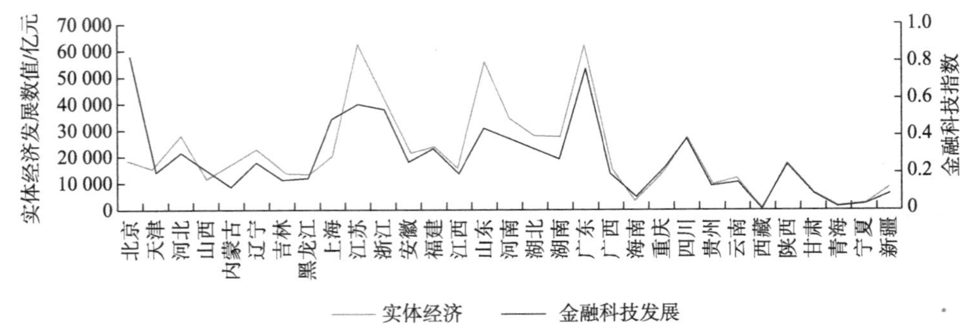

图 9-3　我国 31 个省（区、市）的金融科技与实体经济发展水平统计

9.3 金融科技对实体经济区域差异的贡献度研究

9.3.1 金融科技对实体经济贡献度测算模型构建

9.3.1.1 变量选取

1）实体经济发展

关于实体经济发展的衡量，张林（2016）、张亦春和王国强（2015）将地区生产总值减去金融业与房地产业产值的数值作为实体经济发展水平的参照。但朱熹安和李文静（2019）认为，人均实体经济产值将人口规模与经济基础两大因素都纳入考虑，能比上述实体经济产值更能反映区域实体经济发展水平，因此，本书将人均实体经济产值作为地区实体经济发展水平的变量指标，用字母 Y 来表示。

2）金融科技发展

金融科技新兴 IT 应用于金融业，可以提升金融服务实体经济的效率，从而促进实体经济发展。本书的金融科技发展水平用金融科技指数表示，从金融科技金融功能观角度建立金融科技原始词库，来构建金融科技评价指标。利用熵值法计算我国 31 个省（区、市）的金融科技指数，结果用字母 F 来表示。

3）资本密集度

资本密集度对度量经济发展有非常重要的作用。本书的资本密集度用物质资本存量（K）与就业人口数（L）的比值 K/L 表示。

物质资本指的是在生产过程中能够长期存在的生产物质形式。物质资本存量是一国财富的体现，也是生产的前提。本书对物质资本存量的计算主要借鉴单豪杰（2008）的研究成果，利用永续盘存法，以 2000 年为基期来估算各省（区、市）物质资本存量，主要计算公式如下：

$$K_t = I_t + (1+\delta)K_{t-1} \tag{9-8}$$

其中，K_{t-1}、K_t 分别表示当期物质资本存量与前一期期末的物质资本存量；I_t 为当期固定资产投资额；δ 为折旧率，折旧率的数值引用张军等（2004）的折旧率估算结果，取 9.6%。

4）人力资本水平

卢卡斯在其人力资本外溢效应理论中提到，人力资本不仅具有内部效应，还具有外部效应，其外部效应可以提高社会劳动生产率，从而促进社会技术进步。因此，有关人力资本水平的测算，本书用各省（区、市）每万人口高等学校在校人数来度量区域人力资本水平，用字母 H 表示。

5）产业结构发展水平

产业结构的合理性会引导资源的流向，同时，生产要素的配置也会引导经济发展。合理的产业结构会很大程度上优化资源配置，大力提高工业生产效率，使实体经济健康平稳发展。相反，如果产业结构不合理，发展较为混乱，则会降低各类资源利用率，不利于实体经济发展。因此，本书用各地区第二产业产值占地区生产总值比重与第三产业产值占地区生产总值比重来度量产业结构发展水平，用 Second 和 Three 表示。

6）对外开放水平

对外贸易增加了国内居民选择购买的物品数量与种类，进口使得国内商品价格下降，降低居民购买成本。同时，自由贸易的开展，有益于国家间的专业化分工，同时还会在一定程度上提高国家间的整体社会福利水平，促进两国的经济增长。对外开放有利于降低我国居民购买成本，便于我国企业充分利用国内外资源提升企业生产技术，进一步扩大进出口，从而促进我国实体经济发展。因此，本书用各地区进出口总额与该地区生产总值之间的比值来度量对外开放水平，用 Open 表示。

9.3.1.2　数据来源

本书变量选取数据主要为 2013~2017 年我国 31 个省（区、市）的相关数据，包括地区生产总值、金融业与房地产业产值、物质资本存量、就业人数、每万人口高等学校在校人数、产业结构、进出口总额。数据来源于 2014~2018 年的《中国统计年鉴》。特别地，在金融科技评价指标中，每一个三级指标及与金融科技相关词汇的统计来源为百度指数搜索量。在实证分析中，由于数据可得性，实际采用的面板数据时间维度为 2013~2017 年，截面维度为我国 31 个省（区、市）。

9.3.1.3 模型选取

本书选用夏普利值分解法测算金融科技对实体经济贡献度。在进行夏普利值分解法之前，要对实体经济发展进行回归，利用我国 31 个省（区、市）的数据测算出实体经济发展的回归方程。在模型设定上，参照朱熹安和李文静（2019）的夏普利值分解文献的做法，在回归过程中，常数项会通过指数变化转变成常数的乘积项，对被解释变量的贡献度不会产生影响，因此本书的模型将选取半对数模型或双对数模型，避免在回归过程中难以处理常数项。在回归方程的确定中，本书采用人均实体经济（Y）为被解释变量，金融科技指数（F）、资本密集度（K/L）、人力资本水平（L）、第二产业产值占地区生产总值比重（Second）、第三产业产值占地区生产总值比重（Three）及对外开放水平（Open）作为解释变量。因此，构建金融科技影响实体经济发展的半对数模型及双对数模型如下，进行模型估计选择最优模型。

半对数模型：

$$\begin{aligned}\text{Ln}Y_{it} = \alpha + \beta_1 F_{it} + \beta_2 \text{Second}_{it} + \beta_3 \text{Three}_{it} \\ + \beta_4 (K/L)_{it} + \beta_5 H_{it} + \beta_6 Open_{it} + u_{it}\end{aligned} \tag{9-9}$$

双对数模型：

$$\begin{aligned}\text{Ln}Y_{it} = \alpha + \beta_1 \text{Ln}F_{it} + \beta_2 \text{LnSecond}_{it} + \beta_3 \text{LnThree}_{it} \\ + \beta_4 \text{Ln}(K/L)_{it} + \beta_5 \text{Ln}H_{it} + \beta_6 \text{LnOpen}_{it} + u_{it}\end{aligned} \tag{9-10}$$

9.3.2 金融科技对实体经济贡献度实证分析

9.3.2.1 内生性检验

金融科技发展与实体经济发展间可能存在一定程度的内生性问题，这来自金融科技发展与实体经济发展间的互为因果关系，金融科技发展水平的提高可以促进金融业的发展，而金融业的发展又可以为实体经济发展提供金融支持，但反过来，实体经济发展会增加资金需求，可以促进金融科技发展。为应对互为因果关系引起的内生性问题，需要对金融科技发展寻找工具变量，考虑到当期实际经济发展水平不会影响过去的金融科技发展水平，同时参考现有文献的做法，采用滞后一期、滞后两期和滞后三期的金融科技发展水平作为当期金融科技发展水平的工具变量，进行两阶段最小二乘（two-stage least squares，2SLS）估计。因此，本书首先采用 Sagan 内生性检验，检验所选取的工具变量是否有效，表 9-3 为检验结果。由表 9-3 可知，Sagan 检验的统计值为 0.018，P 值为 0.892，故接受原假设，因此，本书选取的工具变量是有效的。进一步，为了检验所建立的包含工具变量的回归模型是否存在内生性变量，利用 3 个工具变量进行内生性检验，由表 9-3 可知，杜宾吴豪斯曼检验的 P 值为 0.869 远大于 0.05，接受原假设，模型不存在内生性变量，不采用工具变量和采用工具变量的回归没有区别，故无须采用工具变量回归。

表9-3　内生性检验结果

检验方法	检验值
度识别检验统计	0.018
度识别检验统计 P 值	0.892
杜宾吴豪斯曼检验	0.869

9.3.2.2　全样本回归结果

根据表 9-3 的内生性检验结果，本书无须采用工具变量回归，故采用面板固定效应模型进行估计。根据表 9-4 的估计结果，线性模型、半对数模型和双对数模型中各变量估计系数的符号并未发生变化，这符合模型的设定，即对变量取对数并不会影响估计系数的符号。进行对比可以发现，从变量估计系数的显著性情况来看，半对数模型和双对数模型优于线性模型。半对数模型和双对数模型的区别仅在于，双对数模型进一步对人力资本水平变量进行对数化，对数化后的人力资本水平变量更符合正态性的假设，故后续将采用双对数模型进行解释。

表9-4　金融科技发展对实体经济发展的全样本估计结果

变量	（1）	（2）	（3）
	线性模型	半对数模型	双对数模型
F	$7.130\,0\times10^{4***}$ $(1.600\,0\times10^{4})$	0.301 0*** (0.098 2)	0.297 8*** (0.096 5)
H	−4.083 6 (6.278 1)	−0.000 1 (0.000 1)	−0.237 6 (0.148 6)
K/L	1 099.135 5*** (319.026 9)	0.018 0*** (0.003 6)	0.018 5*** (0.003 5)
Second	2 554.081 5*** (828.815 8)	0.035 4*** (0.011 6)	0.035 2*** (0.011 7)
Three	1 469.092 4* (823.455 5)	0.025 7** (0.011 5)	0.025 4** (0.011 7)
Open	−99.176 1 (146.248 5)	−0.003 9*** (0.001 0)	−0.004 0*** (0.001 0)

续表

变量	(1)	(2)	(3)
	线性模型	半对数模型	双对数模型
常数项 C	$-1.660\,0\times10^{5**}$ ($8.200\,0\times10^{4}$)	8.164 3*** (1.038 7)	9.816 9*** (1.243 7)
样本数	155	155	155
调整的 R^2	0.99	1.00	1.00
F 统计值	779.026	4 327.486	4 187.487

***、**和*分别表示在 1%、5%和 10%水平下显著

注：括号中为稳健标准误

根据表 9-4，核心解释变量金融科技发展水平的估计系数为 0.297 8，且通过1%的统计显著性检验，表明金融科技发展水平的提高可以促进实体经济发展，金融科技发展水平每提高 1%，实体经济发展水平将提高 29.78%，具有显著的影响。金融科技发展水平的提高可以促进金融业的发展，而金融业的发展又可以为实体经济获得更多的融资，从而促进实体经济发展。

具体分析其他控制变量，人力资本水平变量的估计系数为负值，但未通过统计显著性检验，没有足够的证据表明，人力资本水平的提高会阻碍实体经济发展。资本密集度变量的估计系数为 0.018 5 且通过了 1%的统计显著性检验，表明资本密集度的提高可以促进实体经济发展，资本密集度可以发挥资本的集聚效应，促进实体经济发展。第二产业产值占地区生产总值比重变量的估计系数为 0.035 2，且通过了 1%的统计显著性检验，表明第二产业产值占地区生产总值比重的提高可以促进实体经济发展。第二产业为工业，而工业的发展可以为实体经济提供更为坚实的支撑。第三产业产值占地区生产总值比重的估计系数为 0.025 4，并且通过了 5%的统计显著性检验，表明第三产业产值占地区生产总值比重的提高可以促进实体经济发展。对外开放水平的估计系数为−0.004 0，且通过了 1%的统计显著性检验，表明对外开放水平的提高在一定程度会抑制实体经济发展，但抑制作用较小。近年来，我国经济面临的内外部环境发生了巨大的变化，实体经济用工成本不断提高，对外贸易摩擦频发，因此，我国对外贸易依存度的提高会进一步放大内外部环境带来的负面影响，从而阻碍实体经济发展。

9.3.2.3　基于东部、中部和西部地区的分样本回归结果

我国各地区之间在经济发展水平、产业结构等方面均存在显著的差异。为此，本书将我国划分为东部、中部和西部地区，分别进行估计。根据表 9-5，金融科技

发展对我国中部及西部地区实体经济的正向影响通过了1%的统计显著性检验，对我国东部地区实体经济的正向影响通过了10%的统计显著性检验，表明金融科技发展水平的提高可以促进我国东部、中部和西部地区实体经济的发展。观察其他控制变量回归结果，人力资本水平对我国东部地区和中部地区实体经济发展具有负向影响，估计系数为−1.099 6与−0.550 7，并且通过了1%和10%的统计显著性检验，但对西部地区实体经济发展的负向影响未通过统计显著性检验；资本密集度对我国东部地区和西部地区实体经济发展具有正向影响，通过了1%的统计显著性检验，但对我国中部地区实体经济的正向影响未通过统计显著性检验；第二产业产值占地区生产总值比重对我国东部地区和西部地区实体经济有着显著的促进作用，且通过了1%的统计显著性检验，但对我国中部地区实体经济的影响未通过显著性检验；第三产业产值占地区生产总值比重对我国东部地区实体经济有着显著的正向影响，通过了1%的统计显著性检验，但对我国中部地区和西部地区实体经济的影响未通过统计显著性检验；对外开放水平对我国东部地区和西部地区实体经济发展产生抑制作用，并通过5%与1%的统计显著性检验，但对中部地区的影响未通过显著性检验。

表9-5　金融科技发展对实体经济发展的分组估计结果

变量	(1) 东部地区	(2) 中部地区	(3) 西部地区
F	0.200 8* (0.111 9)	1.046 0*** (0.355 2)	0.825 5*** (0.253 2)
H	−1.099 6*** (0.264 7)	−0.550 7* (0.308 6)	−0.198 1 (0.143 6)
K/L	0.028 5*** (0.008 7)	0.010 8 (0.014 3)	0.015 6*** (0.004 1)
Second	0.084 8*** (0.015 7)	0.006 1 (0.016 0)	0.029 1*** (0.009 5)
Three	0.062 5*** (0.019 3)	−0.003 1 (0.017 6)	0.014 9 (0.009 6)
Open	−0.003 0** (0.001 3)	0.000 4 (0.004 6)	−0.006 2*** (0.001 9)
常数项 C	12.351 8*** (2.798 4)	14.473 2*** (2.361 1)	10.555 1*** (1.212 7)
N	55	40	60
调整的 R^2	0.996 9	0.984 2	0.996 9
F统计值	2 197.668	819.431	2 728.842

***、**和*分别表示在1%、5%和10%水平下显著

注：括号中为标准误

9.3.2.4　中国金融科技对实体经济区域差异的贡献度测算

1）分解回归方程的确定

夏普利值分解法是万广华和郭跃升（2002）提出的，该方法将传统回归方程与夏普利值分解法相结合，把被解释变量的不平等分解为决定因素的贡献，并且量化各解释变量对被解释变量的贡献。该方法的原理是利用合作博弈思想来分解各个解释变量对被解释变量的差异贡献。首先，计算出被解释变量的差异程度，一般用基尼系数（Gini）、泰尔指数（GE_1）和对数离差值来度量被解释变量差异程度 GY 。对各影响因素进行分解时，将每个变量的实际数据代入实体经济回归方程，得到被解释变量的原始值 Y_0 ，将原始值代入差异指标，获得差异指标值 GY_0 。其次，将某一解释变量取平均值，代入实体经济回归方程，得到被解释变量另一个值 Y_1 ，计算其差异指标 GY_1 ，此时 GY_1 不包含 Y_1 这一指标的影响，从而用 $\left(\mathrm{GY}_0-\mathrm{GY}_1\right)/\mathrm{GY}_1$ 来表示该解释变量 Y_1 对实体经济贡献度，根据此方法，计算每一解释变量对实体经济贡献度。

通过估计实体经济发展模型，找到影响实体经济发展的各因素，分别为金融科技发展、资本密集度、人力资本水平、第二产业产值占地区生产总值比重、第三产业产值占地区生产总值比重及对外开放水平，因此要对实体经济的区域差异进行分解，要基于实体经济回归方程进行分解，即

$$\begin{aligned}\mathrm{Ln}Y_{it}&=9.816\,9+0.297\,8\mathrm{Ln}F_{it}+0.035\,2\mathrm{LnSecond}_{it}+0.025\,4\mathrm{LnThree}_{it}\\&\quad+0.018\,5\mathrm{Ln}\left(K/L\right)_{it}-0.237\,6\mathrm{Ln}H_{it}-0.004\,0\mathrm{LnOpen}_{it}+u_{it}\end{aligned}\tag{9-11}$$

2）实体经济发展整体差异的分解结果

为进一步考察金融科技发展和其他变量对实体经济发展区域差异影响的不同，本书采用夏普利值回归方程分解法考察各变量对实体经济发展区域差异影响的贡献度，各变量贡献度的计算结果见表 9-6。表 9-6 给出了基于全样本的2013~2017 年夏普利分解结果。根据表 9-6，2013~2017 年，金融科技发展、人力资本水平、资本密集度、第二产业产值占地区生产总值比重、第三产业产值占地区生产总值比重和对外开放水平 6 个因素对实体经济发展区域差异的贡献度基本保持稳定的排序。

表9-6　各变量对实体经济发展区域差异贡献度分析

年份	金融科技发展		人力资本水平		资本密集度		第二产业产值占地区生产总值比重		第三产业产值占地区生产总值比重		对外开放水平	
	贡献度	排序	贡献度	排序	贡献度	排序	贡献度	排序	贡献度	排序	贡献度	排序
2013	46.76%	1	−1.15%	6	0.68%	5	15.94%	3	23.82%	2	13.95%	4

续表

年份	金融科技发展		人力资本水平		资本密集度		第二产业产值占地区生产总值比重		第三产业产值占地区生产总值比重		对外开放水平	
	贡献度	排序	贡献度	排序	贡献度	排序	贡献度	排序	贡献度	排序	贡献度	排序
2014	48.32%	1	−0.27%	6	3.72%	5	13.94%	3	21.16%	2	13.13%	4
2015	53.37%	1	0.80%	6	1.79%	5	12.75%	3	19.33%	2	11.95%	4
2016	60.53%	1	1.44%	6	2.15%	5	9.67%	4	13.61%	2	12.61%	3
2017	66.59%	1	1.37%	6	2.87%	5	6.55%	4	10.11%	3	12.50%	2

2013~2017 年，金融科技发展对实体经济发展区域差异的贡献度最大，贡献度从 2013 年的 46.76%上升到 2017 年的 66.59%，我国实体经济发展区域差异的 50%以上由金融科技发展贡献，其是推动实体经济发展的重要因素。第三产业产值占地区生产总值比重对实体经济发展区域差异的贡献度排名基本稳定在第二位，但贡献度从 2013 年的 23.82%下降到 2017 年 10.11%。第二产业产值占地区生产总值比重对实体经济发展区域差异的贡献度在 2013~2015 年排名第三位，但从 2016 年开始，第二产业产值占地区生产总值比重的贡献度下降到第四位。对外开放水平对实体经济发展区域差异的贡献度排名从 2013 年的第四位上升到 2017 年的第二位。资本密集度对实体经济发展区域差异的贡献度排在第五位。2013~2014 年，人力资本水平对实体经济发展区域差异未起到贡献，反而拉低了区域差异，但从 2015 年开始，人力资本水平对实体经济发展区域差异的贡献度变为正值。

3）实体经济发展区域差异的分解结果

由于我国东部、中部和西部地区的特征存在显著差异，故进一步分地区考察金融科技发展和其他变量对实体经济发展区域差异影响的不同，同样采用夏普利值回归方程分解法考察各变量对实体经济发展区域差异影响的贡献度，各变量贡献度的分地区计算结果见表 9-7。表 9-7 给出了东部、中部和西部地区 2013~2017 年夏普利分解结果。

表9-7 不同地区各变量对实体经济发展区域差异贡献度的计算结果

年份	地区	金融科技发展		人力资本水平		资本密集度		第二产业产值占地区生产总值比重		第三产业产值占地区生产总值比重		对外开放水平	
		贡献度	排序	贡献度	排序	贡献度	排序	贡献度	排序	贡献度	排序	贡献度	排序
2013	东部地区	21.03%	3	6.24%	4	5.72%	5	40.66%	1	20.69%	2	5.65%	6
	中部地区	61.39%	1	21.41%	2	−9.52%	6	4.47%	5	11.94%	3	10.31%	4
	西部地区	84.16%	1	−1.45%	4	−4.51%	5	3.50%	3	29.02%	2	−10.73%	6

续表

年份	地区	金融科技发展		人力资本水平		资本密集度		第二产业产值占地区生产总值比重		第三产业产值占地区生产总值比重		对外开放水平	
		贡献度	排序	贡献度	排序	贡献度	排序	贡献度	排序	贡献度	排序	贡献度	排序
2014	东部地区	28.97%	2	9.37%	4	5.94%	5	35.09%	1	16.64%	3	3.98%	6
	中部地区	80.51%	1	9.17%	2	−1.19%	6	0.25%	5	3.50%	4	7.74%	3
	西部地区	61.33%	1	−3.56%	5	3.53%	4	7.57%	3	37.79%	2	−6.67%	6
2015	东部地区	30.15%	2	6.86%	4	5.93%	5	36.14%	1	17.77%	3	3.14%	6
	中部地区	94.30%	1	7.30%	3	4.80%	4	−11.47%	6	10.90%	2	−5.83%	5
	西部地区	62.02%	1	−2.33%	5	−0.41%	4	5.29%	3	40.10%	2	−4.67%	6
2016	东部地区	34.36%	1	3.64%	6	4.58%	5	34.01%	2	16.79%	3	6.44%	4
	中部地区	70.13%	1	14.53%	2	8.07%	4	−4.94%	6	14.02%	3	−1.82%	5
	西部地区	88.28%	1	−7.51%	5	−6.73%	4	1.09%	3	33.99%	2	−9.12%	6
2017	东部地区	37.59%	1	3.51%	6	4.69%	5	31.20%	2	16.01%	3	7.01%	4
	中部地区	89.61%	1	−1.83%	5	10.82%	2	−5.69%	6	6.52%	3	0.01%	4
	西部地区	76.88%	1	5.09%	4	−1.65%	6	15.72%	2	5.31%	3	−1.35%	5

首先，考察同一年份不同地区间各变量贡献度的差异。2013 年，第二产业产值占地区生产总值比重对东部地区实体经济发展区域差异的贡献度最大，而金融科技发展对中部和西部地区的实体经济发展区域差异的贡献度最大，东部地区金融科技发展对实体经济发展区域差异的贡献度排在第三位。资本密集度对中部和西部地区实体经济发展区域差异的贡献度为负值，对外开放水平对东部地区实体经济发展区域差异的贡献度最小，而对西部地区实体经济发展区域差异的贡献度为负值。2013 年后，各变量对实体经济发展区域差异的贡献度排名基本未发生变化，金融科技发展对中部地区和西部地区实体经济发展区域差异的贡献度始终排在第一位，而第二产业产值占地区生产总值比重对东部地区实体经济发展区域差异的贡献度在 2013~2015 年排在第一位，金融科技发展在 2016~2017 年对东部地区实体经济发展区域差异的贡献度超过第二产业产值占地区生产总值比重，占据第一位。

进一步从贡献度的时间变化来看各因素变动趋势。在东部地区，结合表 9-7 及图 9-4 可知，金融科技发展的贡献度在 2013~2017 年一直处于上升状态，从 2013 年的 21.03%（排名第三位）上升到 2017 年的 37.59%（排名第一位），其排名在 2014 年超过第三产业产值占地区生产总值比重至第二位，在 2016 年超过第二产业产值占地区生产总值比重，在 2016~2017 年稳居第一位，说明随着时间的推移，金融科技发展对中部地区实体经济影响越来越明显；第二产业产值占地区生产总值比重对东部地区实体经济发展区域差异的贡献度从 2013 年的 40.66%（排名第一位）下降到 2017 年的 31.20%（排名第二位），下降将近 8 个百分点。东部地区第三产业产值占地区生产总值比重排名比较稳定，在 2013 年居于第二位，2014~2017 年稳定在第三位；资本密集度稳定在第五位，人力资本水平与对外开放水平在第四位与第六位相互变动。

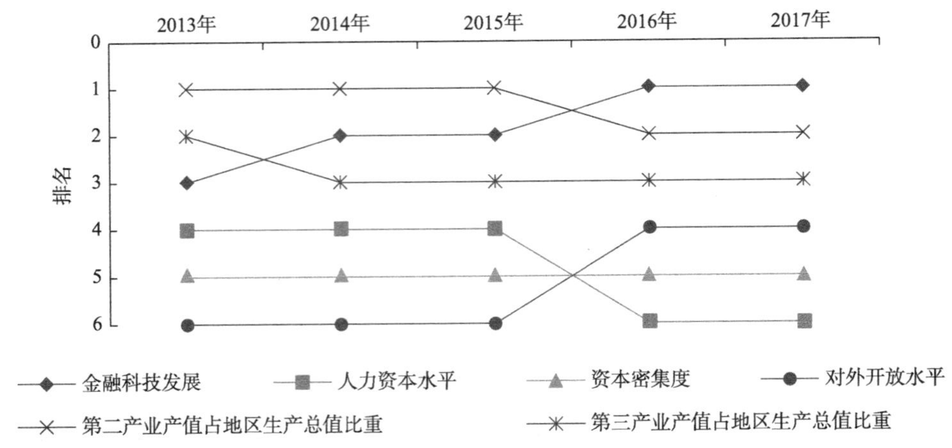

图 9-4　我国东部地区各变量贡献度排名变化

结合表 9-7 及图 9-5 可知，金融科技发展对中部地区实体经济发展区域差异的贡献度出现上升—下降—上升的过程，贡献度从 2013 年的 61.39%上升到 2015 年的 94.30%，又下降到 2016 年的 70.13%，然后再次上升到 2017 年的 89.61%，呈现出剧烈波动的态势，但总体排名稳定不变，在 6 个变量中一直稳定在第一位。金融科技发展对实体经济贡献度明显。人力资本水平 2013~2014 年及 2016 年居于第二位，2015 年处于第三位，2017 年排名下降明显，降至第五位，其贡献度数值变动也较为明显，从 2013 年的 21.41%下降到 2017 年的−1.83%；第三产业、对外开放水平、第二产业产值占地区生产总值比重排名变化不大，在第三位、第四位与第五位上下浮动一位。我国中部地区资本密集度排名变化较为剧烈，从 2013~2014 年的第六位上升到 2017 年的第二位，其贡献度数值也从−9.52%上升到 10.82%。

结合表 9-7 与图 9-6 可知，金融科技发展对西部地区实体经济发展区域差异的贡献度呈现下降—上升—下降的过程，贡献度从 2013 年的 84.16%下降到 2014 年的 61.33%，然后上升到 2016 年的 88.28%，又再次下降到 2017 年的 76.88%。其贡献度数值远大于其他 5 个变量，排名稳定在第一位，其对实体经济贡献度明显。第三产业产值占地区生产总值比重与第二产业产值占地区生产总值比重的贡献度排名稳定在第二位与第三位，第三产业产值占地区生产总值比重的贡献度平均值为 29.24%，第二产业产值占地区生产总值比重的贡献度平均值为 6.63%；资

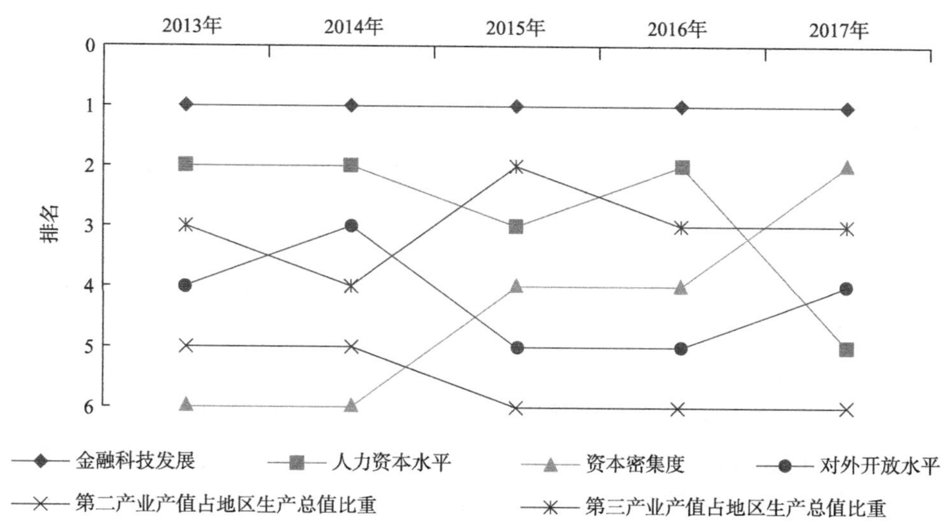

图 9-5 我国中部地区各变量贡献度排名变化

本密集度、人力资本水平与对外开放水平排名较为稳定，在第四位、第五位与第六位波动，且其贡献度数值变动不大。

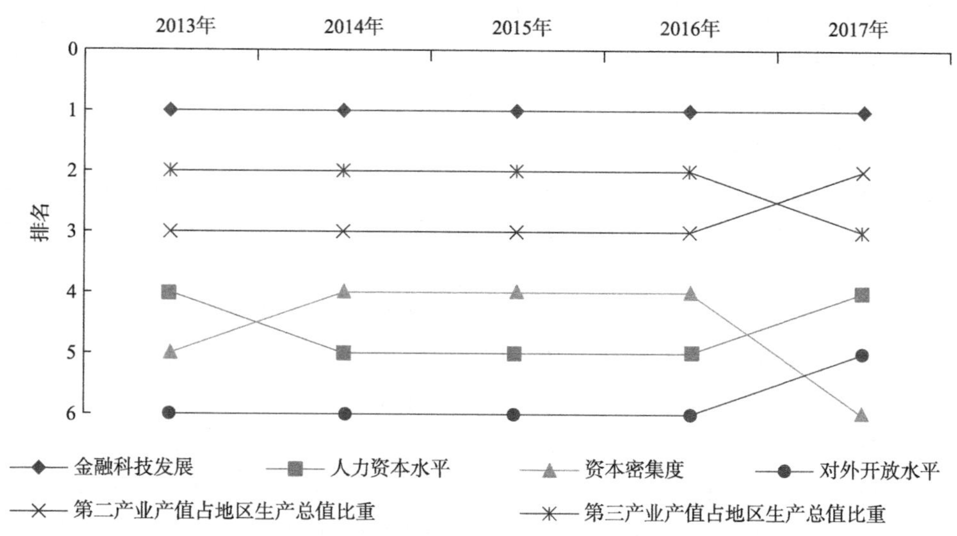

图 9-6 我国西部地区各变量贡献度排名变化

9.3.2.5 中国金融科技对实体经济发展区域差异的贡献度结果分析

从实体经济发展的贡献度分解结果来看，第三产业产值占地区生产总值比重的贡献度居于金融科技发展之后，对整体实体经济发展的贡献度平均值为17.606%。在推动实体经济发展过程中，第三产业作为一种服务型行业，其特殊的性质弥补了实体经济发展中的不足，促进各经济部门紧密结合，推动社会分工与专业协作，推动工业化与现代化共进，使得实体经济发展更加完善。第二产业产值占地区生产总值比重的贡献度排在第三位与第四位，各地区工业化水平有了较大提升，生产要素改进、产业结构提升使得第二产业整个产业链品质上升，延伸了产业生命周期，增强了第二产业的可持续发展能力，有效促进了实体经济发展。

对外开放水平、资本密集度与人力资本水平排在倒数三位。随着我国国际贸易的深入，实体经济对进出口贸易的依赖程度降低，从区域差异来看，由于我国东部地区沿海城市较多，其对外开放水平也较高，对实体经济的贡献度集中在5%左右；而我国中部、西部地区由于地理位置原因，对进出口贸易的依赖程度更小，对实体经济的贡献度为负值或趋近于0。同时，随着实体经济发展水平的提升，靠物质资本高投入的粗犷型发展模式及与实体经济发展不匹配，对实体经济发展的促进作用有限，因此资本密集度对实体经济发展的贡献度一直处于后位，并且从2014年开始下降。近年来，人力资本水平对整体实体经济拉动作用较小，但是也呈现上涨趋势，各地区实行人才引进，提高教育水平，使其对实体经济发展影响由负向转为正向。但是，人力资本水平的贡献度地区差异较明显，我国中部地区高校众多，其人力资本水平的贡献度高于东部与西部地区。

具体分析本书关注的重点变量，即金融科技发展对实体经济的贡献度，就全国整体而言，金融科技发展的贡献度在2013~2017年呈上涨趋势，从46.76%上涨到66.59%，一直排在6个影响因素的第一位，平均贡献度为55.11%，说明金融科技对实体经济发展的促进作用较大。分析金融科技发展对实体经济发展区域差异，我国中部地区和西部地区金融科技发展对实体经济发展的贡献度较稳定，2013~2017年金融科技发展的贡献度均排名第一，东部地区2013~2015年金融科技发展的贡献度排名则在第二位、第三位。2013~2017年，我国东部地区年均贡献度为30.42%，中部地区年均贡献度为79.19%，西部地区年均贡献度为74.53%。因此，各个地区由于自身发展条件的不同，金融科技对实体经济的促进作用会存在区域和时间差异。在区域差异中，我国东部地区金融科技发展的贡献度低于我国中部、西部地区，在金融科技指数测算结果中，我国东部地区金融科技发展水平优于中部地区和西部地区，与测算的金融科技贡献度结果相反，说明金融科技发展不仅仅是一个技术问题，更是一个经济问题，就是说地区金融科技发展得越好，不代表其对实体经济发展的贡献度越高，还要看地区其他发展因素。

我国东部地区拥有强大的金融科技资源，集聚了各类金融科技公司，而中西部地区金融科技资源相对较少，因此我国东部地区金融科技发展好于中西部地区。

但是，由于东部地区其他因素，如第二产业与第三产业两类因素在东部地区发展许久，金融科技仅在短短几年内发展，难以替代其对实体经济的贡献作用。东部地区第三产业产值占地区生产总值比重提升速度远高于中部与西部地区，尤其是服务业的比重，随着时间的推移，第三产业会逐渐拉大实体经济的差距，其对实体经济发展的贡献也会逐步上升，因此，我国东部地区金融科技贡献度低于中部与西部地区。并且，东部地区虽然金融科技资源较多，但是科技计划的一些项目不成熟，没有明确关于金融科技与实体经济发展的支持，导致其金融科技服务实体经济效率有待提高。

从表 9-7 观察我国中部地区各因素贡献情况，资本密集度、第二产业产值占地区生产总值比重与对外开放水平的贡献度均较小，排名靠后，贡献度较大的因素主要是金融科技发展、人力资本水平与第三产业产值占地区生产总值比重。我国中部地区主要以第二产业为主，但是近年来第二产业对实体经济的拉动作用越来越小，其对实体经济发展的贡献度也较小。新兴科技企业是我国中部地区发展的主力军，这些企业往往具有技术，但初创企业难以获得长期融资，创新型金融服务载体往往能代替传统金融机构帮助新兴企业突破融资难的瓶颈，支持其长远发展，新兴科技企业与实体企业合作，从而促进中部地区实体经济发展。

我国西部地区本身实体经济发展落后于东部地区，但是西部地区传统金融与金融科技竞争关系相对较弱，在一定程度上有助于二者的相互包容与发展，同时西部地区由于地理环境、教育环境等因素，其实体经济本身发展受到限制，人力资本水平、物质资本存量、对外开放水平等因素对实体经济拉动作用较小，此时充分利用“一带一路”倡议、第三批自贸试验区及新时代推进西部大开发形成新格局的国家政策窗口期，发挥后发优势，充分借助现代科技的手段，统筹金融经济，在金融科技方面发挥比较优势，因此会对实体经济发展的贡献度较大。

10　效率视角下金融创新与经济增长的关系研究

10.1　金融效率影响经济高质量发展的机理分析

本书将金融效率划分为两个层面：一是实体金融效率，具体包括虚实转化效率和间接融资效率；二是金融市场效率，具体包括市场运行效率和直接融资效率。本书从创新、协调、绿色、开放、共享五个维度界定经济高质量发展的内容。本章在金融发展理论、经济增长理论的指引下探讨金融对经济高质量发展的功能作用，厘清金融效率影响经济高质量发展的机理和路径。

10.1.1　金融效率对经济高质量发展的作用机理

金融体系作为经济大环境的一个子系统，其发挥功能的效率与经济高质量发展水平间具有强耦合性和高度复杂性。金融体系发挥着各类资源储备、配置、流通、生产、交换等关键作用，金融资源向实体经济资源的转化决定了金融服务对实体经济的支持能力，金融体系自身的发展则是其发挥支持作用的基础。

10.1.1.1　金融效率对经济高质量发展的资源储备作用

储备是有目的地对实物资产、金融资产或无形资产进行储存的行为。资源储备制度从我国古代的“常平仓制度”和“青苗制度”，逐渐演化为“商品储备通货”制度，通过发行与商品等量的商品储备券，实现商品和储备券相向流动以稳定价格，从而黄金储备决定货币供给的机制得到取代，货币供应和真实购买力的匹配稳定了国际汇率与商品价格。股票、信贷、汇率等金融市场的大幅波动会对实体经济造成剧烈影响，区域性、行业性风险稍有不慎也容易转变成系统性风险。发展至今，对金融资产、稀缺矿产资源、重点商品等的储备已成为维护国家安全、调整供求、稳定物价、防范风险的重要手段，是促进经济高质量发展的基本保障。

金融效率对经济高质量发展发挥的资源储备作用，体现在国内商品储备金融支持和国际金融资源储备两方面。

一从国内环境来看，企业是市场的核心主体，也是金融服务的着力点和风险触发原点，在资源储备上可以形成“众人拾柴火焰高”，可以化解单纯由国家进行资源储备的低效率。金融体系提供的优惠贷款、贷款担保等融资便利条件有利于企业发挥资源储备的主动性，完成国家储备需求和企业储备供给的统一，从而保障在经济高质量转型过程中国家对关键资源的调配控制能力。同时，以银行为主导的金融机构对承担储备义务企业的支持，也降低了金融机构的风险，得到了企业存货去向明确带来的保障。

二从国际环境来看，我国对外金融资源储备以外汇储备为主，截至 2019 年 9 月底，我国对外金融资产 7.47 万亿美元，其中外汇储备规模为 3.20 万亿美元，占对外金融资产比重达到 43%。宏观层面，作为一国经济金融的“稳定器”，外汇储备的充足能够确保我国在国际政治格局动荡的背景下具备抵御外部冲击的调控能力，维持我国内部经济结构调整和转型升级所需的良好外部条件，使得我国经济开放质量得到保障；微观层面，外汇储备的充足也为人民出境旅游、求学提供了用汇便利，人民对美好生活的需求得到一定满足，提高了人民的“幸福指数”。

同时，综合以上国内、国外作用，通过金融支持重点企业集团参与国际竞争，进行国际重要战略物资储备，获得稀缺性资源的股权、期权、生产权，可以实现我国内外部经济的有效贯通，积累经济高质量发展必要的资源。

10.1.1.2 金融效率对经济高质量发展的资源转化作用

金融的稀缺资源属性意味着金融资源的不断开发、基数扩大是金融行业实现自我推进从而促进经济发展的基础。金融资本是经济增长最基本的要素，因此当资金匮乏及金融中介服务成本较高时，实体经济投资就容易受阻。稀缺的金融资源在偏好某些特定行业或特定类型企业时，产业或企业间的不平衡发展开始加剧。金融效率对资源的转化从以下方面对经济高质量发展发挥作用。

1）金融资源向中小企业转化

从我国中小企业的发展情况来看，它们占我国企业总数的 90%以上，由于处于较充分的市场竞争环境，弥补了市场空白，是技术创新的重要主体，并且吸收了城镇 80%以上的劳动力，贡献了 60%以上的 GDP，中小企业的平稳运行决定了经济运行的稳定。然而，企业自身的规模与条件限制了它们在结算条件谈判时的话语权，导致企业资金流的短缺，同时银行等金融机构对“大信用”的偏好，使得金融资源主要流向有政府信用背书的国有企业或地方政府企业，国有企业通过低价贷款对房地产行业进行投资，进一步加大了中小企业的融资难度和生产成本，使得金融对实体经济的支持处于低效状态。资本作为生产关系中重要的生产要素，发挥着难以替代的作用。金融效率将资源转化对象从国有企业、大型企业一定程度上转变为中小企业，有利于发挥市场创新潜能和保持产业劳动力吸纳能力，稳定税收，从而维持对人民的医疗、教育、养老等社会保障能力的发挥，改善人民生活质量，促进经济质量提升。

2）金融资源向“三农”产业转化

我国具有庞大的农村人口基数和占比，人均土地资金的缺乏决定了我国必须重视土地生产率，必须通过密集型、深化型的劳动投入和有限的资金投入在小面积土地获得高收益。自给自足、土地细碎分割、生产单位小散多的小农经济特点造成了生产的低效率，这也使得农业技术的推广和产业结构的调整面临着巨大的阻碍，进城务工成为多数农村年轻劳动力的选择，土地闲置荒废就成为必然。长期以来，农村金融资源也通过金融存贷款流向城市，造成农村产业空心化的加剧。金融资源对“三农”产业转化从长远看来并非无利可图。金融资源直接或间接通过工业反哺资金定向用于土地流转，发展集约型、产业型、合作型农业，并且逐步将失去土地保障的农村人口纳入社会保障体系，支持农业产业与城镇化的集合发展，是促进社会共享发展、经济质量改善的重要渠道。对具备教育经历的农村人口自我创业提供金融支持是吸引人才回乡建设的重要方式，也是实现农村人才资源积累促进产业升级的重要渠道，同时也是支持创业者带领当地经济困难人口学习技术、创造价值的关键环节。

3）金融资源向弱势群体转化

经济发展的不平衡和社会财富分配的不公平导致社会各阶层收入差距的扩大，也导致社会弱势群体的数量不断增加，致使经济成果对弱势群体而言缺乏获得感。根据经济学标准，弱势群体具有收支水平低、就业不稳定且工作条件恶劣的特征，如农村经济困难人口和城镇失业下岗职工、经济困难学生、创业妇女等。金融资源向小微企业的转化为弱势群体创造了大量自我就业的机会，是社会和谐发展的必经渠道，是加强社会协调发展的应有之义。

10.1.1.3 金融效率对经济高质量发展的资源投向转变作用

在经济高质量转型的要求下，金融资源的投向依据不再以收益回报为唯一重要的依据，会同时顾及资源投向为我国发展动力、发展方式转变带来的长远利好。金融资源投向逐渐创新化、绿色化、协调化、开放化、共享化。

1）投向创新化

通过对战略型重点企业和处于种子期、初创期、成长期的创业早期科技型中小微企业和高新技术企业进行培育，充分发挥数字经济、生命健康、人工智能、高端装备制造、新材料等科技创新成果在经济结构调整、发展方式转型等方面的重要作用，促进经济创新发展。

2）投向绿色化

绿色发展是可持续发展的主旋律，金融资源投向绿色化一方面是满足三大战略性新兴产业生产制造端的金融需求，包括节能环保、新能源、新能源汽车等；另一方面是满足节能环保项目和服务的金融需求，包含支持节能减排技术升级、绿色型城镇化、能源清洁化高效利用、新能源开发利用、循环经济发展、水资源节约和非常规水资源开发利用、污染防控治理、生态农林业发展、节能环保产业、低碳产业等方面。通过金融资源向绿色产业转化，促进经济绿色发展。

3）投向协调化

区域协调发展战略已是推进我国现代化进程、激发区域经济活力、挖掘地区发展潜力的重要着力点。在推进区域协调发展过程中，在基础设施方面要重点关注对交通、水电、通信等的金融支持，在促进区域高级发展方面要注重对各类科技新城、产业示范区、商贸物流园区等建设的金融支持，以及产业转型、升级与合作、企业搬迁、棚户区改造等诸多项目。通过金融支持区域、产业协调发展，带动城乡居民生活协调改善。

4）投向开放化

高水平金融开放是我国在全球产业链价值链重构中走向高端的有效途径。我国战略性新兴产业发展迅速，正在逐步壮大成为拉动经济增长的新动能，需要解决核心技术突破、大规模持续投资，建立涵盖国内外市场的产业链等问题，引进外资无疑将加速这一进程。

5）投向共享化

经济成果共享是人民福祉增加的重要来源。通过加大医疗、教育、养老等重点民生领域的资源转化效率，改善人民生活质量，促进经济共享化发展。

10.1.2　金融效率影响经济高质量发展的路径

1）实体金融效率影响经济高质量发展的路径

金融资源能否转化为实体经济所需的资源是金融本职任务完成情况的体现。

金融规模的扩大带来的隐患是金融的“脱实向虚”“金融套利”“资金空转”等，这些现象对实体经济造成冲击，使得金融服务经济高质量转型的质量不佳、力度羸弱。金融服务实体经济的效率从以下方面促进经济高质量发展。

（1）促进创新。熊彼特首次定义创新就是建立一种新的函数，即把一种未曾有过的生产要素和生产条件的新组合引入生产体系，并提出了包括新产品、新生产方式、新市场、新材料及其来源和新组织形式五种创新模式（代明等，2012）。创新的发生会使得社会技术进步，新知识技术的推广运用促使物质财富增值，不断提升社会效益。具体而言，金融资源向科技行业或部门转化，促进了更加绿色环保的生产方式出现；新的生活理念的出现促进人民对具有环保效益的产品和生活方式的青睐；共享性质的互联网产品的出现增强人民生活的获得感。

（2）促进资本流动。在一个开放型经济体中，包括四部门主体，即居民、政府、企业、国外部门。

居民将除日常消费外的剩余资金进行金融机构储蓄和金融市场投资，企业从金融机构进行间接融资或从金融市场通过股票、债券等获取直接融资，虚实转化的效率越高，居民的消费、投资倾向越乐观，从而资本向实体经济的流动性越强。

企业部门在高流动性下，更易获取融资进行相应的改善。例如，在经济高质量发展要求下，企业通过获得金融资源进行技术创新、购买先进设备、进行工艺改良等，从而实现产业从高能耗、高污染的生产方式转变为自动化、低能耗、低污染的模式，从而促进经济高质量转变。

良性的实体经济资金循环有利于政府税收的稳定。政府通过购买、转移支付行为、税收定向调整等方式，从共享、协调的角度对教育、医疗、养老等重点民生领域进行支持和引导，有利于促进城乡协调发展、缩小城乡居民生活质量差距、扩大社会保障覆盖面，从而增强人民经济成果的获得感、参与感。

在国际范围内，外商投资流入有利于弥补国内产业空心化现象，缓和国内融资结构的不平衡，同时先进技术设备和管理经验的引入有利于实现国内产业升级，增强国内产业在国际产业价值链中的地位，提升本土产业竞争力，从而加强一国的开放质量。但追求虚实转化效率的单纯增加存在加大金融风险的可能性。

（3）改善经济结构。金融资源对实体经济的支持有利于改变产业间的关联关系，淘汰落后产能，开发出产业新的融合方式。例如，新能源产业与传统制造业间的融合有利于减少能耗、污染，实现绿色生产；医疗行业与养老行业的有机结合有利于保持老龄化背景下老龄人口生活质量，实现社会的共享目标；科技的进步有利于减小城乡医疗、教育等方面的差异化，实现居民基础需求的良好满足，特别是教育的普及更加有利于加强居民对可持续经济发展形态的认识，形成产业供给与居民需求的目标统一，共同实现社会的协调、绿色、共享发展。

2）金融市场效率影响经济高质量发展的路径

金融资源不断开发、金融资源基数扩大，是金融行业实现自我推进从而促进经济发展的基础。金融资本是经济增长最基本的要素，当资金匮乏及金融中介服务成本较高时，实体经济投资就容易受阻。稀缺的金融资源在偏好某些特定行业或特定类型企业时，产业或企业间的不平衡发展开始加剧。因此，充足的金融资源储备是实现金融公平服务实体经济各主体的基本条件。市场的有效运行从以下方面促进经济高质量发展。

（1）积累金融资源，降低融资成本。将经济发展的内涵进行延伸，演变成注重协调、共享的经济高质量发展时，金融资源的储备能力显得更为重要，因为金融具有天然“逐利性”和“脆弱性”。一方面，金融资源倾向流入直接回报高的产业，而会忽略具有可持续效应的绿色回报、具有社会效益的共享回报。另一方面，金融资源倾向流入信用评级高的企业，从而挤压其他企业获得融资发展的机会。市场运行效率的高低直接影响了金融资源的储备，即能够向实体经济供给的金融资源数量，是影响经济高质量发展的基本要素。

（2）增加投资收益。随着我国教育水平和收入水平的逐渐上升，居民对参与投资的热情越来越高，对资本性收入的重视程度加大。居民在股票市场、基金市场、债券市场进行经济活动，一方面促进收入提升，改善生活质量，使得居民在经济活动中的参与性加大，经济成果分配更具有广泛性；另一方面，企业融资通道得到拓展，有利于小微企业获得资金支持。

（3）降低信息不对称。我国信用体系建设还处于初级阶段，居民的闲散资金难以直接投入企业，信息不对称提高了居民投资门槛和企业融资门槛，而良好运行的金融体系作为资金融通的中介部门，可实现资金从盈余方到需求方的转移，提高资金使用效率，并且有利于帮助投资者识别并投资于最有竞争力和创新能力的企业和行业，提高资金的配置效率。同时，在政策引导下，资金流入环保型、科技型和具有公共服务性质的企业，能够促进经济高质量发展。

3）金融效率内部效应影响经济高质量发展的路径

不同层次金融效率间会互相产生影响，从而对经济高质量发展产生作用。

（1）市场运行效率、间接融资效率、直接融资效率均会从理论层面影响虚实转化效率的提升，从而影响经济高质量发展。金融市场的有效运行可能会增加金融资源的积累，若金融机构将金融资源向实体经济投放过慢，则会导致虚实转化效率降低，融资效率提升能够正向影响虚实转化效率。

（2）融资效率提升会对金融市场运行效率产生影响，实体经济获得资金的通道越宽，可能会使得金融业寻租空间越少、讨价还价能力越弱，从而压缩金融业利润空间，但这对于实体经济而言是有利的，是减少“脱实向虚”现象的好渠道。

（3）间接融资对直接融资存在挤出效应，主要原因是目前我国的多层次资本市场建设不完善，以银行为融资主导来源，间接融资效率提升意味着企业难以跨越手续、资质等条件带来的直接融资门槛。

综上，形成金融效率影响经济高质量发展的作用路径，如图 10-1 所示。

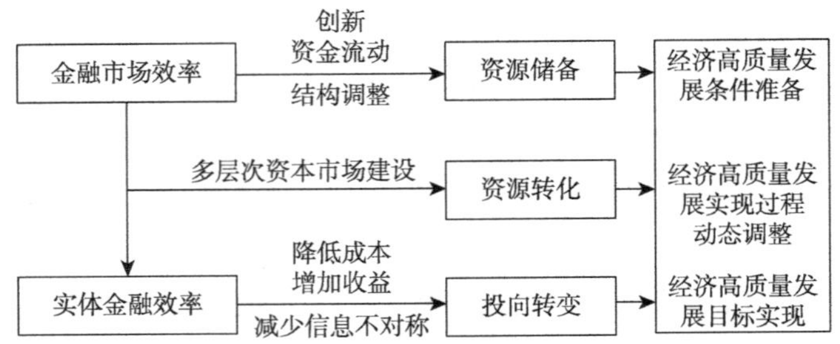

图 10-1　金融效率影响经济高质量发展的作用路径

10.2　金融效率和经济高质量发展的度量指标体系

10.2.1　金融效率度量指标体系与度量方法

10.2.1.1　金融效率度量指标体系构建

本书从金融资源学说的角度，结合目前我国对“金融服务实体经济”这一本质的要求，将金融效率定义为：金融资源在金融行业自身、经济发展环境中的配置、运行、转化效率，分为两个方面、四个层次，一是金融服务实体经济的效率（简称实体金融效率），具体分为虚实转化效率和间接融资效率，二是金融市场效率，具体分为市场运行效率和直接融资效率。

首先，将实体金融效率分为两个方面，以衡量金融资源在自然属性上作为稀缺的社会性战略资源在经济发展中的配置效率和运行效率，反映金融服务与实体经济的结合程度。其分为以下两个方面：①虚实转化效率。根据金融资源论，广义的货币资产是基础性核心金融资源。虚实转化效率衡量金融资源从金融生态向经济发展环境转化的效率情况，反映以货币为基础核心的金融资源在实体经济中的运行效率、资金资源在经济中的利用情况、社会闲散资金的利用情况等。②间接融资效率。目前我国是以银行为主导的金融体系，对实体经济的支持主要以银行等金融机构贷款为主，间接融资效率反映了以银行为主的金融机构的金融资源储备能力、金融机构对金融资源的投放配置能力及金融资源在实体经济中的转化能力。

其次，将金融市场效率分为两个方面，以衡量金融资源在社会属性上发挥资源配置能力的情况，反映金融业在规模发展、结构发展上的效率情况。其分为以下两个方面：①市场运行效率。金融资源的永续利用是金融可持续发展的根本问题，金融的资源属性意味着金融发展需要不断开发金融资源、扩大金融资源基数、改善金融资源利用效率，其直接结果就是促进和推动经济的发展。市场运行效率反映了金融业自身在规模上和劳动报酬上的情况，以及金融业在经济运行中的贡献情况。②直接融资效率。金融体系对实体经济的支持能力既体现在规模上也体现在结构上。长期以来，我国银行贷款存在资金更加倾向国有经济的现象，本质上对政府信用的依赖使得小微企业融资困难现象并未显著改善，直接融资效率体现了我国实体经济融资结构的改变，以及股票市场、债券市场直接融资方式对实体经济的支持能力。金融效率度量指标体系具体情况见表 10-1。

表10-1　金融效率度量指标体系

一级指标	二级指标	指标具体度量	含义及来源
实体金融效率	虚实转化效率	1. 货币化程度=M2/GDP	衡量货币在实体经济中的运行效率（潘长春和李晓，2018）
		2. 固定资产投资增长率	衡量资金在实体经济中的利用情况（刘金全等，2016）
		3. 储蓄投资转化率=全社会固定资产投资额/储蓄额	衡量社会闲散资金利用情况（康蕾，2000）
	间接融资效率	4. 储蓄率=储蓄额/GDP 储蓄额=GDP−最终消费	衡量金融体系储蓄能力（周国富和胡慧敏，2007）
		5. 金融机构存贷比=金融机构各项存款余额/金融机构各项贷款余额	衡量金融机构资金投放情况
		6. 资本形成率=资本形成总额/GDP	衡量实体经济投资效率

续表

一级指标	二级指标	指标具体度量	含义及来源
金融市场效率	市场运行效率	7. 金融机构数量	衡量金融业发展规模
		8. 金融从业人员工资	衡量金融业人力资本的劳动报酬（李政为，2013）
		9. 金融从业人员比重=金融业从业人员数/社会就业人数	衡量金融业劳动贡献值（沈军，2003）
	直接融资效率	10. 股票融资比重=股票融资额/社会融资规模	衡量金融市场股票融资情况
		11. 债券融资比重=企业债券社会融资规模/社会融资规模	衡量金融市场债券融资效率
		12. 上市公司比重=境内上市公司股票流通市值/GDP	衡量金融市场参与企业发展情况[原公式：上证A股市值/GDP（刘金全等，2016）]

10.2.1.2　金融效率度量方法

从金融效率度量指标体系可发现涉及的指标较多，且变量之间可能存在相关性，导致研究问题的过度复杂化。因此，本书采用因子分析法，从研究变量内部相关的依赖关系出发，归纳出综合信息互不重叠的综合因子，从而达到对数据浓缩、抓住金融效率核心度量指标的目的。因子分析法的核心是通过提取公共因子，以因子的方差贡献率作为权重，与此因子得分乘数之和构造得分函数，具体分析方法如下。

因子分析法表示为矩阵 $X=AF+B$，即

$$\begin{cases} x_1=\alpha_{11}f_1+\alpha_{12}f_2+\alpha_{13}f_3+\cdots\alpha_{1k}f_k+\beta_1 \\ x_2=\alpha_{21}f_1+\alpha_{22}f_2+\alpha_{23}f_3+\cdots\alpha_{2k}f_k+\beta_2 \\ x_3=\alpha_{31}f_1+\alpha_{32}f_2+\alpha_{33}f_3+\cdots\alpha_{3k}f_k+\beta_3 \\ \vdots \\ x_n=\alpha_{n1}f_1+\alpha_{n2}f_2+\alpha_{n3}f_3+\cdots\alpha_{nk}f_k+\beta_n \end{cases} \quad (k\leqslant n) \qquad (10\text{-}1)$$

其中，向量 $X(x_1,x_2,x_3,\cdots,x_n)$ 为可观测随机向量，即货币化程度、固定资产投资增长率等金融效率原始观测变量；$F(f_1,f_2,f_3,\cdots,f_k)$ 为 $X(x_1,x_2,x_3,\cdots,x_n)$ 的公共因子，$A(\alpha_{ij})$ 为 $F(f_1,f_2,f_3,\cdots,f_k)$ 的系数，即因子载荷矩阵，α_{ij} $(i=1,2,3,\cdots,n$；$j=1,2,3,\cdots,k)$ 为因子载荷，即第 i 个变量在第 j 个公共因子上的权重；$B(\beta_1,\beta_2,\cdots,\beta_n)$ 为 $X(x_1,x_2,x_3,\cdots,x_n)$ 不被前 k 个公共因子包含的不可观测因子。

变量共同度是因子载荷矩阵 A 的第 i 行元素的平方和，记为 $h_i^2=\sum_{i=1}^{k}\alpha_{ij}^2$（其中 $i=1,2,3,\cdots,n$），表示全部金融效率公共因子对金融效率原始观测变量 x_i 的方差所做的贡献，反映金融效率公共因子对金融效率原始观测变量 x_i 的影响，h_i^2 越大，

则 X 对 F 每一分量的依赖程度越大。将式（10-1）两边取方差，即

$$\mathrm{Var}(x_i)=\alpha_{i1}^2\mathrm{Var}(f_1)+\alpha_{i2}^2\mathrm{Var}(f_2)+\cdots+\alpha_{ik}^2\mathrm{Var}(f_k)+\mathrm{Var}(\beta_i)=\sum_{j=1}^{k}\alpha_{ij}^2+\sum_{j=1}^{n}\beta_{ij}^2$$

$$\begin{cases} x_1=\alpha_{11}f_1+\alpha_{12}f_2+\alpha_{13}f_3+\cdots\alpha_{1k}f_k+\beta_1 \\ x_2=\alpha_{21}f_1+\alpha_{22}f_2+\alpha_{23}f_3+\cdots\alpha_{2k}f_k+\beta_2 \\ x_3=\alpha_{31}f_1+\alpha_{32}f_2+\alpha_{33}f_3+\cdots\alpha_{3k}f_k+\beta_3 \\ \vdots \\ x_n=\alpha_{n1}f_1+\alpha_{n2}f_2+\alpha_{n3}f_3+\cdots\alpha_{nk}f_k+\beta_n \end{cases} \tag{10-2}$$

显然，如果 $h_i^2=\sum_{i=1}^{k}\alpha_{ij}^2$ 越接近 $\mathrm{Var}(x_i)$，且 β_i^2 非常小，则因子分析效果越佳，公共因子空间从原变量空间转化性质就越好。

因子载荷矩阵中各列元素平方和记为 $g_i^2=\sum_{i=1}^{n}\alpha_{ij}^2$（其中 $i=1,2,3,\cdots,k$）。g_i^2 为金融效率公共因子 $F(f_1,f_2,f_3,\cdots,f_k)$ 对金融效率原始观测变量 $X(x_1,x_2,x_3,\cdots,x_n)$ 的方差贡献，表示第 j 个公共因子 f_i 对 $x_i(i=1,2,3,\cdots,n)$ 提供的方差总和，用于衡量公共因子的相对重要性。变换式（10-2）可得：

$$\mathrm{Var}(x_i)=\alpha_{i1}^2\mathrm{Var}(f_1)+\alpha_{i2}^2\mathrm{Var}(f_2)+\cdots+\alpha_{ik}^2\mathrm{Var}(f_k)+\mathrm{Var}(\beta_i)=\sum_{j=1}^{k}g_j^2+\sum_{j=1}^{n}\beta_i^2 \tag{10-3}$$

g_j^2 越大，表示金融效率公共因子 $F(f_1,f_2,f_3,\cdots,f_k)$ 对金融效率原始观测变量 $X(x_1,x_2,x_3,\cdots,x_n)$ 的影响越大。通过计算 g_j^2 $(j=1,2,3,\cdots,k)$，可得到最具有影响力的金融效率公共因子。

10.2.1.3 全国维度金融效率测度与分析

本节利用因子分析法对我国金融效率整体情况进行测度，分析其时序变化特征。

1）全国维度实体金融效率测度分析

利用因子分析法对实体金融效率度量指标进行分析，首先进行 KMO 和 Bartlett 球形检验，当 KMO 系数大于 0.5 或者 Bartlett 球形检验统计值的显著性概率小于 0.05 时，说明所选实体金融效率指标具有结构效度，适用因子分析。利用 SPSS Statistics 25 软件进行检验后结果如表 10-2 所示，说明实体金融效率度量指标体系适用因子分析法。

表10-2 全国维度实体金融效率KMO和Bartlett检验

KMO 取样适切性量数		0.775
Bartlett 球形检验	近似卡方	63.844
	自由度	15
	显著性	0

因子分析提取了 2 个公共因子，为更好地解释因子，将因子进行最大方差旋转，2 个因子旋转后的方差解释率分别为 68.057%、23.022%，旋转后累积方差解释率为 91.079%，如表 10-3 所示。

表10-3 全国维度实体金融效率总方差解释情况

因子	初始特征值			提取载荷平方和			旋转载荷平方和		
	特征根	方差解释率	累积	特征根	方差解释率	累积	特征根	方差解释率	累积
1	4.523	75.384%	75.384%	4.523	75.384%	75.384%	4.083	68.057%	68.057%
2	0.942	15.694%	91.079%	0.942	15.694%	91.078%	1.381	23.022%	91.079%
3	0.397	6.617%	97.696%						
4	0.070	1.170%	98.867%						
5	0.038	0.636%	99.503%						
6	0.030	0.497%	100%						

注：提取方法为主成分分析法；由于计算过程中小数位保留问题，加总数据有细微偏差

从表 10-4 可看出，公共因子 1 在货币化程度项、储蓄投资转化率项的载荷绝对值都大于 0.9，因此将公共因子 1 定义为虚实转化效率因子。公共因子 2 在资本形成率项载荷值大于 0.9，将公共因子 2 定义为间接融资效率因子。

表10-4 全国维度实体金融效率旋转成分矩阵

变量	公共因子	
	1	2
货币化程度	−0.981	−0.028
储蓄率	0.855	0.477
固定资产投资增长率	0.895	0.364
储蓄投资转化率	−0.914	−0.110
资本形成率	0.146	0.987
金融机构存贷比	0.856	−0.142

使用成分得分系数矩阵（表 10-5）建立因子和研究项之间的关系等式，计算公共因子：

公共因子 1=−0.310 货币化程度+0.145 储蓄率+0.190 固定资产投资增长率
−0.252 储蓄投资转化率−0.225 资本形成率+0.238 金融机构存贷比
（10-4）

公共因子 2=0.244 货币化程度+0.222 储蓄率+0.103 固定资产投资增长率
+0.098 储蓄投资转化率+0.906 资本形成率−0.100 金融机构存贷比
（10-5）

表10-5 全国维度实体金融效率成分得分系数矩阵

变量	公共因子	
	1	2
货币化程度	−0.310	0.244
储蓄率	0.145	0.222
固定资产投资增长率	0.190	0.103
储蓄投资转化率	−0.252	0.098
资本形成率	−0.225	0.906
金融机构存贷比	0.238	−0.100

根据旋转后的因子方差解释率与累计解释率之比对因子得分进行加权求和，计算得到 2008~2018 年全国维度实体金融效率综合得分（表 10-6）。

表10-6 全国维度实体金融效率

年份	虚实转化效率因子	间接融资效率因子	实体金融效率综合得分
2008	2.114 753 208	−1.948 576 801	1.414 575 918
2009	0.910 707 107	0.299 862 981	0.805 448 813
2010	0.763 843 334	1.241 916 168	0.846 222 994
2011	0.516 378 473	1.195 044 784	0.633 323 624
2012	0.123 970 743	0.768 165 626	0.234 975 910
2013	−0.201 796 718	0.909 389 982	−0.010 321 329
2014	−0.480 511 541	0.066 941 036	−0.386 176 633
2015	−0.745 960 236	−0.575 449 544	−0.716 578 494
2016	−1.038 006 146	−0.920 614 562	−1.017 777 683
2017	−0.980 015 353	−0.568 675 937	−0.909 134 938
2018	−0.983 362 873	−0.468 003 734	−0.894 558 182

由图 10-2 可知，从全国层面上看，2008~2018 年全国维度实体金融效率时序特点如下。

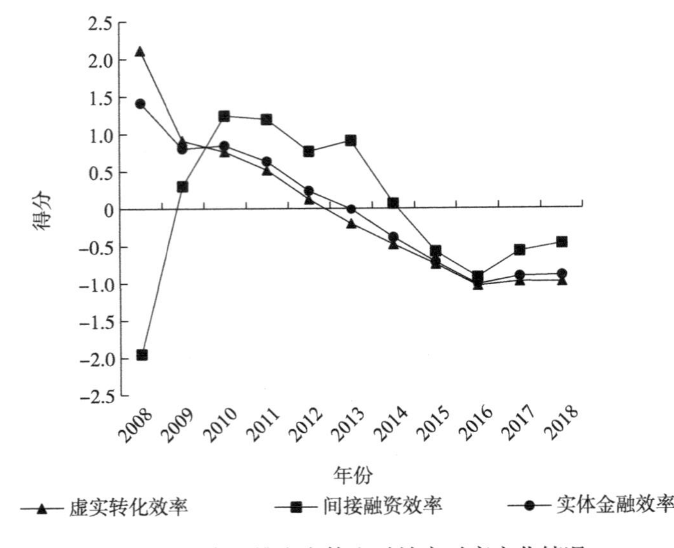

图 10-2　全国维度实体金融效率时序变化情况

（1）2008~2018 年虚实转化效率下降趋势明显。从 M2/GDP 的变化不难发现，该比值曾突破 2.0，持续上升的比值意味着每一单位 GDP 的创造需要更多的货币支持，结合储蓄投资转化率高的背景，说明货币的经济效率是下降的，这一结论符合我国目前金融“脱实向虚”的现实。

2014 年 11 月，中国人民银行货币政策转为宽松，而后多次降息降准，致力于稳经济。银行间利率应声下行，2015 年继续下行，至 2016 年已非常低。然而，中国人民银行往市场注入的低成本资金，本意是降低企业融资成本，最后却被用于空转，金融机构通过借入极短期限的低成本资金进行资产投资，导致期限错配严重，金融市场脆弱性加剧。鉴于此，2016 年 7 月 26 日，中央政治局会议指出：“要有效防范和化解金融风险隐患，保持人民币汇率在合理均衡水平上基本稳定。”而后经过重启 14 天、28 天逆回购，提高国库存款招标利率，表外理财纳入宏观审慎评估（macro prudential assessment，MPA）体系的广义信贷等操作后，不难从图 10-2 中看出，2017 年、2018 年虚实转化效率有所上升，金融去杠杆成效显现，金融“脱实向虚”势头有所遏制。

（2）间接融资效率 2008~2010 年急剧上升，2011~2013 年相对稳定，2014~2018 年相对 2013 年总体呈下降趋势，金融机构存贷比不断减小的同时，资本形成率几乎不变甚至有下降趋势，储蓄率 2010~2016 年持续下降，最终消费率持续上升。现实中民营企业、中小微企业融资难、融资贵的问题仍未较好地缓解，根据世界银行 2018 年发布的《中小微企业融资缺口报告》数据，我国中小微企业融资缺口达 1.9 万亿美元，占 GDP 的比重达 17%，说明银行贷款出现结构性失调，新三板约 9 000 家挂牌公司中，中小企业占比 94%，民营企业占比 93%。金融对实体经济服务的间接融资效率低下，得到了印证。

从 2018 年起，普惠型小微企业贷款得到重点监测统计，根据中国银行保险监督管理委员会数据，截至 2018 年末，全国全口径小微企业贷款余额 33.49 万亿元，占各项贷款余额的 23.81%。其中，普惠型小微企业贷款余额 9.36 万亿元，较 2018 年初增长 21.79%，较各项贷款增速高 9.2 个百分点，有贷款余额的户数 1 723.23 万户，比 2018 年初增加 455.07 万户。选取 6 家大型商业银行、4 家股份制商业银行，根据表 10-7 数据可发现，针对普惠型小微企业贷款，各商业银行均明显增加，金融服务对实体经济的支持力度得到强化。从图 10-2 可看出 2017 年、2018 年间接融资效率有所回升，与现实情况吻合。

表10-7 部分商业银行普惠型小微企业贷款情况

商业银行	2017 年普惠型小微企业贷款余额占银行贷款余额比例	2018 年普惠型小微企业贷款余额占银行贷款余额比例	2018 年普惠型小微企业贷款余额同比增长
邮政储蓄银行	12.81%	12.74%	17.23%
建设银行	3.24%	4.58%	50.78%
农业银行	3.57%	4.13%	28.90%
中国银行	2.48%	2.57%	12.36%
交通银行	1.89%	2.28%	29.63%
工商银行	1.91%	2.09%	18.10%
浙商银行	16.48%	16.25%	26.73%
光大银行	4.82%	5.29%	30.74%
中信银行	2.87%	3.78%	48.45%
兴业银行	2.35%	3.14%	61.38%

资料来源：各银行 2017 年、2018 年年报及社会责任报告，零壹财经

（3）实体金融效率以虚实转化效率和间接融资效率进行加权和衡量，根据前文因子分析结果，虚实转化效率的贡献率为 68.057%，间接融资效率的贡献率为 23.022%，因此实体金融效率总体呈下降趋势，2017 年、2018 年有所回升。

2）全国维度金融市场效率分析

利用因子分析法对金融市场效率指标进行分析，检验结果 KMO 值大于 0.5，Bartlett 球形检验统计值的显著性概率小于 0.05，说明所选金融市场效率指标具有结构效度，适用因子分析。因子分析提取了 2 个公共因子，为更好地解释因子，将因子进行最大方差旋转，2 个因子旋转后的方差解释率分别为 63.630%、24.039%，

旋转后累积方差解释率为 87.669%，如表 10-8 所示。

表10-8　全国维度金融市场效率总方差解释

因子	初始特征值			提取载荷平方和			旋转载荷平方和		
	特征根	方差解释率	累积	特征根	方差解释率	累积	特征根	方差解释率	累积
1	4.205	70.082%	70.082%	4.205	70.082%	70.082%	3.818	63.630%	63.630%
2	1.055	17.587%	87.669%	1.055	17.587%	87.669%	1.442	24.039%	87.669%
3	0.507	8.442%	96.111%						
4	0.195	3.254%	99.365%						
5	0.033	0.543%	99.908%						
6	0.006	0.092%	100%						

注：提取方法为主成分分析法

从表 10-9 可看出，公共因子 1 在金融业城镇单位人员平均工资项、金融机构数量项的载荷相对更高，因此将公共因子 1 定义为市场运行效率因子。公共因子 2 在非金融企业境内股票融资比重项载荷值大于 0.9，将公共因子 2 定义为直接融资效率因子。

表10-9　全国维度金融市场效率旋转成分矩阵

变量	公共因子	
	1	2
金融机构数量（法人单位数）	0.886	0.392
金融业城镇单位人员平均工资	0.892	0.276
非金融企业境内股票融资比重	0.122	0.949
非金融企业境内债券融资比重	−0.886	0.246
上市公司比重	0.851	0.169
金融从业人员比重	0.845	0.473

使用成分得分系数矩阵（表 10-10）建立因子和研究项之间的关系等式，计算公共因子：

$$\begin{aligned}\text{公共因子 }1=&0.197\times\text{金融机构数量（法人单位数）}\\&+0.226\times\text{金融业城镇单位人员平均工资}\\&-0.181\times\text{非金融企业境内股票融资比重}\\&-0.345\times\text{非金融企业境内债券融资比重}\\&+0.237\times\text{上市公司比重}+0.164\times\text{金融从业人员比重}\end{aligned}\tag{10-6}$$

公共因子 2=0.131×金融机构数量（法人单位数）
+0.029×金融业城镇单位人员平均工资
+0.788×非金融企业境内股票融资比重 （10-7）
+0.418×非金融企业境内债券融资比重
−0.053×上市公司比重+0.210×金融从业人员比重

表10-10 全国维度金融市场效率成分得分系数矩阵

变量	因子	
	1	2
金融机构数量（法人单位数）	0.197	0.131
金融业城镇单位人员平均工资	0.226	0.029
非金融企业境内股票融资比重	−0.181	0.788
非金融企业境内债券融资比重	−0.345	0.418
上市公司比重	0.237	−0.053
金融从业人员比重	0.164	0.210

根据旋转后的因子方差解释率与累计解释率之比对因子得分进行加权求和，计算得到2008~2018年全国维度金融市场效率综合得分（表10-11）。

表10-11 全国维度金融市场效率

年份	市场运行效率	直接融资效率	金融市场效率综合得分
2008	−2.160 601 659	0.990 422 094	−1.528 483 277
2009	−0.097 113 071	−1.427 206 331	−0.363 939 495
2010	−0.708 625 733	0.167 873 974	−0.532 793 490
2011	−0.680 884 807	0.108 262 916	−0.522 576 009
2012	−0.063 439 968	−0.945 991 763	−0.240 486 305
2013	0.272 078 464	−1.273 894 682	−0.038 055 042
2014	0.453 230 251	−0.397 068 328	0.282 654 145
2015	0.866 482 339	0.509 865 648	0.794 942 426
2016	0.862 535 543	1.600 556 018	1.010 587 841
2017	1.256 338 643	0.667 180 454	1.138 149 207

由图10-3可知，从全国层面上看，2008~2018年全国维度金融市场效率时序特点如下。

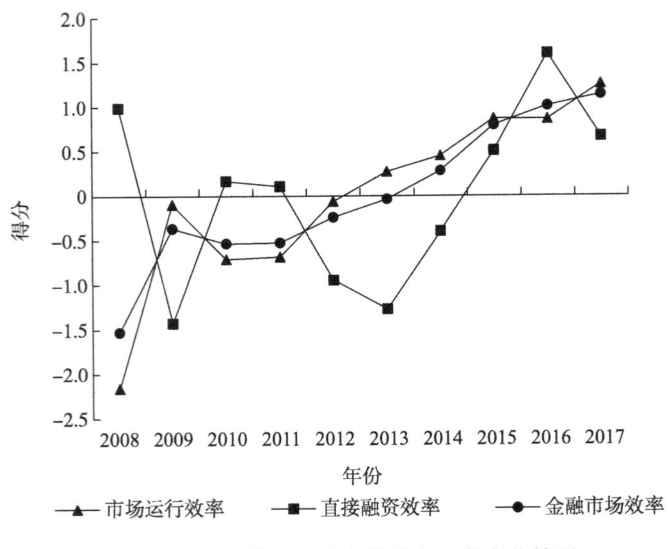

图 10-3　全国维度金融市场效率时序变化情况

（1）2008~2017 年市场运行效率总体呈上升趋势。我国金融业固定资产投资从 2008 年的 260.6 亿元到 2017 年的 1 121.5 亿元，10 年间投资额增加 3.3 倍，金融机构法人单位数增加 3.7 倍，行业人力资本报酬以增长率递减的态势上升，同期平均报酬高于城镇单位总平均报酬，金融业工资增长率下降速度高于城镇单位增长率下降速度，说明金融业自身得到发展，同时实体经济也得到扶持，促进实体经济人力资本报酬的相对上升。

（2）2008~2017 年直接融资效率波动大。总体上看，相对 2008 年直接融资比例无明显提升，股权融资比例基本在 5%徘徊。直接融资效率低，特别是股票融资效率低与我国长期以来金融体系所形成的银行主导结构息息相关。从银行业结构来看，国内绝大部分银行属于国有企业，且国内规模最大的六大银行，均属于央企，因此银行信用实际是政府信用作为支撑。加之信用体系不完善，国有企业、地方政府、银行之间的信用共性产生闭环效应，居民偏好储蓄类具有刚性的投资方式，使得民营、小微企业难以融资。欧美发达国家的直接融资占比可达 80%，属于市场主导型的金融结构。相较于以信贷融资为主的银行主导结构，以直接融资为主的市场主导结构信息更加公开透明，有利于资源有效配置和降低系统性风险。我国在建设多层次资本市场方面还有较大发展空间。

金融市场效率在市场运行效率贡献率高的背景下，总体呈上升态势，虽然股票融资比重变化幅度不大，但相对来看企业债券融资规模有一定的上升。

10.2.1.4　省际维度金融效率测度与分析

同理，利用上述因子分析法测算我国 31 个省（区、市）金融效率情况。根据国家统计局的区域划分，将研究区域划分为东部、中部、西部三个地区。东部地区包括 11 省（市）：北京、河北、天津、上海、江苏、辽宁、浙江、福建、山东、广东、海南；中部地区包括 8 省：山西、吉林、黑龙江、安徽、江西、河南、湖北、湖南；西部地区包括 12 省（区、市）：内蒙古、广西、重庆、四川、贵州、云南、西藏、陕西、青海、甘肃、宁夏、新疆。

1）省际维度实体金融效率

利用实体金融效率度量指标体系对 31 个省（区、市）2008~2017 年实体金融效率分别进行测度。由于各省（区、市）M2 无法直接获取，利用金融机构存款余额（±现金投放回笼）进行替代。股票融资比重用股票融资额/GDP 代替。为保持可比性，每年因子提取个数均为 2，经过检验，每年数据均符合因子分析条件。原始数据来源于《中国统计年鉴》《中国证券业年鉴》《中国金融年鉴》。

（1）省际维度实体金融效率测度结果。31 个省（区、市）实体金融效率测度结果如表 10-12 所示。

表10-12　省际维度实体金融效率得分

省（区、市）	2017 年	2016 年	2015 年	2014 年	2013 年	2012 年	2011 年	2010 年	2009 年	2008 年
北京	1.486	0.852	1.438	0.865	0.326	0.028	0.296	−1.537	−0.686	−2.065
天津	−0.868	−0.680	−0.638	−0.743	−0.869	−0.845	−0.583	0.096	−0.340	−0.005
河北	−0.325	−0.424	−0.319	−0.341	−0.425	−0.406	−0.577	−0.247	−0.242	−0.159
山西	−0.420	0.367	0.417	0.390	0.467	0.156	−0.048	−0.195	0.143	−0.461
内蒙古	−0.510	−0.693	−1.228	−0.602	−0.441	−0.570	−0.450	0.117	−0.031	0.259
辽宁	−0.074	−0.385	−0.989	−0.606	−0.587	−0.307	−0.385	0.186	−0.333	0.381
吉林	−0.881	−0.810	−0.700	−0.695	−0.973	−0.156	−0.514	0.389	0.317	1.188
黑龙江	0.022	0.010	−0.130	0.036	0.188	0.299	−0.015	0.402	0.285	−0.211
上海	0.600	0.257	0.720	0.048	−0.394	−0.729	−0.394	−1.872	−1.070	−1.333
江苏	−0.512	−0.513	−0.384	−0.532	−0.680	−0.821	−0.677	−0.572	−0.789	−0.458
浙江	−0.432	−0.512	−0.378	−0.551	−0.691	−0.563	−0.666	−1.102	−1.012	−1.023
安徽	−0.278	−0.294	−0.208	−0.104	−0.113	−0.002	−0.002	0.334	0.186	0.463
福建	−0.891	−0.887	−0.761	−0.947	−0.757	−0.663	−0.670	−0.185	−0.808	−0.315
江西	−0.275	−0.304	−0.184	−0.364	−0.129	−0.156	−0.141	0.421	0.099	0.478
山东	−0.643	−0.641	−0.683	−0.826	−0.795	−0.783	−0.766	−0.445	−0.809	−0.350
河南	−0.210	−0.158	−0.061	−0.232	−0.143	−0.122	−0.292	0.028	−0.068	0.205

续表

省(区、市)	2017年	2016年	2015年	2014年	2013年	2012年	2011年	2010年	2009年	2008年
湖北	−0.431	−0.493	−0.330	−0.341	−0.192	−0.293	−0.230	−0.044	−0.189	−0.059
湖南	−0.198	−0.339	−0.145	−0.402	−0.281	−0.357	−0.278	−0.131	−0.103	0.089
广东	−0.157	−0.386	−0.012	−0.455	−0.403	−0.808	−0.697	−1.037	−1.092	−1.159
广西	−0.130	−0.159	−0.132	0.020	0.043	0.164	0.097	0.810	0.556	0.170
海南	0.361	0.347	0.171	0.004	0.269	0.179	0.010	−0.025	−0.105	0.017
重庆	−0.339	−0.430	−0.268	−0.278	−0.298	−0.355	−0.172	0.147	−0.029	0.715
四川	−0.049	−0.144	0.015	0.038	−0.034	−0.095	−0.043	−0.374	0.496	−0.044
贵州	0.140	0.285	0.241	0.465	0.655	0.698	0.944	0.391	0.488	0.251
云南	0.549	0.729	0.524	1.040	1.029	0.853	0.809	0.464	0.536	0.007
西藏	2.497	2.461	2.411	2.432	2.498	2.563	2.682	1.739	2.608	1.186
陕西	−0.307	−0.297	−0.235	−0.151	0.008	0.128	0.069	0.196	0.215	0.262
甘肃	0.169	0.838	0.624	0.835	0.856	0.807	0.935	0.602	0.687	0.546
青海	1.158	1.209	0.582	0.854	0.756	0.876	0.936	0.473	0.617	0.374
宁夏	0.169	0.580	0.173	0.603	0.453	0.415	0.207	0.940	0.485	1.109
新疆	0.780	0.613	0.468	0.543	0.657	0.867	0.614	0.032	−0.012	−0.057

31个省（区、市）实体金融效率排名如表10-13所示。

表10-13　省际维度实体金融效率排名

省(区、市)	2017年	2016年	2015年	2014年	2013年	2012年	2011年	2010年	2009年	2008年
北京	2	3	2	3	9	13	7	30	25	2
天津	29	28	26	29	30	31	26	16	24	29
河北	21	22	22	19	23	23	25	24	22	21
山西	23	8	8	9	7	11	15	23	13	23
内蒙古	26	29	31	26	24	25	23	15	17	26
辽宁	13	20	30	27	25	20	21	13	23	13
吉林	30	30	28	28	31	18	24	10	9	30
黑龙江	11	12	15	12	11	8	13	8	10	11
上海	5	11	3	10	21	27	22	31	30	5
江苏	27	26	25	24	26	30	29	27	26	27
浙江	25	25	24	25	27	24	27	29	29	25
安徽	19	16	19	15	15	14	12	11	12	19
福建	31	31	29	31	28	26	28	22	27	31
江西	18	18	18	21	16	17	16	7	14	18
山东	28	27	27	30	29	28	31	26	28	28

续表

省(区、市)	2017年	2016年	2015年	2014年	2013年	2012年	2011年	2010年	2009年	2008年
河南	17	14	14	17	17	16	20	18	18	17
湖北	24	24	23	20	18	19	18	20	21	24
湖南	16	19	17	22	19	22	19	21	19	16
广东	15	21	13	23	22	29	30	28	31	15
广西	14	15	16	13	12	10	9	3	4	14
海南	7	9	11	14	10	9	11	19	20	7
重庆	22	23	21	18	20	21	17	14	16	22
四川	12	13	12	11	14	15	14	25	6	12
贵州	10	10	9	8	6	6	2	9	7	10
云南	6	5	6	2	2	4	5	6	5	6
西藏	1	1	1	1	1	1	1	1	1	1
陕西	20	17	20	16	13	12	10	12	11	20
甘肃	8	4	4	5	3	5	4	4	2	8
青海	3	2	5	4	4	2	3	5	3	3
宁夏	9	7	10	6	8	7	8	2	8	9
新疆	4	6	7	7	5	3	6	17	15	4

（2）省际维度实体金融效率分布特点。综合时序变化和省际差异来看，实体金融效率的分布逐渐形成东部地区更佳、西部地区表现较好、中部地区相对进步较慢的态势，整体发展不平衡。

2008年实体金融效率排名前15位的主要是中西部地区的省（区、市），中部地区有吉林、安徽、江西、河南、湖南，西部地区有内蒙古、广西、重庆、贵州、陕西、西藏、甘肃、青海、宁夏，东部地区入围的只有辽宁，排名最后5位的是北京、山西、上海、浙江、广东。2008年上述中西部地区省（区、市）的实体金融效率较高，具体来看，虚实转化效率、间接融资效率的综合效率更高，即各省（区、市）以货币为代表的金融资源使用效率更高，每单位GDP创造所需货币更少，且储蓄转化为投资的效率相对更高。金融资源的薄弱也使得西部地区对金融资源的需求相对更多，因此金融资源在实体经济中的运行效率更高则在情理之中。

经过6年发展，2013年实体金融效率排名前15位的中部地区省（区、市）数量有所增加，东部地区有北京、海南，且北京的实体金融效率排名在2008~2013年有较大飞跃。中部地区有山西、黑龙江、安徽，西部地区有广西、四川、贵州、云南、西藏、陕西、甘肃、青海、宁夏、新疆，排名最后的5位是天津、吉林、浙江、福建、山东。可以看出，西部地区实体金融效率仍然相对较高，但同时也不难推理，这些省（区、市）的金融资源基础和累积及实体经济基础都处于劣势，在金融资源利用率上相对更好控制，对本地实体经济的支持相对更平衡。

再看 2017 年，实体金融效率排名前 15 位的省（区、市）以东西部地区省（区、市）为主，此时可明显发现，在金融资源基础较好的情况下，东部地区省（市）金融资源对实体经济的支持效率显著上升，东部地区有北京、上海、广东、辽宁、海南，西部地区有广西、四川、贵州、云南、甘肃、宁夏、西藏、新疆、青海，中部地区入围的只有黑龙江，排名最后 5 位的省（市）是江苏、山东、天津、吉林、福建。中部地区在金融资源相对丰富的基础上，对实体经济的服务效率相对进步更慢，即金融资源向实体经济的配置效率相对更差。根据《党的十八大以来全国企业发展分析》，东部地区偏好科研技术服务业，信息传输、软件业，金融业，租赁和商务服务业；中部地区偏好建筑业、批发和零售业、房地产业和制造业；西部地区偏好建筑业，电力、热力、燃气及水生产和供应业，交通运输、仓储和邮政业（图 10-4）。因此，中部地区要更加防范金融风险，防止金融资源过度流入房地产行业，造成金融服务实体经济效率的下降。

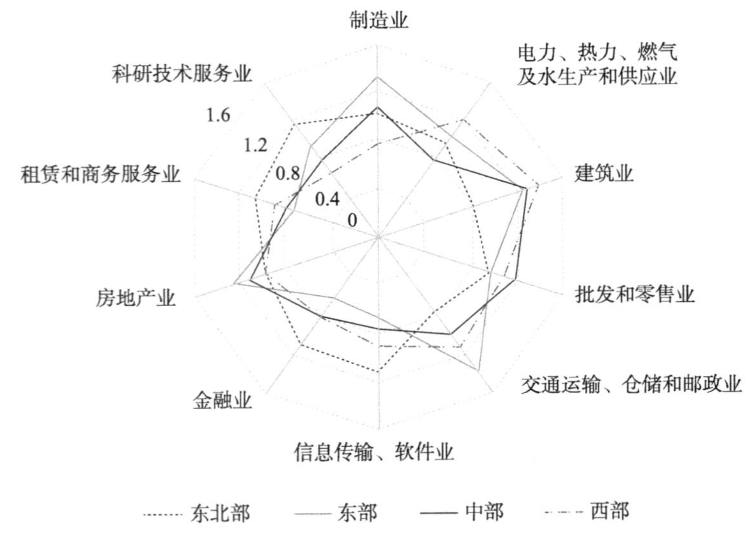

图 10-4　东部、中部、西部、东北部地区产业偏好

资料来源：《党的十八大以来全国企业发展分析》

2008~2017 年，吉林、安徽、福建、江西、重庆、陕西的实体金融效率排名均有不同程度的明显下滑，这些省（市）对于金融依赖程度较高。例如，吉林发展方式转型缓慢，受到区域、资源、产业等因素的限制，吸收社会资金能力不足，继而老工业基地转型难以实现，在这样的背景下，金融资源流向该地区实体经济的动力更显疲弱。安徽是国资、国有企业大省，并且制造业企业是其上市公司的主力军，统计数据显示，104 家上市皖企中有 60 家为制造业企业，占比 57.69%。

相对于其金融资源的积累，安徽对实体经济的支持力度逐年下降，货币在实体经济中的运行效率不断降低，其要注意平衡国有企业、民营企业的金融支持平衡问题。

2）省际维度金融市场效率

利用金融市场效率度量指标体系对31个省（区、市）2013~2017年金融市场效率分别进行测度。为体现31个省（区、市）金融业物力、资本投入差异，在市场运行效率指标中加入金融业固定资产投资额指标，为体现各省（区、市）股票融资绝对差异，在直接融资效率指标中加入各省（区、市）股票筹资额指标。为保持可比性，每年因子提取个数均为2，经过检验，每年数据均符合因子分析条件。原始数据来源于《中国统计年鉴》《中国证券业年鉴》《中国金融年鉴》。

（1）省际维度金融市场效率测度结果。31个省（区、市）金融市场效率测度结果如表10-14所示。

表10-14 省际维度金融市场效率测度结果

省（区、市）	2017年	排名	2016年	排名	2015年	排名	2014年	排名	2013年	排名
北京	2.324	1	2.769	1	3.226	1	3.393	1	2.503	1
天津	−0.263	18	−0.318	19	0.258	6	0.050	7	0.090	12
河北	−0.195	15	−0.192	12	−0.061	10	0.027	10	0.189	9
山西	−0.540	28	−0.462	27	−0.210	15	−0.445	26	−0.395	21
内蒙古	−0.460	24	−0.622	30	−0.077	11	−0.485	29	0.006	15
辽宁	−0.204	16	−0.524	29	−0.045	9	−0.063	11	0.536	6
吉林	−0.231	17	−0.440	26	−0.453	26	−0.309	20	−0.571	27
黑龙江	−0.540	27	−0.383	22	−0.323	21	−0.358	23	−0.536	25
上海	1.755	2	1.240	3	1.181	2	0.927	2	0.851	4
江苏	0.653	5	0.671	5	0.418	5	0.572	5	0.625	5
浙江	1.249	4	0.991	4	0.833	4	0.744	4	0.940	3
安徽	−0.043	9	−0.035	9	−0.252	16	0.049	8	0.306	8
福建	−0.098	10	0.076	6	0.024	8	0.046	9	0.063	14
江西	−0.442	23	−0.354	20	−0.552	31	−0.459	28	−0.384	19
山东	0.632	6	0.071	7	0.079	7	0.212	6	0.372	7
河南	−0.179	12	−0.236	15	−0.497	29	−0.395	25	−0.274	18
湖北	−0.159	11	−0.121	10	−0.301	19	−0.143	13	0.102	11
湖南	0.005	8	−0.240	16	−0.166	13	−0.215	18	0.072	13
广东	1.339	3	1.497	2	1.036	3	0.767	3	1.184	2
广西	−0.516	26	−0.369	21	−0.361	23	−0.357	22	−0.410	22
海南	−0.467	25	−0.436	25	−0.392	25	−0.188	17	−0.860	30

续表

省（区、市）	2017 年	排名	2016 年	排名	2015 年	排名	2014 年	排名	2013 年	排名
重庆	−0.431	22	−0.144	11	−0.322	20	−0.186	16	−0.103	16
四川	−0.276	19	−0.424	24	−0.283	17	−0.138	12	0.106	10
贵州	−0.289	20	−0.207	13	−0.392	24	−0.185	15	−0.484	24
云南	−0.188	14	−0.288	18	−0.287	18	−0.369	24	−0.104	17
西藏	−0.329	21	−0.227	14	−0.183	14	−0.446	27	−1.045	31
陕西	−0.181	13	−0.641	31	−0.494	28	−0.326	21	−0.434	23
甘肃	−0.642	30	−0.471	28	−0.352	22	−0.642	31	−0.554	26
青海	−0.686	31	−0.267	17	−0.080	12	−0.624	30	−0.776	29
宁夏	−0.608	29	−0.411	23	−0.505	30	−0.283	19	−0.629	28
新疆	0.010	7	0.060	8	−0.467	27	−0.172	14	-0.385	20

（2）省际维度金融市场效率分布特点。综合时序变化和省际分布特点来看，金融市场效率情况的分布为东部地区省（市）占高效率省（区、市）数量的绝对多数，效率分布呈东部地区向西部地区下降的趋势，且有一个大致现象，即金融市场效率高的省（区、市），其实体金融效率不一定高。

2013 年金融市场效率排名前 15 位的省（区、市）中，东部地区有北京、天津、河北、辽宁、上海、江苏、浙江、福建、山东、广东，中部地区有安徽、湖北、湖南，西部地区有四川和内蒙古。排名最后 5 位的是吉林、宁夏、青海、海南、西藏。东部地区金融市场效率明显高于中西部地区。

经过 5 年发展，2017 年金融市场效率排名前 15 位的省（区、市）中，东部地区有北京、河北、上海、江苏、浙江、安徽、福建、山东、广东，中部地区有河南、湖北、湖南，西部地区有云南、陕西、新疆。排名最后 5 位的是山西、黑龙江、宁夏、甘肃、青海。

宁夏、青海、甘肃均是处于内陆深处的省（区），其金融业发展情况较差，综合市场运行效率和直接融资效率两方面，其金融市场效率始终较低。中部地区各省效率排名此起彼伏，总体上排名无明显变动，东部地区各省（市）则普遍金融业发展态势较好，金融市场效率稳居前列。相对于 2013 年，辽宁、内蒙古、四川 2017 年金融市场效率排名下降明显。辽宁经历了多年的经济持续低迷，金融依然是其突出短板，2019 年辽宁与 8 家金融机构签署战略合作协议，希望借助金融力量加快新旧动能转换的愿望尤为迫切，相信经过金融机构与政府部门主动作为，金融资源配置即将更多向新产业、新模式、新业态集聚，金融业也将得到发展。内蒙古的发展一直以来都有“四多四少”特点，即传统产业多、新兴产业少，低端产业多、高端产业少，资源型产业多、高附加值产业少，劳动密集型产业多、资本密集型产业少，产业发展仍然较多地依赖资源开发，产业结构单一化、重型化特征明显，在这样的条件下其金融市场效率相较于我国其他省（区、市）表现则处于后位，市场运行效率及直接融资效率都较低。根据《内蒙古自治区新兴产业高质量发展实施方案（2018—2020 年）》，内蒙古通过扩大工业有效投资转变经济发展方式的任务艰巨，但也是实现产业现代化升级的重要一环。四川是第三批自贸区改革示范省，在其省内金融业发展迅速，但其金融发展注重规模发展，忽视了效率问题与结构问题（王家瑶，2017），因此其 2018 年金融市场效率相较于其他省（区、市）处于后位，截至 2018 年底，四川资本市场累计实现直接融资 2 860 亿元，同比增长 70%；共有上市公司 120 家，总市值 1.08 万亿元，排名全国第八位，稳居中西部地区第一位，在示范区改革的作用下，其金融市场效率显著提升。

10.2.1.5 省际维度金融效率综合变化

将实体金融效率与金融市场效率分别放入象限图的横坐标与纵坐标，将得到金融效率省际分布更直观的体现。利用金融市场效率与实体金融效率各自平均值形成四个象限，从上至下、从右至左分别表示第一、第二、第三、第四象限。当代表该省（区、市）的点位于第一象限，表示该省（区、市）金融市场效率、实体金融效率都高于全国平均水平，越远离平均线效率越高；同理，当点位于第二象限表示其金融市场效率高于全国平均水平、实体金融效率低于全国平均水平，当点位于第三象限表示其金融市场效率和实体金融效率均低于全国平均水平，当点位于第四象限表示其金融市场效率低于全国平均水平、实体金融效率高于全国平均水平。

通过对比 2013 年和 2017 年金融效率分布象限图，如图 10-5、图 10-6 所示，5 年间代表我国 31 个省（区、市）的点的分布更加分散化，意味着各地金融效率差距增大，该差距体现在：一是东西部地区金融市场效率差距显著扩大，北京、上海、广东、浙江、山东、江苏等东部省（市）金融业发展迅速，中西部地区金融业发展缓慢；二是与 2013 年相比，众多中西部地区省（区、市）实体金融效率显著下降，必须防止金融资源空转现象，防范金融“脱实向虚”的发生。虽然各省（区、市）的金融业都得到了一定的发展，但规模发展的同时需将金融的本职工作——服务实体经济放在首要地位，不可盲目追求规模扩张，需同时注重效率问题，否则就会出现金融业发展了实体金融效率却降低了的现象。

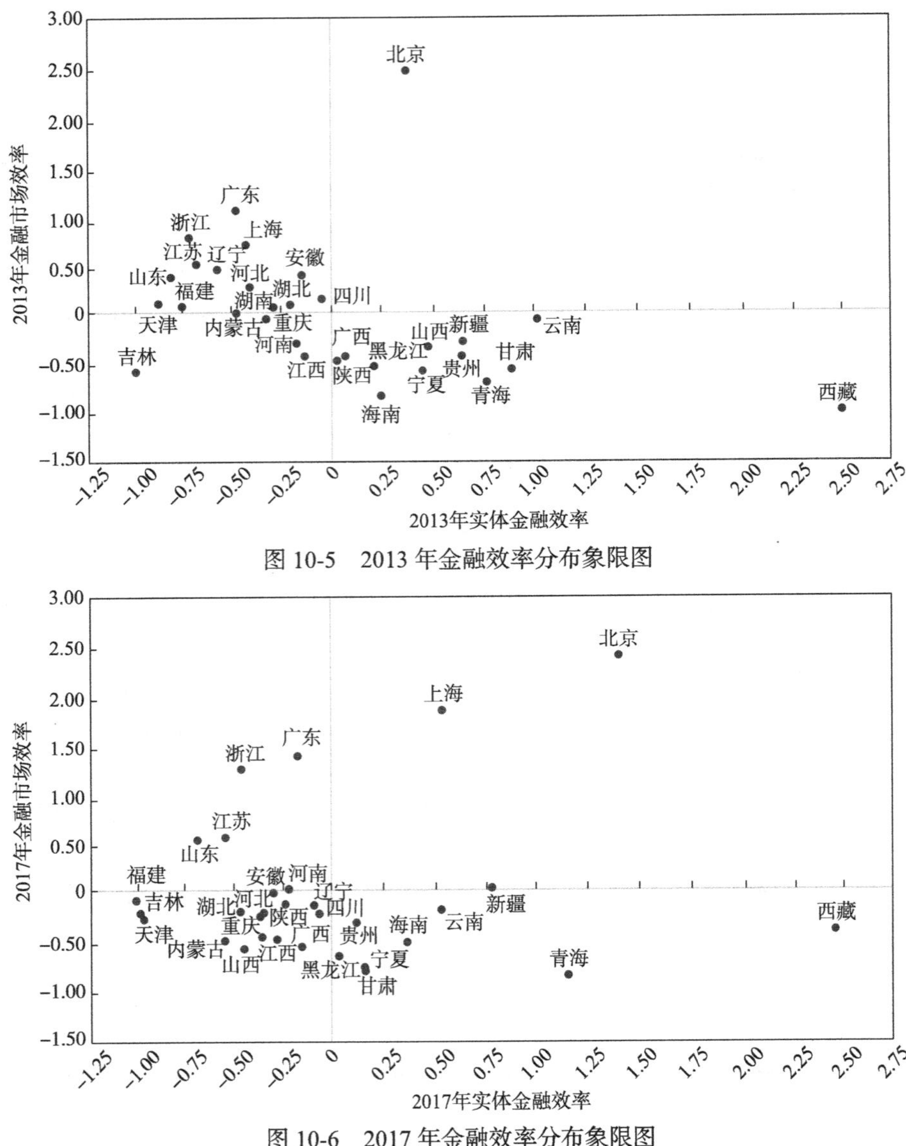

图 10-5　2013 年金融效率分布象限图

图 10-6　2017 年金融效率分布象限图

10.2.2　经济高质量发展水平的度量与分析

10.2.2.1　经济高质量发展度量指标体系构建

新发展理念于 2015 年在党的十八届五中全会第二次全体会议上被明确提出，包含“创新、协调、绿色、开放、共享”的发展理念，其指明了“十三五”乃至更长时期我国的发展思路、发展方向和发展着力点，揭示了我国实现更高质量、更有效、更公平、更可持续发展的必经之路。2017 年中央经济工作会议提出了“加快推动高质量发展的指标体系”的要求。根据新发展理念的内涵指引，经济发展情况的评判已不仅仅是以经济总量规模和增长速度为简单的核算标准，发展质量也成为核心判断标准，需要将增长动力转换、产业结构调整、区域协调发展、民生福祉、绿色发展等作为重要关注点。因此，对经济高质量发展情况的衡量将采用多维度综合指标衡量的方式，基于 2010~2017 年统计数据从五个维度对我国总体经济高质量发展时序动态进行刻画，同时对我国 31 个省（区、市）各自的经济高质量发展动态演进过程进行研究。

1）经济高质量发展研究维度选择

基于以上认识，本书选择从五大新发展理念维度，进行经济高质量发展指标体系的构建。下面进行各维度内在要求及二级指标方面的阐释。

（1）创新维度。“创新引领”是目前及未来经济发展的动力转换方向。创新水平的衡量，一方面要看当前创新所带来的绩效，另一方面要注重创新的潜力与动力储备，特别是结合人才强国战略，通过科研投入、智力资本投入、高水平人才积累实现创新的可持续性。因此，构建的指标体系在创新维度方面将采取创新成效、创新潜能作为二级指标，创新成效从创新成果、创新转化方面进行衡量，创新潜能从科研投入、智力资本、高等教育三个方面进行衡量。

（2）协调维度。协调是经济持续健康发展的内在要求。本书将协调的重心放在两个二级指标上，分别是城乡协调和产业协调。城乡协调是增强区域协调发展的重要一步，需要防止资源在城市的过度集中，以免导致农村空心化、城乡发展差距进一步扩大，包括经济运行、社会发展、居民生活方面。产业协调发展需要实现主导产业由第一、第二产业向第三产业逐渐过渡，并且将经济发展重心放于实体经济，防范产业空心化风险，衡量方面包括产业结构与产业空心化倾向。

（3）绿色维度。绿色是永续发展的必要条件，也是造福人民的最佳路径。要实现绿色发展需从降低能耗、减少污染、加强环境治理方面入手，同时考虑人民生活环境，因此选择能源消耗、污染排放、居住环境治理、资源再利用与治理作为二级指标。能源消耗方面可分为可再生能源与不可再生能源消耗，资源再利用与治理方面包括废物资源再利用与土地资源治理。

（4）开放维度。多年的历史经验告诉我们，开放是国家繁荣发展的必由之路，是向世界展现中国风采的大门。通过主动参与和推动经济全球化，可实现中国经济更高层次的发展，提升国家的综合实力。开放发展一方面需要在经济方面兼顾双向经济贸易规模的协调扩大及投资规模的扩大，另一方面需要在人文社会领域加强国际人文交流与合作。具体而言，以经贸投资、人文社会为两项二级指标，经贸投资从进出口贸易、跨境投资、开放质量三个方面进行衡量，人文社会从留学教育、跨境旅游两个方面进行衡量。

（5）共享维度。共享发展是坚持社会主义价值追求、走向公平正义的重要路径，其根本在于增加全体人民在参与国家建设中的获得感，是谋民生福祉的重要体现。共享发展在微观方面要求提升居民收入、提升其消费质量，改善其生活品质；在宏观方面要求社会层面形成更好的公共卫生体系、更公平的收入分配体系，加强人民的生活保障。因此，以居民生活质量、社会公共环境为二级指标，从居民收支、信息可获得性、公共基础设施、公共卫生、社会保障方面进行衡量。

2）经济高质量发展指标体系

根据以上分析，在二级指标下再进行具体指标的选择，形成如表 10-15 所示的经济高质量发展指标体系，并对指标进行正负属性定义。

表10-15　经济高质量发展指标体系

维度	二级指标	具体指标	代理变量	属性
创新	创新成效	创新成果	发明专利申请受理数	+
			发明专利授权数	+
		创新转化	技术市场成交额	+
	创新潜能	科研投入	研发经费/GDP	+
		智力资本	公有经济企事业单位专业技术人员数/常住人口数	+
			本科生预计毕业数（人）	+
		高等教育	研究生授予学位数（人）	+
			国家财政性教育经费/GDP	+
			地方财政教育支出/GDP	+
协调	城乡协调	经济运行	农村农户固定资产投资额/全社会固定资产投资额	+
		社会发展	乡村医生和卫生员/卫生机构人员数	+
			城区普通高中学校数（所）/普通高中学校总数	−
		居民生活	用水普及率（%）	+
			城乡居民消费水平对比（农村居民=1）	−
			城乡居民收入水平对比（农村居民=1）	−
			城镇医疗保健支出占消费性支出/农村医疗保健支出占消费性支出	−
	产业协调	产业结构	第三产业比重	+
		产业空心化倾向	房地产业增加值/第三产业增加值	−
绿色	能源消耗	不可再生能源消耗	能源消费量（万吨标准煤）/GDP	−
			汽油消费量（万吨）/GDP	−
			柴油消费量（万吨）/GDP	−

续表

维度	二级指标	具体指标	代理变量	属性
绿色	能源消耗	可再生资源消耗	电力消费量（亿千瓦小时）/GDP	−
			人均日生活用水量（升）	−
			[生产用水−供水总量（万立方米）]/GDP	−
	污染排放	污水排放	废水排放总量（万吨）/GDP	−
	居住环境治理	绿化治理	建成区绿化覆盖率（%）	+
	资源再利用与治理	废物资源再利用	工业固体废物综合利用量/工业固体废物产生量	+
		土地资源治理	（水土流失治理面积−新增）/水土流失治理面积	+
开放	经贸投资	进出口贸易	进出口总额/GDP	+
			出口总额/GDP	+
		跨境投资	外商投资注册登记企业数（户）	+
			外商直接投资总额（亿美元）	+
		开放质量	社会消费品零售总额/出口总额	+
	人文社会	留学教育	高等教育学校外国留学生招生数（人）	+
		跨境旅游	接待入境旅游者人数（万人次）	+
共享	居民生活质量	居民收支	劳动者报酬/收入法地区生产总值（亿元）	+
			城镇居民人均年可支配收入（元）	+
			农村居民消费水平（元）	+
			城镇居民消费水平（元）	+
			农村居民恩格尔系数	−
		信息可获得性	电视节目综合人口覆盖率（%）	+
	社会公共环境	公共基础设施	人均城市道路面积（平方米）	+
			城市人均公园绿地面积（平方米）	+
			每万人拥有公共交通车辆（标台）	+
		公共卫生	卫生机构数（个）/年底常住人口	+
			卫生机构人员数（个）/年底常住人口	+
		社会保障	基本养老保险参保人数/年底常住人口	+
			城镇基本医疗保险年末参保人数/年底常住人口	+

10.2.2.2 经济高质量发展水平度量方法

本书参照魏敏和李书昊（2018）综合指数评价模型的方法，实证测度我国总体及 31 个省（区、市）2010~2017 年经济高质量发展水平，以得到我国经济高质量发展指数及其下属五个维度指数序列，以及 31 个省（区、市）经济高质量发展指数及其下属五个维度指数序列，具体处理方法如下。

（1）指标标准化处理。根据指标具体含义及其理论意义，将各指标进行正向化或逆向化处理。

对于正向指标，标准化处理如下：

$$X_{tn}=\frac{x_{tn}-\min\left(x_{1n},x_{2n},x_{3n},\cdots,x_{Tn}\right)}{\max\max\left(x_{1n},x_{2n},x_{3n},\cdots,x_{Tn}\right)-\min\left(x_{1n},x_{2n},x_{3n},\cdots,x_{Tn}\right)} \tag{10-8}$$

对于逆向指标，标准化处理如下：

$$X_{tn}=\frac{\max\left(x_{1n},x_{2n},x_{3n},\cdots,x_{Tn}\right)-x_{tn}}{\max\max\left(x_{1n},x_{2n},x_{3n},\cdots,x_{Tn}\right)-\min\left(x_{1n},x_{2n},x_{3n},\cdots,x_{Tn}\right)} \tag{10-9}$$

其中，X_{tn} 为相对应标准化后的经济高质量发展指标数据；x_{tn} 为第 t 年第 n 个经济高质量发展具体指标的原始数据；T 为总时期数。

（2）计算标准化数据的信息熵 E_n。根据信息论基本原理，用信息衡量系统的有序程度，熵衡量系统的无序程度；指标的信息熵越大，表示该指标提供的信息量越大，在综合评价中所起作用理应越大，权重应越高。其计算方法如下：

$$E_n=M\cdot\sum_{t=1}^{T}\left(\frac{X_{tn}}{\sum_{T}^{t=1}X_{tn}}\cdot\text{Ln}\frac{X_{tn}}{\sum_{T}^{t=1}X_{tn}}\right) \tag{10-10}$$

其中，$M=\text{Ln}\frac{1}{T}$。

（3）通过信息熵计算各具体指标权重 W_n。熵权法作为一种客观赋权法，比主观赋权法具有更高的可信度和精确度，能深刻反映出指标的区分能力，进而确定权重。

$$W_n=\frac{1-E_n}{\sum_{t=1}^{N}(1-E_n)} \tag{10-11}$$

（4）通过指标权重 W_n 计算经济高质量发展各维度指数。

$$I_d=\frac{\sum_{n\in S_d}W_nX_n}{\sum_{n\in S_d}W_n} \tag{10-12}$$

（5）通过各维度指数，等权重加总得到经济高质量发展指数。

$$I=\frac{1}{5}\sum_{d=1}^{5}I_d \tag{10-13}$$

基于熵权法计算出的指数介于 0~1，指数值越大表示发展质量越高。

10.2.2.3　全国维度经济高质量发展水平度量与分析

根据以上方法对我国 2010~2017 年整体经济高质量发展情况进行测度，基于科学性与权威性，原始数据来源于 2011~2018 年《中国统计年鉴》。测算结果如表 10-16 所示。

表10-16　全国维度经济高质量发展指数情况

年份	创新指数	协调指数	绿色指数	开放指数	共享指数	经济高质量发展指数
2010	0.028 334 73	0.389 279 82	0.155 105 88	0.360 156 87	0.038 088 66	0.194 193 19
2011	0.182 605 39	0.402 999 74	0.278 418 52	0.456 154 07	0.213 728 51	0.306 781 25
2012	0.286 503 73	0.481 260 18	0.360 121 39	0.485 138 74	0.354 191 29	0.393 443 06
2013	0.413 569 60	0.515 371 46	0.676 050 60	0.350 466 67	0.499 670 26	0.491 025 73
2014	0.471 679 83	0.492 248 52	0.752 707 40	0.362 442 96	0.626 327 95	0.541 081 33
2015	0.625 699 04	0.556 979 51	0.757 683 43	0.441 010 44	0.734 393 75	0.623 153 24
2016	0.705 987 24	0.517 175 73	0.789 024 10	0.512 346 46	0.812 565 60	0.667 419 83
2017	0.964 304 09	0.491 941 73	0.839 600 00	0.689 365 62	0.934 168 42	0.783 875 97

将上述指数序列表示为更直观的图形，如图 10-7 所示。

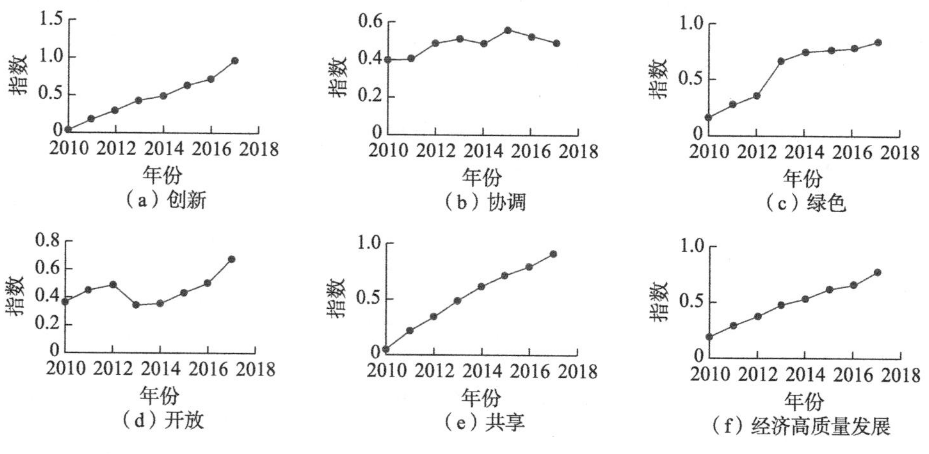

图 10-7　全国维度经济高质量发展指数情况

2010~2017 年我国经济高质量发展指数稳步上升，经济质量改善明显，具体各维度有如下特征。

1）我国创新成效显著，创新指数年年攀升

科技创新已成为支撑国家发展、保障国家安全的关键力量和锐利武器。2016年，中共中央、国务院发布《国家创新驱动发展战略纲要》并召开“科技三会”①，提出我国科技创新“2020 年进入创新型国家行列、2030 年进入创新型国家前列、新中国成立 100 年时成为世界科技创新强国”的“三步走”战略目标。着眼现在，国际社会越来越多的评论认同了我国逐渐摆脱创新跟随者，正以赶超者的姿态迈入世界创新舞台的中心。根据 2017 年由世界知识产权组织、美国康奈尔大学和英士国际商学院联合发布的《全球创新指数》报告，“中国在全球创新指数的排名再次提升，已成功跻身全球创新领导者行列”。

回顾 2018 年、2019 年，我国科技创新成果、重大创新成果竞相涌现、熠熠生辉，触及边界从太空到深海、从实验室到指尖。2018 年，在生物领域，我国突破了灵长类动物克隆的世界难题②；在物理领域，首次获得了水合离子的原子级图像，并发现其输运的“幻数效应”③，未来在离子电池、海水淡化及生命科学相关领域等将有重要应用前景，在超导块体中发现马约拉纳任意子，有望助力构建稳定的、高容错、可拓展的未来量子计算机④；在基础建设领域，完成了世界总体跨度最长、钢结构桥体最长、海底沉管隧道最长的跨海大桥——港珠澳大桥的建设；在科学装置建设领域，建成了我国最大的科学装置，世界上第三大散裂中子源装置，构成世界四大脉冲式散裂中子源；在农业领域，水稻分子设计育种取得新进展，“中科 804”脱颖而出⑤；在卫星应用技术领域，我国自主建设、独立运行的北斗三号卫星导航系统宣告建成，并开始提供全球服务。2019 年，“嫦娥四号”代表人类首次月背软着陆，成为数十亿年来的首位月背地球探访者；5G（第五代

① “科技三会”即全国科技创新大会、两院院士大会、中国科学技术协会第九次全国代表大会。

② 2018 年 1 月，顶级期刊 *CELL* 以封面文章报道了中国科学院神经科学研究所（上海）研究团队成功克隆灵长类食蟹猴（长尾猕猴）的研究成果，中国科学院神经科学研究所孙强团队经过 5 年努力培育出克隆猴“中中”和“华华”，标志着我国成功突破了现有技术无法克隆灵长类动物的世界难题，率先开启了以猕猴作为实验动物模型的时代。

③ 2018 年 5 月，国际顶级学术期刊《自然》发表中科院院士、北京大学讲席教授王恩哥与北京大学物理学院教授江颖带领课题组，在实验中首次获得了单个的水合离子，随后通过高精度扫描探针显微镜，得到其原子级分辨图像的研究成果。

④ 2018 年 8 月，《科学》杂志发表中国科学院物理研究所和中国科学院大学高鸿钧、丁洪联合研究团队利用极低温-强磁场-扫描探针显微系统，首次在铁基超导体中观察到马约拉纳零能模的研究成果。

⑤ “中科 804”是由中国科学院遗传与发育生物学研究所、中国农业科学院深圳农业基因组研究所、中国科学院北方粳稻分子育种联合研究中心育种，采用吉粳 88/南方长粒粳选育而成的水稻品种。该水稻新品种在产量、品质、抗稻瘟病、抗倒伏等农艺性状方面均表现突出，成为我国水稻家族的后起之秀。

移动通信技术）商用牌照的发放意味着我国抢先抓住了数字经济发展的契机，处于推动万物互联时代来临的第一梯队；科创板的鸣锣开始为我国科技创新产业注入新鲜活力与强劲动力；"天机芯"的问世实现面向人工通用智能的世界首款异构融合类脑计算芯片的创造①；我国第一艘国产航空母舰"山东号"的顺利交付、我国推力最大的新一代运载火箭——长征五号的成功复出；等等。这些科技科研成果都昭示着我国创新实力的提升。同时，制度创新、体系创新、执法方式创新等方面的改进都在创新成果转化过程中起到了至关重要的作用。

2）我国协调质量呈波动性改善，协调指数总体增加

一方面，区域协调发展加强。改革开放后，实行部分地区、部分人先致富，逐步实现共同富裕的方针，区域政策效率优先原则使得以特区为代表的沿海地区迅猛发展。1999 年来，区域政策再次将平衡发展提上日程，西部大开发、东北老工业基地振兴、中部崛起、东部率先发展的区域发展总体战略逐步形成，特别是党的十八大以来，京津冀协同发展、长江经济带、粤港澳大湾区、长三角区域一体化等一系列重大区域战略稳步推进，南北西东纵横联动发展的新格局正在形成。聚焦城乡发展，我国城乡区域经济社会一体化发展新格局逐渐形成。城镇化方面，2018 年我国户籍人口城镇化率达到 43.4%，随着工业化和城镇化进程的加快，城镇网络体系持续完善，城市数量由 1949 年的 132 个发展到 2018 年的 672 个；农村建设方面，2018 年，全国农村地区户所在自然村通电、通公路、通电话的比例均超过 99.5%，超 98%能接收有线电视信号，超 95%已通宽带。乡村振兴战略的稳步实施使得农村人居环境在饮用水净化、垃圾处理方面都明显改善。另一方面，经济结构得到优化，农业上生产条件大幅改善，工业上体系逐步完善，服务业上需求满足能力不断提升，产业结构从以依赖单一产业为主转向依靠三次产业共同带动，2018 年，第一、第二、第三产业比重分别为 7.2%、40.7%和 52.2%，对经济增长的贡献率分别为 4.2%、36.1%和 59.7%。

3）我国绿色发展阶梯式上升，环境治理成效初步显现

改革开放以来，经济高速发展的背后是以环境为代价的，雾霾、水污染、垃圾处理失当等问题不断出现，资源的快速消耗、人民生存环境的破坏在为经济买单。

对比他国的经济发展与环境保护关系，以德国为例的先污染后治理型，在工业革命后巨额财富创造的同时，发生了连续的环境污染灾难，空气、水质、土壤

① 2018 年 8 月，《自然》发表了基于清华大学类脑计算研究中心施路平教授团队的最新研究成果——类脑计算芯片"天机芯"的论文《面向人工通用智能的异构天机芯片架构》(Towards artificial general intelligence with hybrid Tianjic chip architecture)，实现了我国在芯片和人工智能两大领域《自然》论文零的突破。

受到严重污染，人民深受其害。从 20 世纪 70 年代起德国政府通过制定一系列环境保护法律法规，并将环境保护写入《基本法》，将环保问题视为经济问题，严格执行审批和检查制度来规范企业行为。两德统一后的国有化工企业开始进行结构转型，并由联邦、州政府投入巨额资金用于基础设施和环境治理。如今的德国拥有世界上非常完备、详细的环保法，并且拥有蓝天白云、花草树木与厂房共立的著名“德国中部化工三角区”。以新加坡为例的未雨绸缪型，在工业化初期即实行城市功能分区，分离工业区与居住区，避免了居民生活环境污染，通过加快完善城市环境基础设施建设，成为闻名世界的“花园城市”。以日本为例的及时醒悟型，也在公害事件[①]爆发后，开始以环境优先为原则，实施严格的环境法律和标准，几十年的努力基本解决了大部分工业污染问题。

我国部分地区政府对环境保护认识不到位、对严格执法存有顾虑，产业基础也多以高能耗、重污染为主，致使环境问题日趋严峻。党的十八大以来，我国生态保护决心、力度前所未有地加大，产业上淘汰落后产能、推进重点行业节能减排，生态上加强重点流域海域水污染防治，推进重大生态保护和修复工程，加强荒漠化、石漠化、水土流失综合治理，取得了一定的成效。十三届全国人民代表大会第一次会议通过《中华人民共和国宪法修正案》，将生态文明正式写入国家根本法，表明以生态保护治理为重点的绿色发展战役吹响了号角。环境治理在目前的技术条件下难以一蹴而就，短短几年难以消化几十年的污染存量，还需社会、企业、政府在未来协同努力。

4）我国开放程度小幅波动中总体加大态势明显

经过坚定贯彻改革开放的理念，我国参与国际经济活动的方式明显改善：从开放初期以廉价劳动力作为参与要素，进行低质量、档次产品的生产，逐渐发展为引进外资、技术、品牌等高级生产要素的参与形式。纵观我国的开放发展脉络，在国际上充分利用经济全球化下要素快速流动的有利条件参与经济活动，在国内实行经济市场化，兴建经济特区、保税区、出口加工区、高新技术园区及其配套设施，并因地制宜相关产业规划、优惠政策，进行营商环境的改善，使得我国开放型经济更加扩大。从 2013 年自贸区始建及“一带一路”这一促进世界合作共赢的公共产品的建设，使得我国内外开放基础都更上一个台阶。根据海关总署数据，2019 年上半年，已运营的 12 个自贸区新增海关注册企业超过 5 000 家，累计海关注册企业 85 000 余家，实现进出口总值 1.61 万亿元，同比增长 4.3%，占我国同

---

① 日本四大公害时间：水俣病事件（1952~1972 年间断发生），共计死亡 50 余人，283 人严重受害而致残；富山骨痛病事件（1931~1972 年间断发生），致 34 人死亡，280 余人患病；四日市气喘病事件（1961~1970 年间断发生），受害人 2 000 余人，死亡和不堪病痛而自杀者达数十人；米糠油事件（1968 年 3~8 月），致数十万只鸡死亡、5 000 余人患病、16 人死亡。

期外贸总量（14.67 万亿元，同比增长 3.9%）的 10.97%；商务部统计数据显示，2019 年上半年，自贸区吸收外资实现高速增长，实际使用外资同比增长 20.1%，占比为 14.5%。随着 2019 年 8 月国务院印发《中国（山东）、（江苏）、（广西）、（河北）、（云南）、（黑龙江）自由贸易试验区总体方案》，我国自贸区已达 18 个，形成了沿海省（区、市）全覆盖、内陆重点开放的格局，如表 10-17 所示。

表10-17 我国自贸区概况

成立时间	名称	定位情况
2013 年	上海自贸区	中国经济新的试验田，成为具有国际水准的投资贸易便利、货币兑换自由、监管高效便捷、法制环境规范的自贸试验区
2014 年	广东自贸区	粤港澳深度合作示范区、21 世纪海上丝绸之路重要枢纽和全国新一轮改革开放先行地
	福建自贸区	深化两岸经济合作的示范区、面向 21 世纪海上丝绸之路沿线国家和地区开放合作新高地
	天津自贸区	京津冀协同发展高水平对外开放平台、全国改革开放先行区和制度创新试验田、面向世界的高水平自由贸易园区
2016 年	辽宁自贸区	提升东北老工业基地发展整体竞争力和对外开放水平的新引擎
	河南自贸区	服务于“一带一路”建设的现代综合交通枢纽、全面改革开放试验田和内陆开放型经济示范区
	浙江自贸区	东部地区重要海上开放门户示范区、国际大宗商品贸易自由化先导区和具有国际影响力的资源配置基地
	湖北自贸区	中部崛起战略和推进长江经济带发展示范区
	重庆自贸区	“一带一路”和长江经济带互联互通重要枢纽、西部大开发战略重要支点
	四川自贸区	西部门户城市开发开放引领区、内陆开放战略支撑带先导区、国际开放通道枢纽区、内陆开放型经济新高地、内陆与沿海沿边沿江协同开放示范区
	陕西自贸区	全面改革开放试验田、内陆型改革开放新高地、“一带一路”经济合作和人文交流重要支点
2018 年	海南自贸区	全面深化改革开放试验区、国家生态文明试验区、国际旅游消费中心和国家重大战略服务保障区、我国面向太平洋和印度洋的重要对外开放门户
2019 年	上海临港新区	我国深度融入经济全球化的重要载体
	山东自贸区	海洋经济对外开放新高地
	江苏自贸区	开放型经济发展先行区、实体经济创新发展和产业转型升级示范区
	广西自贸区	21 世纪海上丝绸之路和丝绸之路经济带有机衔接的重要门户
	河北自贸区	国际商贸物流重要枢纽、新型工业化基地、全球创新高地和开放发展先行区
	云南自贸区	“一带一路”和长江经济带互联互通的重要通道
	黑龙江自贸区	俄罗斯及东北亚区域合作的中心枢纽

5）我国共享指数逐年上升，共享发展情况良好

我国经济总量上的成就举世瞩目，同时在居民收入、社会保障、生活质量方

面也有明显的改善。改革开放以来，中国创造了“增长奇迹”，经济总量不断扩张，GDP 增速远高于同期世界平均水平，已经成为世界第二大经济体。近年来，我国居民人均可支配收入保持上涨态势，即使 2020 年受到新型冠状病毒肺炎疫情影响，仍比 2019 年名义增长 4.7%，扣除价格因素后，实际增长 2.1%，整体上依然维持了上涨趋势。2021 年，我国脱贫攻坚战全面胜利，在几千年发展历史上首次整体消除绝对贫困，实现了中国人民的百年夙愿、千年梦想。然而，经济总体进步的同时，更需要注重经济成果对广大群众的惠及状况，更需要深入发现仍存在的群体差异，防止广大群众“被平均”。显而易见，我国仍然面临虚拟经济过度发展、实体经济支持力度不足、经济具有泡沫化，城市外来务工人员、农村留守儿童和空巢老人带来的社会问题，以及养老问题日益严峻。我国在义务教育、医疗、养老等方面对普通人群的托底力度还有上升空间，需要继续对特殊困难人群和急需救助人群进行帮助。

10.2.2.4　省际维度经济高质量发展水平度量与分析

根据上述综合指数评价法，利用经济高质量发展指标体系，计算我国 31 个省（区、市）2010~2017 年经济高质量发展指数，结果如表 10-18 所示。

表10-18　省际经济高质量发展指数情况

省（区、市）	2017 年	2016 年	2015 年	2014 年	2013 年	2012 年	2011 年	2010 年
北京	0.643 0	0.633 2	0.594 9	0.656 6	0.638 7	0.604 1	0.629 9	0.638 9
天津	0.361 9	0.359 3	0.313 9	0.390 7	0.413 6	0.365 5	0.416 1	0.383 3
河北	0.286 8	0.280 2	0.224 6	0.283 8	0.287 9	0.292 3	0.310 2	0.318 7
山西	0.284 3	0.266 3	0.239 0	0.278 8	0.276 4	0.281 5	0.289 7	0.295 1
内蒙古	0.280 6	0.289 1	0.230 6	0.305 0	0.289 8	0.271 9	0.278 5	0.269 6
辽宁	0.291 9	0.285 5	0.268 4	0.308 1	0.318 0	0.315 8	0.328 1	0.327 5
吉林	0.254 3	0.275 2	0.227 1	0.285 6	0.296 3	0.286 5	0.297 2	0.310 4
黑龙江	0.276 5	0.272 4	0.241 6	0.281 0	0.280 7	0.278 2	0.276 4	0.292 4
上海	0.492 2	0.484 3	0.450 5	0.483 0	0.491 6	0.482 8	0.522 3	0.514 7
江苏	0.478 3	0.462 3	0.438 1	0.475 2	0.474 1	0.474 0	0.480 1	0.467 8
浙江	0.408 9	0.418 7	0.393 8	0.422 7	0.410 8	0.392 0	0.415 4	0.438 4
安徽	0.270 4	0.270 1	0.242 6	0.270 0	0.274 7	0.283 4	0.278 1	0.288 8
福建	0.339 6	0.341 1	0.293 9	0.341 9	0.336 8	0.330 2	0.334 3	0.360 1
江西	0.259 1	0.261 3	0.226 0	0.273 5	0.282 5	0.287 8	0.295 1	0.314 8
山东	0.379 2	0.385 7	0.352 2	0.386 2	0.388 6	0.362 6	0.382 8	0.374 4
河南	0.272 9	0.264 0	0.220 5	0.274 4	0.261 7	0.285 1	0.276 9	0.299 0
湖北	0.281 8	0.272 5	0.245 6	0.288 2	0.299 6	0.272 8	0.292 5	0.303 6

续表

省(区、市)	2017年	2016年	2015年	2014年	2013年	2012年	2011年	2010年
湖南	0.292 3	0.293 0	0.253 1	0.290 8	0.280 7	0.268 8	0.275 4	0.286 5
广东	0.477 9	0.474 6	0.455 0	0.475 7	0.471 4	0.466 4	0.475 7	0.467 1
广西	0.232 5	0.237 3	0.212 9	0.239 6	0.219 7	0.226 6	0.222 1	0.227 2
海南	0.254 3	0.303 3	0.251 8	0.281 3	0.302 7	0.250 4	0.277 5	0.228 1
重庆	0.248 2	0.270 0	0.254 6	0.305 3	0.311 2	0.309 9	0.282 9	0.291 6
四川	0.284 1	0.290 5	0.233 0	0.274 7	0.274 8	0.267 9	0.270 8	0.295 6
贵州	0.229 7	0.255 0	0.189 9	0.243 1	0.242 8	0.233 7	0.230 9	0.231 0
云南	0.248 2	0.250 0	0.210 8	0.263 5	0.257 9	0.256 6	0.260 7	0.266 3
西藏	0.328 4	0.343 4	0.277 5	0.344 5	0.371 4	0.368 5	0.357 5	0.341 9
陕西	0.273 7	0.296 3	0.267 8	0.331 0	0.345 3	0.323 4	0.325 5	0.332 8
甘肃	0.256 3	0.234 3	0.185 9	0.227 9	0.229 4	0.235 9	0.229 8	0.225 2
青海	0.246 2	0.240 7	0.192 9	0.238 0	0.220 3	0.222 8	0.248 4	0.255 7
宁夏	0.233 0	0.236 4	0.217 5	0.247 9	0.241 7	0.252 1	0.241 1	0.263 0
新疆	0.236 8	0.246 9	0.198 8	0.251 3	0.237 3	0.262 8	0.281 9	0.284 0

由各省(区、市)经济高质量发展指数情况可知，指数并非持续上升，相较于 2010 年，众多省(区、市)2017 年的指数是下降的，因此可以认为从综合创新发展、协调发展、绿色发展、开放发展、共享发展的角度，我国部分省(区、市)的经济质量呈现下降趋势。

根据以上指数对 31 个省(区、市)每年的表现进行排名，结果如表 10-19 所示。

表10-19 省际经济高质量发展排名变化情况

省(区、市)	2017年	2016年	2015年	2014年	2013年	2012年	2011年	2010年
北京	1	1	1	1	1	1	1	1
天津	7	7	7	6	5	7	5	6
河北	12	16	23	17	17	13	12	12
山西	13	22	18	20	21	18	16	18
内蒙古	16	14	20	13	16	21	19	24
辽宁	11	15	10	11	11	11	10	11
吉林	23	17	21	16	15	15	13	14
黑龙江	17	19	17	19	20	19	23	19
上海	2	2	3	2	2	2	2	2
江苏	3	4	4	4	3	3	3	3
浙江	5	5	5	5	6	5	6	5
安徽	20	20	16	24	23	17	20	21

续表

省(区、市)	2017年	2016年	2015年	2014年	2013年	2012年	2011年	2010年
福建	8	9	8	9	10	9	9	8
江西	21	24	22	23	18	14	14	13
山东	6	6	6	7	7	8	7	7
河南	19	23	24	22	24	16	22	16
湖北	15	18	15	15	14	20	15	15
湖南	10	12	13	14	19	22	24	22
广东	4	3	2	3	4	4	4	4
广西	30	29	26	29	31	30	31	30
海南	24	10	14	18	13	27	21	29
重庆	25	21	12	12	12	12	17	20
四川	14	13	19	21	22	23	25	17
贵州	31	25	30	28	26	29	29	28
云南	26	26	27	25	25	25	26	25
西藏	9	8	9	8	8	6	8	9
陕西	18	11	11	10	9	10	11	10
甘肃	22	31	31	31	29	28	30	31
青海	27	28	29	30	30	31	27	27
宁夏	29	30	25	27	27	26	28	26
新疆	28	27	28	26	28	24	18	23

从排名结果可知，我国经济高质量发展靠前的仍以东部省（市）为主。各省（区、市）每年的排名具有一定波动性，根据2017年和2010年排名变化，经过8年发展，经济高质量发展排名进步的省（区、市）有天津、云南、河南、贵州、宁夏、重庆、新疆、江西、陕西、吉林，且进步名次依次增加，以中西部地区省（区、市）的内部排名变化为主。排名不变的省（区、市）有北京、河北、辽宁、上海、浙江、福建、湖北、广东、广西、西藏、青海，以东部地区省（市）为主。排名退步的省（区）有湖南、甘肃、内蒙古、山西、海南、四川、黑龙江、安徽、山东，退步名次依次增加。

根据31个省（区、市）创新、协调、绿色、开放、共享5个维度的指数变化，将每一年变化数据加总，得到2010~2017年8年间各发展维度及经济高质量发展的变化情况，可发现我国省际经济高质量发展有如下特点。

（1）我国创新发展范围显著扩大，其中陕西、四川、河南、安徽、浙江、山东、江苏、广东表现出更为强劲的创新发展趋势，创新势头向西部地区扩散形势喜人。

（2）我国协调发展有待进一步加强，只有内蒙古、甘肃、陕西、海南在协调发展方面表现出进步，其余省（区、市）均出现倒退。

（3）我国绿色发展仍有较大改进空间，仅西藏、青海、甘肃、黑龙江、吉林、湖南、广西、广东、海南、上海 10 省（区、市）在绿色发展指数上出现进步，表明其单位 GDP 能耗、污染等指标出现改善，其余省（区、市）均出现倒退。

（4）我国在开放发展方面普遍进步明显，仅新疆和青海未发生改进。在所有开放情况改善的省（区、市）中，不难看出黑龙江、吉林、甘肃改善程度最甚，总体来看中西部地区的改善幅度大于东部地区，可以认为我国的开放情况正在向东部、中部、西部地区更加平衡的趋势发展。

（5）在共享维度方面我国多数省（区、市）均处于进步状态，表示居民在经济发展过程中，获得感更强，生活品质有所改善，社会公共服务覆盖面加大。中西部地区部分省（区、市）发展变化更加明显，不过仍具备发展空间，以实现全国范围内的共享发展。

（6）综合以上五方面，内蒙古、甘肃、北京、山东、江苏、湖南、广西、广东、海南 9 省（区、市）经济高质量发展处于进步状态，其余省（区、市）均无改善。我国经济高质量发展程度还较低，不均衡发展形势明显。但其发展潜力在于东部、中部、西部地区均有省（区、市）入围进步行列，希望可以发挥辐射效应，引领带动周边省（区、市）高质量发展。

10.3 金融效率影响经济高质量发展的实证分析

10.3.1 全国维度金融效率与经济高质量发展

本节通过路径分析实证全国维度金融效率对经济高质量发展的影响，利用耦合协调分析研究 2010~2017 年我国金融效率与经济质量间的协调程度。

10.3.1.1 全国维度金融效率影响经济高质量发展的路径分析

路径分析是结构方程模型的一种形式，其研究重心是利用路径图分析变量间关系，建立与观测值一致的“原因”“结果”路径结构，从而对变量间关系进行解释。简单回归分析中的回归系数是自变量对因变量影响作用的毛测量，多元回归分析中则是以偏回归系数作为净测量，利用路径分析可以将毛作用分解为直接作用和间接作用，帮助进一步解释回归系数与偏回归系数的关系，从而对模型中的变量因果关系有更客观、具体、深入的理解。本书运用回归分析的检验方法进行假设检验，借助数理统计的方法原理进行模型拟合，寻找最佳模型。

1）数学模型构建

本书构建金融效率与经济高质量发展的递归路径模型，可表示为结构方程模型：

$$\varphi = \beta\varphi + \gamma\delta \tag{10-14}$$

其中，β 为 $m\times m$ 个内生变量间的结构矩阵，反映 φ 中内生变量间的相关关系；γ 为 $m\times n$ 个内生变量与外生变量及误差项间的结构系数矩阵，反映 φ 中内生变量与 δ 中外生变量和误差项间的相关系数；φ 为随机向量，其分量对应内生变量；δ 为随机向量，其分量对应外生观测变量和误差变量。

2）路径图构建

根据理论分析，做出金融效率对经济高质量发展影响的路径假设，从而构造路径图，矩形框表示可观测的观察变量，箭头表示从起点变量到终点变量的因果关系，假设路径如下。

假设路径 1：市场运行效率→经济高质量发展。

假设路径 2：直接融资效率→经济高质量发展。

假设路径 3：虚实转化效率→经济高质量发展。

假设路径 4：间接融资效率→经济高质量发展。

假设路径 5：市场运行效率→虚实转化效率→经济高质量发展。

假设路径 6：间接融资效率→虚实转化效率→经济高质量发展。

假设路径 7：间接融资效率→市场运行效率→经济高质量发展。

假设路径 8：直接融资效率→虚实转化效率→经济高质量发展。

假设路径 9：直接融资效率→市场运行效率→经济高质量发展。

假设路径 10：间接融资效率→直接融资效率→经济高质量发展。

形成如图 10-8 所示的金融效率与经济高质量发展路径假设图。

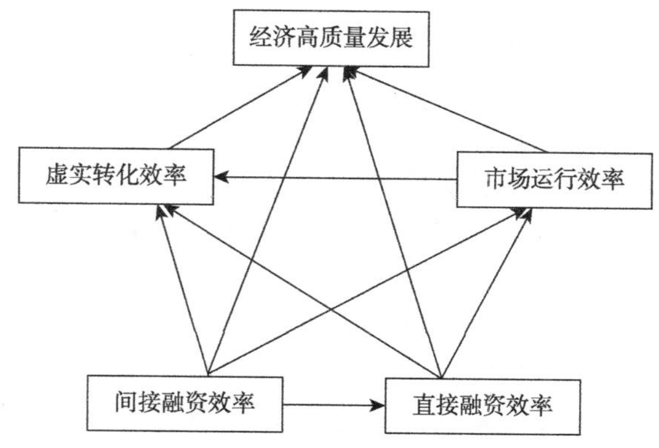

图 10-8 金融效率与经济高质量发展路径假设图

3）回归结果分析

进行模型回归后，得到回归系数结果，如表 10-20 所示。

表10-20 金融效率与经济高质量发展模型回归系数

X	→	Y	非标准化路径系数	z 值	P 值	标准化路径系数
市场运行效率	→	经济高质量发展	0.205	3.253	0.001	0.762***
直接融资效率	→	经济高质量发展	0.040	2.011	0.044	0.190**
虚实转化效率	→	经济高质量发展	−0.199	−2.412	0.016	−0.688**
间接融资效率	→	经济高质量发展	0.129	2.275	0.023	0.574**
市场运行效率	→	虚实转化效率	−0.532	−2.720	0.007	−0.569***
间接融资效率	→	虚实转化效率	0.375	1.849	0.065	0.484
间接融资效率	→	市场运行效率	−0.998	−9.806	0.000	−1.201***
直接融资效率	→	虚实转化效率	0.062	0.743	0.457	0.084
直接融资效率	→	市场运行效率	−0.328	−3.400	0.001	−0.416***
间接融资效率	→	直接融资效率	−0.719	−2.626	0.009	−0.680

***、**分别表示在 1%、5%水平下显著

表 10-20 展示了变量之间的影响关系情况，通常使用标准化路径系数值表示变量之间的影响关系，如果呈现出显著性，则说明变量之间有显著影响关系，反之说明变量之间没有影响关系。

从表 10-20 可知，市场运行效率对经济高质量发展产生影响时，标准化路径系数值为 0.762>0，并且此路径呈现出 1%水平的显著性，因而说明市场运行效率会对经济高质量发展产生显著的正向影响关系，假设路径 1 成立。

直接融资效率对经济高质量发展产生影响时，标准化路径系数值为 0.190>0，并且此路径呈现出 5%水平的显著性，因而说明直接融资效率会对经济高质量发展

产生显著的正向影响关系，假设路径 2 成立。

虚实转化效率对经济高质量发展产生影响时，标准化路径系数值为−0.688>0，并且此路径呈现出 5%水平的显著性，因而说明虚实转化效率会对经济高质量发展产生显著的负向影响关系，假设路径 3 成立。

间接融资效率对经济高质量发展产生影响时，标准化路径系数值为 0.574>0，并且此路径呈现出 5%水平的显著性，因而说明间接融资效率会对经济高质量发展产生显著的正向影响关系，假设路径 4 成立。

市场运行效率对虚实转化效率产生影响时，标准化路径系数值为−0.569>0，并且此路径呈现出 1%水平的显著性，因而说明市场运行效率会对虚实转化效率产生显著的负向影响关系，假设路径 5 成立。

间接融资效率对虚实转化效率产生影响时，此路径并没有呈现出显著性，因而说明间接融资效率对虚实转化效率并不会产生影响关系，假设路径 6 不成立。

间接融资效率对市场运行效率产生影响时，标准化路径系数值为−1.201>0，并且此路径呈现出 1%水平的显著性，因而说明间接融资效率会对市场运行效率产生显著的负向影响关系，假设路径 7 成立。

直接融资效率对虚实转化效率产生影响时，此路径并没有呈现出显著性，因而说明直接融资效率对虚实转化效率并不会产生影响关系，假设路径 8 不成立。

直接融资效率对市场运行效率产生影响时，标准化路径系数值为−0.416>0，并且此路径呈现出 1%水平的显著性，因而说明直接融资效率会对市场运行效率产生显著的负向影响关系，假设路径 9 成立。

间接融资效率对直接融资效率产生影响时，标准化路径系数值为−0.680>0，并且此路径呈现出 1%水平的显著性，因而说明间接融资效率会对直接融资效率产生显著的负向影响关系，假设路径 10 成立。

4）模型适配检验

为保证所建模型与数据的适配性，需对其拟合情况进行检验，如表 10-21 所示。

表10-21　模型适配情况

评价指标	指标值	评价标准	评价指标	指标值	评价标准
GFI	1.000	>0.90	CFI	1.000	>0.90
RMSEA	0	<0.10	NFI	1.000	>0.90
RMR	0	<0.05	NNFI[1)]	1.000	>0.90

1）NNFI 为非赋范拟合指数

根据拟合结果，可发现模型拟合良好，且在多次模型调整过程中对比赤池信息准则（Akaike information criterion，AIC）和贝叶斯信息准则（Bayesian information criterion，BIC）值，两值逐渐变低，AIC 值为−15.207，BIC 值为−14.095，说明模型得到优化。

5）影响路径结构图

根据回归结果最终得到以下金融效率与经济高质量发展的影响路径结构图（图 10-9）。

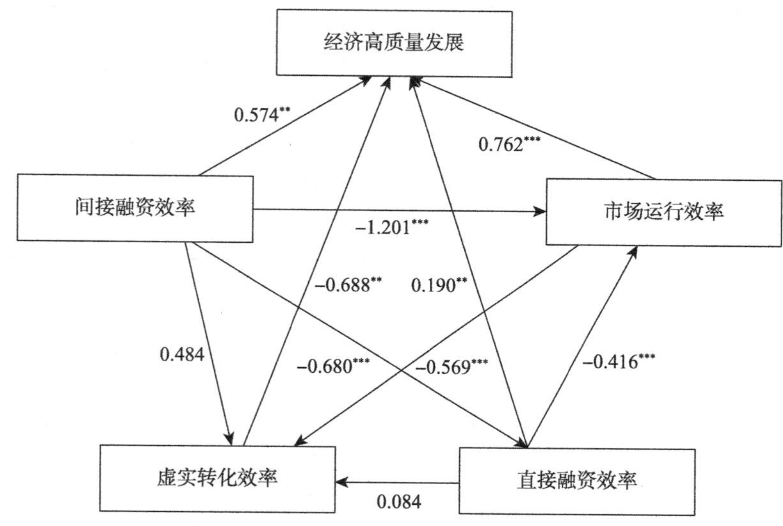

图 10-9 金融效率与经济高质量发展的影响路径结构图

***、**分别表示在 1%、5%水平下显著

10.3.1.2 全国维度金融效率与经济高质量发展的耦合协调分析

为探索我国金融效率与经济高质量发展的协调程度，通过耦合协调度模型计算出耦合协调程度，以及得到耦合协调等级水平。

耦合协调度由物理学中容量耦合系数模型而来，此模型涉及三个指标值的计算，分别是耦合度 C 值、协调指数 T 值、耦合协调度 D 值。参考丛晓男（2019）的研究成果，耦合度说明了系统间相互作用的强弱。包含实体金融效率、金融市场效率、经济高质量发展三个系统的耦合度 C 的计算方法为

$$C = 3 \times \left[\frac{U_1 \cdot U_2 \cdot U_3}{\left(U_1 + U_2 + U_3\right)^3} \right]^{\frac{1}{3}} \tag{10-15}$$

其中，U_1、U_2、U_3 为实体金融效率、金融市场效率、经济高质量发展三个系统的综合评价指数，已在前面章节得到结果。

在耦合度基础上引入耦合协调度模型，以反映系统间协调程度高低。耦合协

调度 D 的计算方法为

$$D=\sqrt{C\times T}$$
$$T=\beta_1 U_1+\beta_2 U_2+\beta_3 U_3 \tag{10-16}$$

其中，C 为耦合度；T 为协调指数；β_1、β_2、β_3 可理解为三个系统各自所占权重。由于经济高质量发展过程离不开金融系统的支持，既需要对实体经济的转型提供有效支撑，也需要金融市场自身的有效运作，因此将三个系统定为等权重。

耦合协调度 D 值介于 0~1，该值越大说明系统间协调程度越高，结合耦合协调度等级划分标准，针对协调程度和等级进行划分，划分标准见表 10-22。

表10-22　耦合协调度等级划分标准

耦合协调度 D 值区间	协调等级	耦合协调程度	分类
(0,0.1)	1	极度失调	失调衰退型
[0.1,0.2)	2	严重失调	
[0.2,0.3)	3	中度失调	
[0.3,0.4)	4	轻度失调	
[0.4,0.5)	5	濒临失调	中间过渡型
[0.5,0.6)	6	勉强协调	
[0.6,0.7)	7	初级协调	协调提升型
[0.7,0.8)	8	中级协调	
[0.8,0.9)	9	良好协调	
[0.9,1.0)	10	优质协调	

根据上述方法计算出 2010~2017 年我国经济高质量发展、实体金融效率、金融市场效率三者耦合度及耦合协调度如表 10-23 所示。

表10-23　我国经济高质量发展、实体金融效率、金融市场效率耦合协调情况

年份	耦合度 C 值	协调指数 T 值	耦合协调度 D 值	协调等级	耦合协调程度
2010	0	0.398	0	1	极度失调
2011	0.296	0.400	0.344	4	轻度失调
2012	0.868	0.413	0.599	6	勉强协调
2013	0.968	0.443	0.654	7	初级协调
2014	0.981	0.456	0.669	7	初级协调
2015	0.819	0.526	0.656	7	初级协调
2016	0	0.530	0	1	极度失调
2017	0.582	0.614	0.598	6	勉强协调

我国经济高质量发展、实体金融效率、金融市场效率三者的协调性呈现波动性，但总体来看从不可接受的失调衰退型逐渐改善至在中间过渡型与可接受的协调提升型之间徘徊。这说明我国在以实体金融效率、金融市场效率提升来促进经济高质量发展的过程中，成效已初步展现，三者的协调程度有所提升，但是仍有较大改善空间，以实现金融系统有效运行和经济高质量发展的优质协调。

10.3.2　区域维度金融效率对经济高质量发展的影响分析

为研究我国东部、中部、西部地区金融效率对经济高质量发展的影响差异，分别建立以实体金融效率和金融市场效率为自变量、经济高质量发展水平为因变量的静态固定效应模型和动态分布滞后模型，以探索区域影响差异，并通过耦合协调度模型确定我国 31 个省（区、市）所处的金融效率与经济高质量发展的协调阶段。

10.3.2.1　区域金融效率影响经济高质量发展的静态回归分析

1）区域金融效率影响经济高质量发展的静态模型构建

在对我国 31 个省（区、市）2013~2017 年金融效率与经济高质量发展面板数据进行分析时，先建立混合模型进行回归，再进行变系数模型的建立和回归，通过模型的似然比检验，来比较是否优于混合模型。似然比检验结果如表 10-24 所示。

表10-24　似然比检验结果

区域	检验类型	统计量	*P* 值
东部地区	Likelihood	0	1
中部地区	Likelihood	0	1
西部地区	Likelihood	0	1

似然比检验结果证明混合模型更佳，其包含固定和随机两种效应的混合。

为研究固定省（区、市）金融效率对经济高质量发展的影响，建立固定效应模型：

$$\mathrm{HQED}_{it} = \alpha_i + \beta_1 \mathrm{RFE}_{it} + \beta_2 \mathrm{FME}_{it} + \mu_{it} \tag{10-17}$$

其中，$HQED_{it}$ 为第 i 个省（区、市）第 t 年的经济高质量发展水平，用各省（区、市）的经济高质量发展指数表示；RFE_{it} 为实体金融效率，以实体金融效率综合得分表示（数值已在前面章节给出）；FME_{it} 为金融市场效率，以金融市场效率综合得分表示（数值已在前面章节给出）；β_1、β_2 为待估参数；α_i 为截距项，表示样本省（区、市）差异；μ_{it} 为随机扰动项。

2）区域金融效率影响经济高质量发展的静态回归结果分析

利用 Eviews 7.0 版本软件通过前文固定效应模型对区域金融效率与经济高质量发展情况进行回归，整理得到如表 10-25 所示的结果。

表10-25　区域金融效率对经济高质量发展静态影响的回归结果

区域	变量	系数	t 统计量	P 值
全国	C	0.326 459	569.549 5	0
	FME	0.096 473	121.275 000	0
	RFE	0.013 211	16.172 730	0
东部地区	C	0.351 326	134.523 7	0
	FME	0.085 979	38.766 370	0
	RFE	0.027 177	7.630 982	0
中部地区	C	0.287 513	133.776 7	0
	FME	0.012 508	−1.078 058	0
	RFE	−0.005 931	3.793 007	0
西部地区	C	0.276 949	136.106 4	0
	FME	−0.024 120	−4.903 414	0
	RFE	0.013 468	10.129 420	0

根据回归结果，全国金融效率影响经济高质量发展的静态表达式为

$$HQED_{it} = 0.326\,459 + 0.096\,473FME_{it} + 0.013\,211RFE_{it} + \mu_{it} \tag{10-18}$$

金融市场效率和实体金融效率均对经济高质量发展产生1%水平下显著的正向影响，意味着金融行业自身的发展效率和金融服务实体经济的效率均能促进经济高质量发展，其中金融行业自身的发展效率对经济高质量发展的影响更大，说明我国还处于通过金融业规模扩大推动经济高质量发展的阶段，金融服务实体经济的效率较低，对经济结构转变、动力转换的助力作用较小。

东部地区金融效率影响经济高质量发展的静态表达式为

$$HQED_{it} = 0.351\,326 + 0.085\,979FME_{it} + 0.027\,177RFE_{it} + \mu_{it} \tag{10-19}$$

东部地区经济高质量发展水平高于全国平均水平，实体金融效率对经济高质量发展的正向作用在 1%水平下显著且高于全国水平，金融市场效率对经济高质量

发展的正向作用在1%水平下显著且低于全国水平，说明东部地区金融市场自身发展已具一定规模，金融资源储备相对丰富，金融系统具备支持实体经济发展以改善经济质量的条件，正在向通过提升金融服务实体经济的效率来促进经济高质量发展的阶段改进。这一发现符合东部地区金融业更发达、资本更集聚、产业发展倾向科研技术服务业，信息传输、软件业，租赁和商务服务业的特点。

中部地区金融效率影响经济高质量发展的静态表达式为

$$\text{HQED}_{it} = 0.287\,513 + 0.012\,508\text{FME}_{it} - 0.005\,931\text{RFE}_{it} + \mu_{it} \quad (10\text{-}20)$$

中部地区经济高质量发展水平低于全国平均水平，实体金融效率对经济高质量发展的负向作用在1%水平下显著，且金融业自身发展对经济高质量发展的正向作用较小，说明中部地区金融业发展已具备一定基础，但实体经济发展稍有不足，如果按照目前金融资源支持实体经济的状态发展，则会一定程度上阻碍经济质量在创新、协调、绿色、开放、共享方面的转变。中部地区产业倾向建筑业、房地产业、批发和零售业、制造业，其实体经济具有基础性、直接面向群众的特点，面临生产方式环保化、智能化的问题，直接影响到经济质量的改善，而建筑业、房地产业的长周期性也使得其发展方式对经济高质量影响难以骤变，制造业设备更新、技术更替也面临成本压力，从而中部地区金融对实体经济的支持没有出现明显的促进作用。

西部地区金融效率影响经济高质量发展的静态表达式为

$$\text{HQED}_{it} = 0.276\,949 - 0.024\,120\text{FME}_{it} + 0.013\,468\text{RFE}_{it} + \mu_{it} \quad (10\text{-}21)$$

西部地区经济高质量发展水平低于全国平均水平，金融市场效率对经济高质量发展的负向作用在1%水平下显著，且实体金融效率对经济高质量发展的正向作用较小，说明西部地区金融业发展不足，金融资源储备不足，金融业自身发展所需资源与对经济质量转变提供支持的资源存在配置矛盾，即金融业发展会一定程度上挤压经济高质量发展，积极的一面是西部地区金融对实体经济的支持更易产生经济质量改善的成效。西部地区偏好建筑业，电力、热力、燃气及水生产和供应业，交通运输、仓储和邮政业，从而在产业的环保改善上更有明显的着力点。

10.3.2.2 区域金融效率影响经济高质量发展的动态回归分析

1）区域金融效率影响经济高质量发展的动态模型构建

考虑到金融行业自身发展及金融资源向实体经济转化两者对经济质量的影响可能存在明显的时滞性，为将时滞问题纳入研究、探究金融效率对经济高质量发展影响的动态变化，进一步建立有限分布滞后模型，以描述金融效率影响经济高质量发展的运动过程。模型如下形式：

$$\mathrm{HQED}_t = a + b_0\mathrm{RFE}_t + b_1\mathrm{RFE}_{t-1} + \cdots + b_k\mathrm{RFE}_{t-k} + c_0\mathrm{FME}_t + c_1\mathrm{FME}_{t-1} + \cdots + c_k\mathrm{FME}_{t-k} + \mu_t \tag{10-22}$$

其中，各个系数体现了解释变量实体金融效率和金融市场效率不同滞后值对因变量经济高质量发展的不同影响程度；b_0、c_0为短期影响乘数，表示本期实体金融效率、金融市场效率对本期经济高质量发展的影响；b_i、c_i $(i=1,2,3,\cdots,k)$为延期过渡性乘数，表示解释变量的滞后影响；μ_t为随机扰动项。

有限分布滞后模型容易产生损失自由度、滞后期变量具有多重共线性及滞后长度难以确定的问题。通常在估计时可以采用经验加权法进行滞后变量赋权，从而构建新的线性组合以减少或消除多重共线性，对金融效率的滞后变量进行定量赋权可能产生主观性影响，因而采用阿尔蒙多项式变换从而通过多项式分布滞后（polynomial distributed lag，PDL）模型进行参数估计以保证客观性。

对滞后期的选择一方面考虑金融资源在经济质量改善的各个方面的作用都可能具有较长时滞，如金融资源投入创新部门与创新成果转化之间存在时滞，金融资源投入医疗教育等民生领域与民生改善之间具有时滞等；另一方面，以施瓦兹准则（Schwarz criterion，SC）和 AIC 为标准，在模型中逐期加入滞后变量，选择最佳滞后期。分别进行 1 阶、2 阶、3 阶滞后变量的加入，检验结果如表 10-26 所示。

表10-26　PDL模型最佳滞后期检验结果

区域	FME 滞后阶数	RFE 滞后阶数	SC	AIC
全国	1	1	−3.767 03	−3.880 75
	2	2	4.016 93	4.153 09
	3	3	−4.266 21	−4.506 37
	2	3	−4.392 23	−4.563 77
东部地区	1	1	−3.402 57	−3.605 32
	2	2	−3.501 85	−3.728 60
	3	3	−3.643 70	−3.891 67
	2	3	−3.701 32	−3.949 29
中部地区	1	1	−4.460 07	−4.680 00
	2	2	−4.539 03	−4.779 00
	3	3	−5.391 93	−5.639 26
	2	3	−5.868 35	−6.115 68

续表

区域	FME 滞后阶数	RFE 滞后阶数	SC	AIC
西部地区	1	1	−4.104 60	−4.299 51
	2	2	−4.497 40	−4.717 33
	3	3	−4.905 72	−5.151 15
	2	3	−4.922 72	−5.168 15

通过以上检验发现，当选择金融市场效率滞后 2 阶、实体金融效率滞后 3 阶时，可得到 AIC、SC 都最小的最佳模型，即

$$\begin{aligned}\mathrm{HQED}_t = a + b_0\mathrm{RFE}_t + b_1\mathrm{RFE}_{t-1} + b_2\mathrm{RFE}_{t-2} + b_3\mathrm{RFE}_{t-3} + c_0\mathrm{FME}_t \\ + c_1\mathrm{FME}_{t-1} + c_2\mathrm{FME}_{t-2} + \mu_t\end{aligned} \tag{10-23}$$

2）区域金融效率影响经济高质量发展的动态回归结果分析

利用 Eviews 7.0 版本软件对上述 PDL 模型进行估计，整理得到如下结果（表 10-27）。

表10-27　区域金融效率对经济高质量发展动态影响的回归结果

区域	C	FME	FME_{-1}	FME_{-2}	RFE	RFE_{-1}	RFE_{-2}	RFE_{-3}
全国 （t 值）	0.324 633 （107.515 30）	0.009 84 （0.959 70）	0.032 60 （19.387 00）	0.055 36 （5.475 09）	0.026 83 （2.316 32）	0.010 26 （2.555 03）	−0.006 30 （−1.587 30）	−0.022 87 （−1.982 63）
东部地区 （t 值）	0.337 617 （22.026 67）	0.020 93 （1.247 30）	0.030 86 （9.083 90）	0.040 79 （2.257 71）	0.020 94 （0.719 66）	0.008 61 （0.926 61）	−0.003 71 （−0.277 50）	−0.016 03 （−0.478 49）
中部地区 （t 值）	0.296 128 （38.447 67）	−0.059 10 （−3.912 00）	0.030 22 （2.587 70）	0.049 92 （3.470 65）	0.009 66 （0.785 47）	0.004 78 （2.020 08）	0.004 78 （0.289 68）	−0.000 05 （−0.008 48）
西部地区 （t 值）	0.276 930 （19.574 35）	−0.025 19 （−1.470 00）	−0.001 22 （−0.064 00）	0.007 18 （0.365 15）	0.032 03 （2.130 74）	0.005 09 （3.752 02）	−0.009 22 （−1.192 00）	−0.010 92 （−1.429 02）

根据回归结果，全国金融效率影响经济高质量发展的动态表达式为

$$\begin{aligned}\mathrm{HQED}_t = 0.324\,633 + 0.026\,83\mathrm{RFE}_t + 0.010\,26\mathrm{RFE}_{t-1} - 0.006\,30\mathrm{RFE}_{t-2} \\ - 0.022\,87\mathrm{RFE}_{t-3} + 0.009\,84\mathrm{FME} + 0.032\,60\mathrm{FME}_{t-1} \\ + 0.055\,36\mathrm{FME}_{t-2} + \mu_t\end{aligned} \tag{10-24}$$

从全国来看，金融效率短期乘数大于 0，说明当期金融效率越高对经济高质量的正面促进作用越强。当期和前一期实体金融效率均对经济高质量发展具有正向影响，当期正向影响更强，期数渐远表现出渐强的负面效应，说明实体金融效率对经济高质量发展的短期影响更大，意味着金融资源投入创新领域、绿色领域的研发生产及涉及民生改善、经济结构改善、开放质量改善等方面后，在一至两年内即可取得一定成效，更长期的影响为负向的可能原因是金融资源对既有生产设

备、基础设施的投资具有一定的连贯性，在对金融投入领域的选择上具有渐变特点，不会一蹴而就舍弃所有原有装备。金融机构、企业在参与投融资活动时不会仅以促进经济质量改善作为主要目标，对原有项目的继续投资或继续生产会在可接受回报率和法律允许范围内继续进行，因此长期来看实体金融效率没有促进经济质量改善。金融市场效率长短期乘数均为正值，在 2 期时滞范围内时期越远对经济质量改善具有越强的促进作用，说明金融市场自身的发展对经济的影响有更长的时滞，金融体系的改善对经济的有利影响需要较长时间才能体现在经济质量改善上，且进一步证明金融体系自身的发展和有效运行对金融资源储备和经济质量改善都有着至关重要的作用。

东部地区金融效率影响经济高质量发展的动态表达式为

$$\begin{aligned}\mathrm{HQED}_t = {} & 0.337\,617 + 0.020\,94\mathrm{RFE}_t + 0.008\,61\mathrm{RFE}_{t-1} - 0.003\,71\mathrm{RFE}_{t-2} \\ & - 0.016\,03\mathrm{RFE}_{t-3} + 0.020\,93\mathrm{FME} + 0.030\,86\mathrm{FME}_{t-1} \\ & + 0.040\,79\mathrm{FME}_{t-2} + \mu_t\end{aligned} \tag{10-25}$$

东部地区实体金融效率短期内对经济高质量有积极影响，并且相较于全国其实体金融效率的长期负面影响更小，说明东部地区实体经济基础条件更好，其实体经济的设备或基础设施具备改善弹性，金融资源的进入能够对实体经济在创新、协调、绿色、开放、共享的改进方面发挥有效作用。金融市场效率也有时滞越长影响越大的特点，但相较于全国，其金融市场效率的当期作用更大，说明东部地区金融市场更加有效，能更多发挥金融市场积累金融资源、减少信息不对称、促进资源配置的功能，金融市场当期发展能更快传导以带动当期经济质量改善。

中部地区金融效率影响经济高质量发展的动态表达式为

$$\begin{aligned}\mathrm{HQED}_t = {} & 0.296\,128 + 0.009\,66\mathrm{RFE}_t + 0.004\,78\mathrm{RFE}_{t-1} + 0.004\,78\mathrm{RFE}_{t-2} \\ & - 0.000\,05\mathrm{RFE}_{t-3} - 0.059\,10\mathrm{FME} + 0.030\,22\mathrm{FME}_{t-1} \\ & + 0.049\,92\mathrm{FME}_{t-2} + \mu_t\end{aligned} \tag{10-26}$$

中部地区实体金融效率对经济高质量发展的短期正面效应远小于全国水平，这也呼应了静态分析中实体金融效率对经济高质量发展具有不明显负面效应的结果，进一步说明中部地区实体经济发展基础改善弹性较差，金融资源进入实体经济只能微小地促进其在高质量要求上的改善，但在更长时滞上这种微弱的促进作用保持得更久，说明其金融资源的投向较为符合高质量发展要求，从而投资的连贯性使得其金融资源更长久地促进了经济高质量发展，虽然促进作用较微弱。

西部地区金融效率影响经济高质量发展的动态表达式为

$$\begin{aligned}\mathrm{HQED}_t = {} & 0.276\,930 + 0.032\,03\mathrm{RFE}_t + 0.005\,09\mathrm{RFE}_{t-1} - 0.009\,22\mathrm{RFE}_{t-2} \\ & - 0.010\,92\mathrm{RFE}_{t-3} - 0.025\,19\mathrm{FME} - 0.001\,22\mathrm{FME}_{t-1} \\ & + 0.007\,18\mathrm{FME}_{t-2} + \mu_t\end{aligned} \tag{10-27}$$

西部地区短期内实体金融效率对经济高质量发展的正面作用强于全国水平，

这与西部地区经济起步时间晚的现实情况相符合，发展较晚使得实体经济的金融资源投入更容易向创新、协调、绿色、开放、共享的方向转变，从而更加显著促进经济质量改善，与静态分析结果类似，其金融市场效率的当期、前一期水平均对经济质量产生了负面作用，印证了前文西部地区金融市场发展不足、金融市场发展会挤压经济高质量转变所需资源投入这一结论，但更远期的金融市场效率仍对经济高质量发展产生正面影响。

10.3.2.3　省际金融效率与经济高质量发展的耦合协调分析

同理，利用耦合协调度模型，计算省际金融市场效率、实体金融效率、经济高质量发展三者的耦合协调度。根据前文耦合协调类型分类，将 31 个省（区、市）2017 年耦合协调度区间分为三个类型，并与 2013 年耦合协调等级进行对比。

（1）2017 年各省（区、市）耦合协调度分布，东部地区的金融效率与经济高质量的发展状况更加匹配，其协调程度更好。

（2）北京、上海、广东耦合协调等级处于协调提升梯次，属于协调提升型，表明这些省（市）金融效率与经济高质量发展水平具有较好的匹配性。中部地区普遍处于中间过渡梯次，属于中间过渡型，表明该地区金融效率的变化与经济质量变化处于拮抗状态。西部地区普遍处在失调衰退梯次，属于失调衰退型，金融效率与经济质量改善的匹配性较差。

（3）对比 2017 年与 2013 年各省（区、市）金融效率与经济高质量发展耦合协调等级的变化情况，可以看出东部地区省（市）进步的数量更多。

耦合协调分析验证了前文的回归结果，东部地区金融效率的改善对促进经济质量改善有正面效应，金融业发展基础对经济质量改进可以提供较好的支持；中部地区的金融业对经济转型的支撑有一定困难，还处于支持了实体经济发展则无法兼顾经济质量改善的阶段；西部地区的金融业基础薄弱，金融效率的改进有赖于其自身的发展，而金融产业的发展会加剧经济质量改进所需资源的短缺。

11　绿色理念下金融创新与经济增长的关系研究

11.1　绿色金融和经济发展的机理分析

我国正处于发展变革时期，经济已由高速增长阶段转向高质量发展阶段，我国努力在牺牲较少资源环境成本的情况下实现较高资源配置效率及社会经济效益，改变单纯依靠物质资源消耗的粗放型增长模式，转向技术创新及劳动者素质提升的集约型增长模式，达到经济发展质量变革、效率变革、动力变革。金融是现代经济的核心，绿色金融体系的构建能够推动经济绿色化转型实现可持续发展，绿色金融工具通过优化资源配置显著缓解了资源紧张的局面；正确认识绿色金融的创新机制与路径，能够助力高质量发展的稳定性和有效性。因此，近年来我国致力于推动绿色金融的发展，绿色信贷、绿色证券、环境污染责任保险等绿色金融实践在“一行三会”的推动下相继出现；绿色信贷存量、绿色债券发行量等在近几年不断增加。自 2015 年起，我国开始从顶层设计并推动绿色金融体系的建设，《生态文明体制改革总体方案》与《中华人民共和国国民经济和社会发展第十三个五年规划纲要》，均明确提出相关建设目标；2016 年，中央深化改革组审议通过《关于构建绿色金融体系的指导意见》，成为国际范围内，迄今为止关于发展绿色金融最为系统的政策框架。之后国家围绕《关于构建绿色金融体系的指导意见》进行了很多部署，2017 年 6 月，中国人民银行等五部委联合发布了《金融业标准化体系建设发展规划（2016–2020 年）》，将绿色金融标准化工程作为“十三五”时期金融业标准化的重点工程之一；2018 年 1 月，中国人民银行发布《绿色贷款专项统计制度》，要求金融机构报送绿色贷款专项统计，7 月，《国家发展改革委关于创新和完善促进绿色发展价格机制的意见》发布，将生态环境成本纳入经济运行成本；2019 年 3 月，国家发展和改革委员会印发《绿色产业指导目录（2019 年版）》，要求出台投资、价格、金融、税收等方面政策措施，着力壮大节能环保、清洁生产、清洁能源等绿色产业。在政策措施的不断引领下，截至 2018 年末，全国银行业金融机构绿色信贷余额为 8.23 万亿元；我国绿色债券从 2015 年发行以来就成为全球绿色债券的最大发行市场；在我国 9 个碳排放试点交易体系中，2019 年交易的碳排放配额约 9 300 万吨。但是，绿色金融的发展要与高质量发展相匹配才能发挥相得益彰的效果，那么绿色金融与高质量发展统筹协调的效果如何？这正是本书所要探讨的问题。

11.2 绿色金融与高质量发展的区域耦合协调评价

11.2.1 评价体系的构建

虽然绿色金融发展体制仍不完善，但关于其评价体系的制定不少学者也进行了一定程度的探索，李虹等（2019）从绿色信贷、绿色债券、绿色投资、碳金融四项绿色金融工具层面制定评价体系来综合衡量；宁伟和佘金花（2014）则从绿色金融的发展规模和资源配置效率两个方面来表现。我国绿色债券从 2015 年才开始发行，而绿色投资、绿色保险等绿色金融工具在市场上的应用仍不广泛，中国人民银行研究局《中国绿色金融发展报告 2020》的披露数据显示，2020 年末绿色信贷以近 12 万亿元的规模成为最主要的绿色金融工具，因此用各省（区、市）绿色信贷余额来反映绿色金融工具的发展程度；碳金融不仅是一种绿色金融工具，也反映了绿色金融服务的交易市场发展程度；我们选取绿色金融关注度反映绿色金融理念的普及程度。由于各省（区、市）绿色信贷数据的缺失，我们以各省（区、市）银行业机构数占全国银行业机构数的比例作为权重，与全国绿色信贷余额相乘作为该省（区、市）的绿色信贷余额；我们选取各省（区、市）参与清洁发展机制项目数衡量碳金融指标，以各省（区、市）绿色金融相关词条搜索量衡量绿色金融关注度。绿色金融发展水平评价体系具体见表 11-1。

表11-1 绿色金融发展水平评价体系

评价目标	指标	指标量化处理
绿色金融发展水平	绿色信贷	绿色信贷余额，如 M 省（区、市）m 年绿色信贷余额 $=\left(\dfrac{M\text{省（区、市）}m\text{年银行业机构数}}{m\text{年全国银行业机构数}}\right)\times m$年全国绿色信贷余额

续表

评价目标	指标	指标量化处理
绿色金融发展水平	碳金融	参与清洁发展机制项目数
	绿色金融关注度	绿色金融相关词条搜索量

针对高质量发展水平评价体系，不少学者发表了自己的看法。殷醒民（2018）从全要素生产率、金融体系效率、科技创新能力、市场配置资源机制、人力资源质量五个维度出发构建指标体系；朱卫东等（2019）则从创新、协调、绿色、开放、共享、效率、质量、结构、安全、可持续十个层面进行探讨。2018 年，湖北省人民政府办公厅印发《湖北省高质量发展评价与考核办法（试行）》的通知，首次对高质量发展提出 22 项具体的衡量考核指标。参考以上几种评价体系，发现高质量发展的衡量指标十分契合“五位一体”的整体布局，即全面推进经济建设、政治建设、文化建设、社会建设、生态文明建设，这五个方面共同致力于高质量发展，本书从这一思路出发，拟定如表 11-2 所示的高质量发展水平评价体系。其中，由于政治建设发展的特殊性，其发展程度可从其他四个角度侧面反映，为了方便数据处理，我们将政治建设发展程度融入其他四个层面来反映，此外加入“其他”层面，共五项指标：①实际利用外资金额（美元）用来反映对外贸易情况；②科学技术一般公共预算支出用来反映科研投入；③金融机构人民币各项存款用来反映金融机构的发展程度；④第三产业增加值占地区生产总值比重用来反映服务业的发展情况。

表11-2　高质量发展水平评价体系

评价目标	角度	指标
高质量发展水平	经济	地区生产总值
		社会消费品零售总额
		就业人员平均工资
	文化	人均公共图书馆总藏量
		普通高等学校专任教师数
		普通高等学校在校生数
	社会	医疗卫生机构数
		就业人员数
	生态文明	城市绿地面积
		城市排水管道长度
	其他	实际利用外资金额（美元）
		科学技术一般公共预算支出
		金融机构人民币各项存款
		第三产业增加值占地区生产总值比重

11.2.2　数据的来源与处理

考虑绿色金融发展和高质量发展的践行程度，本书选取 5 个经济圈共 16 个省（区、市）作为研究对象，即东北地区、京津冀地区、长江中游地区、长江三角洲地区、南部沿海地区。研究区间为 2010~2018 年，本书选取的评价指标数据来源于国家统计局、EPS 全球统计数据/分析平台、国泰安数据库和各地历年的统计年鉴。其中，碳金融数据来源于中国清洁发展机制（clean development mechanism，CDM）网，绿色信贷指标下各地银行业机构数来自中国银行保险监督管理委员会。

两个评价体系中各指标单位不一，因此我们利用熵值法确定复合系统各指标层权重，其较专家打分法、层次分析法等赋权法更为客观，具体过程如下。

（1）数据标准化。X_{ij} 表示第 i 个区域的第 j 项指标的测算值，Y_{ij} 为标准化值：正向指标，令 $Y_{ij}=\dfrac{X_{ij}-\min(X_{ij})}{\max(X_{ij})-\min(X_{ij})}$；负向指标，令 $Y_{ij}=\dfrac{\max(X_{ij})-X_{ij}}{\max(X_{ij})-\min(X_{ij})}$（因为选取指标全为正向，所以不考虑此项处理）。

其中，$\min(X_{ij})$ 表示第 i 个区域的第 j 项指标的最小值，$\max(X_{ij})$ 表示第 i 个区域的第 j 项指标的最大值。这里因为指标原始数据 $\min(X_{ij})$ 在归一化过程中变成 0，在熵值法中无法取对数，所以进行适当调整，即

$$Y'_{ij}=0.999Y_{ij}+0.001 \tag{11-1}$$

（2）根据信息熵的定义，确定评价指标的熵值 E。

$$E_j=-k\sum_{i=1}^{m}(p_{ij}\times \mathrm{LnLn}p_{ij}) \tag{11-2}$$

其中，E_j 表示各子系统第 j 项指标的熵值；$k=\dfrac{1}{\mathrm{Ln}m}$；$p_{ij}=\dfrac{Y'_{ij}}{\sum_{i=1}^{m}Y'_{ij}}$；$i=1,2,3,\cdots,m$；$j=1,2,3,\cdots,n$。

（3）确定各指标的权重。

$$W_j=\frac{1-E_j}{m-\sum_{j=1}^{n}E_j} \tag{11-3}$$

其中，W_j 表示各子系统第 j 项指标的权重。

（4）系统发展水平评分。

$$V_i=\sum W_jY'_{ij} \tag{11-4}$$

11.2.3 耦合关联度和协调度模型

绿色金融发展最终是要为高质量发展服务的，而不同地区的地理位置条件、历史文化差异、政策措施方案等不同，致使绿色金融和高质量发展的步调不一。在定量研究绿色金融对高质量发展的作用影响时，我们引用物理学中的耦合概念，将绿色金融和高质量发展作为两个系统，判定两者之间的耦合协调程度，具体的计算模型及过程如下。

1）耦合关联度测量

利用上述熵值法可以测算出各省（区、市）绿色金融发展和高质量发展水平的得分，这里我们分别用 V_1 和 V_2 表示，两者之间的耦合关联度用 C 表示，则：

$$C = \frac{\sqrt{2V_1V_2}}{V_1 + V_2} \tag{11-5}$$

根据不等式的性质可以看出 C 的取值范围为（0,1]，其值越大，表明绿色金融与高质量发展的耦合关联度越高，系统间的发展越趋于有序、协调。本书借鉴刘耀彬和宋学锋（2005）的研究成果，将耦合关联度划分为四个层次，见表 11-3。

表11-3 绿色金融—高质量发展耦合关联阶段类型

C	耦合关联阶段	特点
$0 < C \leqslant 0.3$	耦合关联度极低	绿色金融发展与高质量发展的协同有序发展程度低
$0.3 < C \leqslant 0.5$	拮抗阶段	高质量发展水平较低，绿色金融发展并未对高质量发展有较大贡献
$0.5 < C \leqslant 0.8$	磨合阶段	绿色金融发展能较好地推动高质量发展，两者可协调一致发展
$0.8 < C \leqslant 1$	耦合关联度极高	绿色金融发展已较大程度地发挥作用，高质量发展已经达到一个较高的水平

2）耦合协调度测量

我国的绿色金融与高质量发展是两个内容丰富、结构多样的复杂系统，两者的耦合关系不仅存在彼此之间的互相影响、相互作用，还存在于两者之间的协调统一、共生共赢。耦合关联度仅仅描述了两个系统间的相互作用强度，而没有体现两个系统间的协调发展强度，因此我们构建以下模型：

用 T 代表绿色金融与高质量发展的综合协调指数，则：

$$T = aV_1 + bV_2 \tag{11-6}$$

其中，a、b 为待定系数，本书取 a=0.5，b=0.5 计算。

用 D 代表绿色金融与高质量发展的耦合协调度，则：

$$D=\sqrt{C\times T} \tag{11-7}$$

其中，D 的取值范围仍为（0,1]，值越大，表明绿色金融与高质量发展的耦合协调度越高、越优质。本书参照王琦和汤放华（2015）的划分方法，将耦合协调度 D 划分为 7 个区间，见表 11-4。

表11-4 绿色金融—高质量发展耦合协调评价标准

耦合协调度	$0<D\leqslant0.2$	$0.2<D\leqslant0.3$	$0.3<D\leqslant0.4$	$0.4<D\leqslant0.5$	$0.5<D\leqslant0.6$	$0.6<D\leqslant0.8$	$0.8<D\leqslant1$
类型	严重失调	中度失调	濒临失调	基本协调	中度协调	高度协调	优质协调

11.3 绿色金融与高质量发展分区域的实证分析

11.3.1 复合系统综合评价

根据前文的评价体系和数据处理方法，我们得到各区域绿色金融与高质量发展水平的得分（表 11-5）。为了更直观地看出五大经济圈绿色金融与高质量发展的趋势，我们分别将各区域绿色金融与高质量发展 2011~2018 年的评分绘制成折线图（图 11-1、图 11-2），并以平均值为代表衡量绿色金融对高质量发展作用的整体情况（图 11-3）。

表11-5 各区域绿色金融和高质量发展水平的得分

评价体系	区域	2011 年	2012 年	2013 年	2014 年	2015 年	2016 年	2017 年	2018 年
绿色金融发展水平评分	东北地区	0.287	0.293	0.320	0.325	0.334	0.368	0.421	0.473
	京津冀地区	0.312	0.334	0.335	0.364	0.365	0.451	0.476	0.482
	长江中游地区	0.413	0.427	0.446	0.456	0.478	0.480	0.492	0.552
	长江三角洲地区	0.457	0.494	0.503	0.508	0.519	0.523	0.523	0.507
	南部沿海地区	0.383	0.394	0.409	0.411	0.428	0.445	0.492	0.497
	平均值	0.371	0.389	0.403	0.413	0.425	0.453	0.481	0.502
高质量发展水平评分	东北地区	0.134	0.141	0.145	0.147	0.155	0.156	0.159	0.164
	京津冀地区	0.258	0.265	0.273	0.277	0.279	0.279	0.280	0.282
	长江中游地区	0.159	0.166	0.170	0.170	0.172	0.175	0.186	0.207
	长江三角洲地区	0.465	0.469	0.469	0.472	0.491	0.493	0.493	0.497
	南部沿海地区	0.251	0.261	0.272	0.276	0.291	0.293	0.294	0.302
	平均值	0.253	0.260	0.266	0.268	0.277	0.279	0.282	0.290

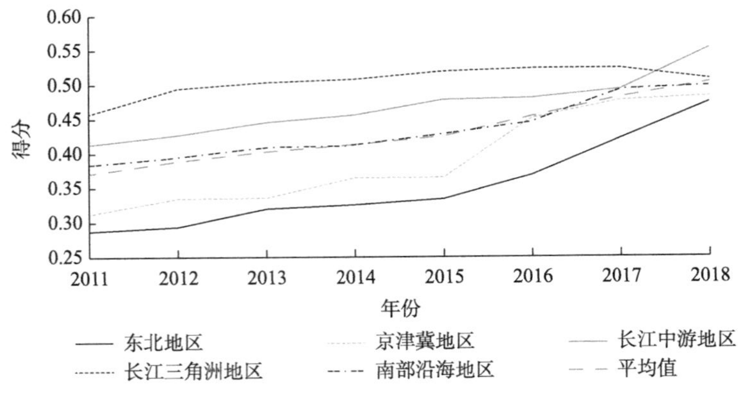

图 11-1　各区域绿色金融发展水平趋势

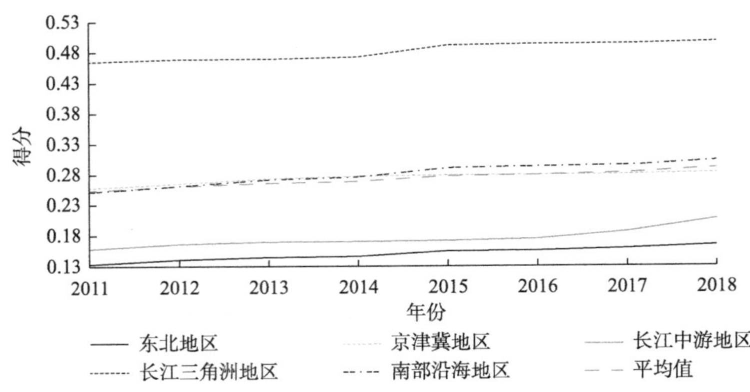

图 11-2　各区域高质量发展水平趋势

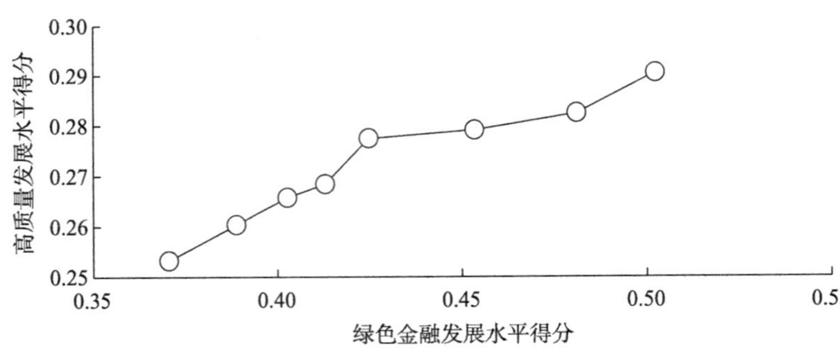

图 11-3　绿色金融对高质量发展作用的折线图

（1）从图 11-1 可以看出：①各区域绿色金融发展水平相差较大，其中长江三角洲地区的绿色金融发展程度明显优于其他地区，长江中游地区次之，原因是我国大力开展“长江大保护项目”，推动长江经济带的绿色发展，沿岸省（区、市）在绿色金融工具及机构方面积极创新，并出台相关政策支持企业绿色转型，尤其是近年来绿色债券的发行，给绿色企业的发展提供资金支持，为长江流域的绿色金融发展水平做出了巨大贡献。同时，我们发现 2018 年长江中游地区的绿色金融发展程度超过了长江三角洲地区，一方面是长江三角洲地区的金融发展水平是一直处于我国领先地位的，上海更是我国的金融中心，因此绿色金融发展空间相对较小；另一方面，长江中游地区的绿色金融处于快速发展阶段，如湖北省 2011 年被纳入碳排放交易试点，2014 年 4 月正式启动碳排放交易，如今碳排放绿色交易平台的交易规模也位居全国前列。②南部沿海地区与我国绿色金融发展水平的平均值相接近，而京津冀地区及东北地区的绿色金融发展水平低于我国的平均值，一方面是因为京津冀地区是我国的政治中心，金融发展相比长江三角洲地区来说较为落后，东北地区更是如此；另一方面是这两个区域的工业企业较少，而绿色金融很大一部分的作用点是从工业企业转型着手，因此在这一层面上限制了绿色金融的业务范围。③从整体上来看，各区域绿色金融发展水平基本呈上升的状态，并且绿色金融发展水平较低的区域发展速度较快，如东北地区，绿色金融发展水平较高的地区发展速度放缓，如长江三角洲地区。

（2）从图 11-2 可以看出：①各区域高质量发展水平相差较大，五个区域出现明显的断层，其中长江三角洲地区的高质量发展水平仍遥遥领先，每年都在 0.46~0.50；京津冀地区与南部沿海地区的高质量发展水平与我国的平均值基本同步，处于 0.25~0.30；长江中游地区和东北地区的高质量发展水平明显偏低，其中长江中游地区由 0.159 提高至 0.207，东北地区由 0.134 提高至 0.164。②整体来看，各区域历年高质量发展水平都在提升，但增长幅度都比较小，不过也存在高质量发展水平越低的区域发展速度越快的现象。

（3）从图 11-3 可以看出，绿色金融对我国的高质量发展存在明显的正向推动作用，证明绿色金融在我国高质量发展过程中确实存在显著的贡献，这也正是我们判断两者耦合关联度和耦合协调度的基础。

综上来看，我国各区域绿色金融与高质量发展水平存在很大差异，整体水平仍有较大的发展空间，尤其是高质量发展水平的断层明显，仍需采取有效措施不断推进；绿色金融发展对高质量发展存在显著的正向推动作用，这启发我们可以利用绿色金融助力我国高质量发展。

11.3.2　复合系统耦合协调测度与分析

根据得到的绿色金融发展水平和高质量发展水平得分，再结合实证模型，我们可以计算得出各区域绿色金融与高质量发展的耦合关联度和耦合协调度（表 11-6），同时用折线图直观反映（图 11-4、图 11-5），并根据前文的判断标准判定各区域绿色金融与高质量发展的耦合关联阶段和耦合协调类型（表 11-7）。

表11-6　绿色金融与高质量发展的耦合关联度和耦合协调度

评价体系	区域	2011 年	2012 年	2013 年	2014 年	2015 年	2016 年	2017 年	2018 年
耦合关联度	东北地区	0.658	0.662	0.655	0.654	0.658	0.646	0.631	0.618
	京津冀地区	0.704	0.702	0.703	0.701	0.701	0.687	0.683	0.683
	长江中游地区	0.633	0.635	0.632	0.629	0.624	0.625	0.631	0.630
	长江三角洲地区	0.707	0.707	0.707	0.707	0.707	0.707	0.707	0.707
	南部沿海地区	0.692	0.692	0.693	0.693	0.694	0.692	0.684	0.686
	平均值	0.694	0.693	0.692	0.691	0.691	0.687	0.683	0.681
耦合协调度	东北地区	0.372	0.379	0.390	0.393	0.401	0.411	0.428	0.444
	京津冀地区	0.448	0.459	0.463	0.474	0.475	0.501	0.508	0.511
	长江中游地区	0.425	0.434	0.441	0.444	0.450	0.452	0.463	0.489
	长江三角洲地区	0.571	0.583	0.586	0.588	0.597	0.599	0.599	0.596
	南部沿海地区	0.469	0.476	0.486	0.488	0.500	0.505	0.519	0.524
	平均值	0.465	0.474	0.481	0.485	0.493	0.502	0.511	0.520

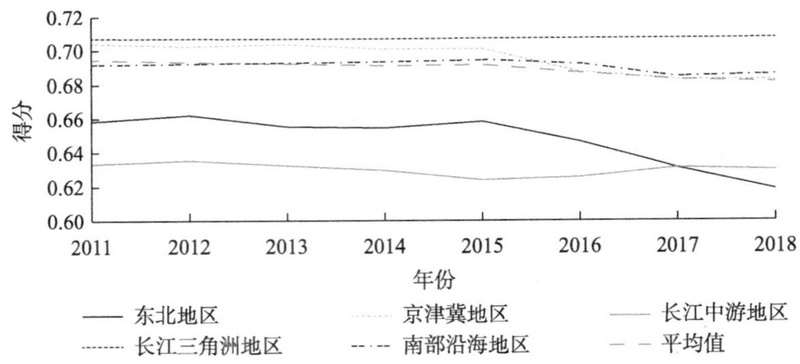

图 11-4　各区域绿色金融与高质量发展的耦合关联度

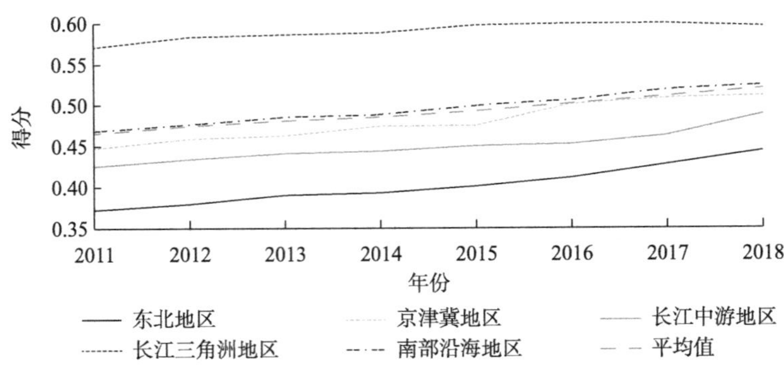

图 11-5　各区域绿色金融与高质量发展的耦合协调度

表11-7 各区域绿色金融与高质量发展的耦合关联阶段和耦合协调类型

年份	东北地区		京津冀地区		长江中游地区		长江三角洲地区		南部沿海地区	
	耦合关联阶段	耦合协调类型	耦合关联阶段	耦合协调类型	耦合关联阶段	耦合协调类型	耦合关联阶段	耦合协调类型	耦合关联阶段	耦合协调类型
2011	磨合阶段	濒临失调	磨合阶段	基本协调	磨合阶段	基本协调	磨合阶段	中度协调	磨合阶段	基本协调
2012	磨合阶段	濒临失调	磨合阶段	基本协调	磨合阶段	基本协调	磨合阶段	中度协调	磨合阶段	基本协调
2013	磨合阶段	濒临失调	磨合阶段	基本协调	磨合阶段	基本协调	磨合阶段	中度协调	磨合阶段	基本协调
2014	磨合阶段	濒临失调	磨合阶段	基本协调	磨合阶段	基本协调	磨合阶段	中度协调	磨合阶段	基本协调
2015	磨合阶段	基本协调	磨合阶段	基本协调	磨合阶段	基本协调	磨合阶段	中度协调	磨合阶段	基本协调
2016	磨合阶段	基本协调	磨合阶段	中度协调	磨合阶段	基本协调	磨合阶段	中度协调	磨合阶段	中度协调
2017	磨合阶段	基本协调	磨合阶段	中度协调	磨合阶段	基本协调	磨合阶段	中度协调	磨合阶段	中度协调
2018	磨合阶段	基本协调	磨合阶段	中度协调	磨合阶段	基本协调	磨合阶段	中度协调	磨合阶段	中度协调

（1）从时间维度上来看：①所有区域绿色金融与高质量发展已经达到磨合阶段，证明绿色金融发展能较好地推动高质量发展；各区域绿色金融与高质量发展的耦合关联度在 2011~2015 年基本维持不变，尤其是长江三角洲地区一直保持在 0.707；在 2015 年之后，长江三角洲地区的绿色金融与高质量发展的耦合关联度仍保持不变，但是两系统的耦合关联度在京津冀地区和南部沿海地区呈波动下降的趋势，不过在长江中游地区出现增长。②各区域绿色金融与高质量发展的耦合协调度基本呈现稳步上升的势态，尤其东北地区的增长幅度达到 0.072。关于绿色金融与高质量发展的耦合关联度出现波动不一的原因在于我们忽略了绿色债券这一重要的绿色金融工具，我国自 2015 年发行绿色债券以来，给绿色金融发展注入了强大的推动力，2018 年的发行规模已超过 300 亿美元，甚至占到全球发行量的 18%，而我们的研究时间段从 2011 年开始，因此并未采取这一衡量指标，故在 2015 年之后绿色金融与高质量发展的耦合关联度被低估，但是被低估的程度也跟各区域绿色债券的实际发行情况和我们指标体系中体现的绿色信贷、碳金融及绿色金融关注度有关，其中长江中游地区的绿色信贷在国有商业银行的推动下取得了巨大成效，因此整体绿色金融与高质量发展的耦合关联度仍呈现上升的状态。

（2）从空间维度上来看：①各区域绿色金融与高质量发展的耦合关联度存在差异，其中长江三角洲地区绿色金融与高质量发展的耦合关联度明显高于其他地区，而京津冀地区和南部沿海地区的绿色金融与高质量发展的耦合关联度相近，但东北地区和长江中游地区的耦合关联度相对较低。②各区域绿色金融与高质量发展的耦合协调度同样存在差异，长江三角洲地区绿色金融与高质量发展的耦合协调度明显高于其他地区，且从 2011 年起已经达到中度协调水平；京津冀地区和南部沿海地区的绿色金融与高质量发展的耦合协调度相近，2011~2015 年处于基本协调水平，2015 年之后达到了中度协调水平；长江中游地区的绿色金融与高质量发展的耦合协调度一直处于基本协调水平；而东北地区在 2011~2014 年两系统间的耦合协调度处于濒临失调水平，之后才达到基本协调水平。

总的来看，各区域两系统间的耦合关联度和耦合协调度的分层情况一致，并且这一结果跟各区域高质量发展水平的差异相似，因此我们可以推断，虽然绿色金融对高质量发展存在作用，但两者的耦合关联度受区域高质量发展水平的影响较大，如长江中游地区的绿色金融发展水平仅次于长江三角洲地区，但由于高质量发展水平较低，该地区绿色金融与高质量发展的耦合关联度并不高，这启示我们，绿色金融发展要与高质量发展的步调一致，盲目推动绿色金融创新提高并不能有效发挥对高质量发展的作用。

参 考 文 献

IMF 课题组，李丽丽. 2017. 金融科技、监管框架与金融服务业的变革[J]. 新金融，(10)：8-14.

安强身，姜占英. 2015. 金融资源配置效率、TFP 变动与经济增长——来自中国的证据（2003~2013）[J]. 金融经济学研究，30（3）：14-23.

安淑新. 2018. 促进经济高质量发展的路径研究：一个文献综述[J]. 当代经济管理，40（9）：11-17.

巴曙松. 2017. 中国金融科技发展的现状与趋势[N]. 21 世纪经济报道，(4).

巴曙松，栾雪剑. 2009. 经济周期的系统动力学研究[J]. 系统工程，27（11）：14-19.

白俊红，卞元超. 2016. 要素市场扭曲与中国创新生产的效率损失[J]. 中国工业经济，(11)：39-55.

白俊红，蒋伏心. 2015. 协同创新、空间关联与区域创新绩效[J]. 经济研究，(7)：174-187.

白俊红，王林东. 2016. 创新驱动是否促进了经济增长质量的提升？[J]. 科学学研究，34（11）：1725-1735.

白钦先. 1998. 建立面向 21 世纪的金融可持续发展观[J]. 城市金融论坛，(8)：2-10.

白钦先. 2005. 金融结构、金融功能演进与金融发展理论的研究历程[J]. 经济评论，(3)：39-45.

白钦先，谭庆华. 2006. 论金融功能演进与金融发展[J]. 金融研究，(7)：41-52.

白钦先，姚勇，崔满红，等. 2001. 金融可持续发展理论研究导论[M]. 北京：中国金融出版社.

白云霞，邱穆青，李伟. 2016. 投融资期限错配及其制度解释——来自中美两国金融市场的比较[J]. 中国工业经济，(7)：23-39.

蔡伟毅，陈晓薇. 2018. 金融市场化程度、国际知识溢出及技术进步——基于进口与投资渠道下的线性与非线性分析[J]. 国际经贸探索，(8)：94-109.

蔡则祥. 2006. 金融结构变动趋势及其机理分析[J]. 南京审计学院学报，(2)：35-41.

蔡宗朝，夏征. 2019. 绿色金融服务经济高质量发展的机理与路径研究[J]. 环境保护与循环经济，39（4）：78-81.

曹明弟，田惠敏，徐义国，等. 2018. 绿色金融发展的理论与实践逻辑[J]. 中国科技论坛，(4)：1-6.

曹霞，于娟. 2015. 创新驱动视角下中国省域研发创新效率研究——基于投影寻踪和随机前沿的实证分析[J]. 科学学与科学技术管理，36（4）：124-132.

曹霞，张路蓬. 2017. 金融支持对技术创新的直接影响及空间溢出效应——基于中国 2003-2013 年省际空间面板杜宾模型[J]. 管理评论，29（7）：36-45.

钞小静，惠康. 2009. 中国经济增长质量的测度[J]. 数量经济技术经济研究，26（6）：75-86.

钞小静，薛志欣. 2018. 新时代中国经济高质量发展的理论逻辑与实践机制[J]. 西北大学学报（哲学社会科学版），48（6）：12-22.

陈创练，庄泽海，林玉婷. 2016. 金融发展对工业行业资本配置效率的影响[J]. 中国工业经济，（11）：22-38.

陈明荣，韩晓蕾，胡奇武. 2019. 经济高质量发展的金融支持研究——以甘肃白银为例[J]. 甘肃金融，（11）：62-64.

陈淑云. 1995. 对 1988、1993 年两次通货膨胀的比较及其相关问题分析[J]. 管理科学文摘，（7）：54.

陈文琪. 2018. 金融科技对小微企业融资的影响研究[D]. 湖南大学硕士学位论文.

陈享光，郭祎. 2016. 中国金融化发展对实体经济的影响[J]. 学习与探索，（12）：94-103，176.

陈小亮，陈惟，陈彦斌. 2016. 社会融资规模能否成为货币政策中介目标——基于金融创新视角的实证研究[J]. 经济学动态，（9）：69-79.

陈勇勤. 2007. 区域的金融发展与金融创新[J]. 河北经贸大学学报，28（5）：21-26.

陈蕴涵. 2011. 技术创新、知识溢出与区域经济增长——基于空间计量模型的实证分析[D]. 浙江工商大学硕士学位论文.

陈子季. 2000a. 金融创新的宏观效应分析[J]. 金融研究，（5）：20-28.

陈子季. 2000b. 金融创新的运行机制分析[J]. 经济科学，（4）：62-71.

成思危. 1999. 虚拟经济与金融危机[J]. 管理科学学报，（1）：3-5.

成致平. 2019. 抢购风是如何刹住的——1988 年遏制通货膨胀始末[J]. 价格理论与实践，（1）：12-13.

程茂勇，赵红. 2011. 市场势力对银行效率影响分析——来自我国商业银行的经验数据[J]. 数量经济技术经济研究，28（10）：78-91.

丛晓男. 2019. 耦合度模型的形式、性质及在地理学中的若干误用[J]. 经济地理，39（4）：18-25.

代明，殷仪金，戴谢尔. 2012. 创新理论：1912-2012——纪念熊彼特《经济发展理论》首版 100 周年[J]. 经济学动态，（4）：143-150.

戴铁军，赵迪. 2016. 基于系统动力学的区域经济系统可持续发展模型研究[J]. 再生资源与循环经济，9（9）：7-10.

邓若冰，刘颜. 2016. 工业集聚、空间溢出与区域经济增长——基于空间面板杜宾模型的研究[J]. 经济问题探索，（1）：66-76.

丁竞渊. 2011. 金融复杂系统建模及动力学机制研究[D]. 上海大学博士学位论文.

丁一凡. 2015. 让金融创新为“一带一路”战略铺平道路[J]. 国际经济评论，（4）：35-38.

董华平，干杏娣. 2015. 我国货币政策银行贷款渠道传导效率研究——基于银行业结构的古诺模型[J]. 金融研究，（10）：48-63.

董士浩，李稚. 2019. 基于系统动力学的国际供应链金融风险预测[J]. 财会月刊，（12）：170-176.

董昕，刘强. 2015. “三位一体”推进我国绿色金融发展[J]. 宏观经济管理，（5）：53-56.

樊纲，王小鲁，马光荣. 2011. 中国市场化进程对经济增长的贡献[J]. 经济研究，46（9）：4-16.

冯大麟，江其务，黄志凌. 1986. 当前我国金融体制改革问题的几个判断[J]. 金融研究，（10）：5-9.

冯梅，张晓莉，张宏亮，等. 2014. 我国金融市场化改革对经济发展效应研究[J]. 金融发展评论，

（8）：92-122.
傅京燕，刘映萍. 2019. 绿色金融促进粤港澳大湾区经济高质量发展的机制分析[J]. 环境保护，（24）：36-38.
高培勇. 2019. 理解、把握和推动经济高质量发展[J]. 经济学动态，（8）：3-9.
戈德史密斯 R W. 1994. 金融结构与金融发展[M]. 周朔，郝金城，肖远企，等译. 上海：上海三联书店，上海人民出版社.
戈什 R. 2016. 穆迪调查显示：中国或有负债风险较大但可控[J]. 中国经济报告，（8）89-91.
巩世广，郭继涛. 2016. 基于区块链的科技金融模式创新研究[J]. 科学管理研究，34（4）：110-113.
顾成军，龚新蜀. 2012. 中国经济增长方式的转变及其影响因素研究[C]//中华外国经济学说研究会第 19 次年会暨外国经济学说与国内外经济发展新格局.
关成华，袁祥飞，于晓龙. 2018. 创新驱动、知识产权保护与区域经济发展——基于 2007-2015 年省级数据的门限面板回归[J]. 宏观经济研究，（10）：86-92.
郭春丽，王蕴，易信，等. 2018. 正确认识和有效推动高质量发展[J]. 宏观经济管理，（4）：18-25.
郭金喜. 2007. 传统产业集群升级：路径依赖和蝴蝶效应耦合分析[J]. 经济学家，（3）：66-71.
郭丽虹，张祥建，徐龙炳. 2014. 社会融资规模和融资结构对实体经济的影响研究[J]. 国际金融研究，（6）：66-74.
郭品，沈悦. 2015. 互联网金融对商业银行风险承担的影响：理论解读与实证检验[J]. 财贸经济，（10）：102-116.
郭向阳，穆学青，明庆忠. 2017. 云南省旅游经济与交通系统耦合空间态势分析[J]. 经济地理，37（9）：200-206.
韩梅. 2016. FinTech 的发展现状与金融创新分析[J]. 经济研究导刊，（23）：88-90.
何伟军，申长庚，袁亮. 2013. 基于结构方程模型的物质资本、人力资本对经济增长影响分析[J]. 商业时代，（32）：11-13.
何雄浪，郑长德，杨霞. 2013. 空间相关性与我国区域经济增长动态收敛的理论与实证分析——基于 1953-2010 年面板数据的经验证据[J]. 财经研究，（7）：82-95.
何旭强，高道德. 2001. 证券市场价格信号的资源配置有效性——价格信号引导产业转移的考察[J]. 经济研究，（5）：61-68.
贺彩霞，冉茂盛，廖成林. 2009. 基于系统动力学的区域社会经济系统模型[J]. 管理世界，（3）：170-171.
贺正楚，吴艳，陈一鸣. 2015. 生产服务业与专用设备制造业耦合发展研究[J]. 系统管理学报，24（5）：778-783.
侯杰泰，成子娟. 1999. 结构方程模型的应用及分析策略[J]. 心理学探新，（1）：54-59.
胡海峰，倪淑慧. 2013. 金融发展过度：最新研究进展评述及对中国的启示[J]. 经济学动态，（11）：88-96.
黄慧灵. 2016. 金融创新对经济增长的影响分析[D]. 西南民族大学硕士学位论文.
黄启新. 2017. 金融发展、市场化水平与产业结构升级——基于中国省际面板数据的实证分析[J]. 广西师范大学学报（哲学社会科学版），53（2）：60-68.
黄智淋，董志勇. 2013. 我国金融发展与经济增长的非线性关系研究——来自动态面板数据门限模型的经验证据[J]. 金融研究，（7）：74-86.

霍尔丹 A，马德拉斯 V，张晓朴，等. 2013. 当前全球金融监管改革的反思[J]. 新金融，（1）：20-24.
纪敏，严宝玉，李宏瑾. 2017. 杠杆率结构、水平和金融稳定——理论分析框架和中国经验[J]. 金融研究，（2）：11-25.
贾俊生，伦晓波，林树. 2017. 金融发展、微观企业创新产出与经济增长——基于上市公司专利视角的实证分析[J]. 金融研究，（1）：99-113.
蒋舒，吴冲锋. 2007. 中国期货市场的有效性：过度反应和国内外市场关联的视角[J]. 金融研究，（2）：49-62.
蒋岳祥，蒋瑞波. 2013. 区域金融创新：效率评价、环境影响与差异分析[J]. 浙江大学学报（人文社会科学版），43（4）：52-65.
蒋岳祥，蒋瑞波. 2014. 区域金融创新的空间外部效应：金融竞争与金融集聚[J]. 社会科学战线，（3）：79-84.
金碚. 2018. 关于"高质量发展"的经济学研究[J]. 中国工业经济，（4）：5-18.
金浩，李瑞晶. 2018. 农村金融生态减贫的系统动力学仿真——以河北省为例[J]. 系统科学学报，26（4）：106-111.
金玉国. 2008. 从回归分析到结构方程模型：线性因果关系的建模方法论[J]. 山东经济，（2）：19-24.
康枫，柴用栋. 2016. 社会融资方式与经济增长的关系研究——基于状态空间模型的分析[J]. 技术经济与管理研究，237（4）：99-103.
康枫，罗雅方. 2016. 新常态环境下商业银行产品创新的模式、问题与建议——以机构业务产品创新为例[J]. 现代管理科学，（5）：103-105.
康继军，张宗益，傅蕴英. 2005. 金融发展与经济增长之因果关系——中国、日本、韩国的经验[J]. 金融研究，（10）：24-35.
康蕾. 2000. 试论宏观金融效率与经济增长[J]. 山西财经大学学报，（6）：72-74.
蓝崑. 2006. 我国商业银行中间业务创新研究[D]. 河海大学硕士学位论文.
雷宏. 2004. 中国金融体系国际竞争力评价方案探讨[J]. 中国农业银行武汉培训学院学报，（6）：33-36.
冷艳丽，杜思正. 2016. 金融发展、产业结构与经济增长[J]. 首都经济贸易大学学报，18（5）：3-10.
李斌. 2017. 中国省域经济金融协调发展的整体趋势与差异化特征：基于两系统耦合模型[J]. 金融发展研究，（12）：29-35.
李丛文. 2015. 金融创新、技术创新与经济增长——新常态分析视角[J]. 现代财经（天津财经大学学报），（2）：13-24.
李光磊. 2016. Fintech：仍需"向前"发展[N]. 金融时报，（6）.
李国平，王柄权. 2018. 中国最优金融结构演化路径分析[J]. 北京理工大学学报（社会科学版），20（4）：53-63.
李海月，刘莉. 2019. 绿色金融对河北省高质量发展的影响研究[J]. 科技经济市场，（3）：55-56.
李恒. 2012. 区域创新能力的空间特征及其对经济增长的作用[J]. 河南大学学报（社会科学版），（4）：73-79.

李虹，袁颖超，王娜. 2019. 区域绿色金融与生态环境耦合协调发展评价[J]. 统计与决策，35（8）：161-164.
李建伟. 2015. 投资率、消费率与经济周期变动的关联度[J]. 改革，（12）：70-82.
李健，范祚军. 2012. 经济结构调整与金融结构互动：粤鄂桂三省（区）例证[J]. 改革，（6）：44-56.
李健，范祚军，谢巧燕. 2012. 差异性金融结构“互嵌”式“耦合”效应——基于泛北部湾区域金融合作的实证[J]. 经济研究，（12）：70-83.
李俊霖. 2007. 中国经济增长质量研究[D]. 华中科技大学博士学位论文.
李俊玲，戴朝忠，吕斌，等. 2019. 新时代背景下金融高质量发展的内涵与评价——基于省际面板数据的实证研究[J]. 金融监管研究，（1）：15-30.
李亮，李晓红. 2019. 高质量发展背景下绿色金融纳入央行 MPA 考核的制度设计与实证分析[J]. 管理学刊，32（4）：32-40.
李淼. 2016. FinTech 来袭：重塑金融格局[J]. 中国战略新兴产业，（14）：18-19.
李敏. 2010. 金融创新与经济增长关联性的系统动态研究[D]. 武汉理工大学博士学位论文.
李强，李书舒. 2017. 政府支出、金融发展与经济增长[J]. 国际金融研究，360（4）：14-21.
李善民，徐沛. 2000. Markowitz 投资组合理论模型应用研究[J]. 经济科学，（1）：42-51.
李双杰，高岩. 2014. 银行效率实证研究的投入产出指标选择[J]. 数量经济技术经济研究，31（4）：130-144.
李维，朱维娜. 2014. 基于结构方程模型的地区经济发展影响因素分析[J]. 管理世界，（3）：172-173.
李文红，蒋则沈. 2017. 金融科技（Fintech）发展与监管：一个监管者的视角[J]. 金融监管研究，（3）：1-13.
李贤. 2017. 中国人民银行 N 中心支行绩效管理问题研究[D]. 青海民族大学硕士学位论文.
李向军，解学成. 2010. 引入金融创新的 IS-LM 模型：金融危机求解[J]. 中央财经大学学报，（2）：39-44.
李晓龙，冉光和，郑威. 2017. 金融发展、空间关联与区域创新产出[J]. 研究与发展管理，29（1）：55-64.
李晓西. 2016. 绿色经济与绿色发展测度[J]. 全球化，（4）：110-111.
李艳，杨汝岱. 2018. 地方国企依赖、资源配置效率改善与供给侧改革[J]. 经济研究，53（2）：80-94.
李扬，孙国峰. 2017. 金融科技蓝皮书：中国金融科技发展报告（2017）[M]. 北京：社会科学文献出版社.
李勇. 2019. 绿色金融助力“双创”绿色化升级[J]. 人民论坛，（24）：96-97.
李媛媛，尚朝辉，金浩. 2017. 金融创新与房地产业动态耦合协调发展[J]. 经济与管理研究，38（6）：35-43.
李泽广，王刚. 2014. 金融创新与金融监管的结构性错配问题研究——理论逻辑与经验证据[J]. 上海财经大学学报，16（4）：64-73.
李政为. 2013. 我国金融效率与经济增长关系的实证研究[J]. 金融经济，（8）：89-91.
李子民，仲丛林，刘佳佳. 2018. 我国信托业发展的系统动力学仿真研究[J]. 管理评论，30（4）：

3-11.
栗建华，王其藩. 2007. 基于系统动力学理论建模的教育投资、经济增长和就业问题的研究[J]. 科技导报，(14)：67-71.
连莲. 2017. 基于系统动力学视角的产业经济增长研究[D]. 北京交通大学博士学位论文.
廖岷. 2016. 全球金融科技监管的现状与未来走向[J]. 新金融，(10)：12-16.
廖重斌. 1999. 环境与经济协调发展的定量评判及其分类体系——以珠江三角洲城市群为例[J]. 热带地理，(2)：76-82.
林琳. 2011a. 金融中介发展、利率市场化与县域资本配置效率[J]. 上海金融，(7)：21-27.
林琳. 2011b. 中国银行系金融租赁公司发展的问题反思与对策分析[D]. 厦门大学硕士学位论文.
林毅夫，孙希芳，姜烨. 2009. 经济发展中的最优金融结构理论初探[J]. 经济研究，44(8)：4-17.
零壹财经・华中新金融研究院. 2017. 2016 年全球金融科技投融资与指数报告[R].
刘超. 2009. 金融理论新范式：非线性复杂动力学金融理论[J]. 山东社会科学，(3)：86-92.
刘超，刘丽. 2012. 系统金融理论：未来金融理论研究范式的演化方向——兼现代金融理论、行为金融理论、系统金融理论比较[J]. 上海金融，(5)：27-35，49，116.
刘春香. 2002. 金融创新过程及其经济分析[D]. 湘潭大学硕士学位论文.
刘光辉. 2003. 我国商业银行金融创新实践与策略研究[D]. 武汉理工大学硕士学位论文.
刘国巍，张停停. 2017. 空间计量视角下创新网络结构资本对产业发展的影响测度——基于“地理-社会”邻近耦合空间权重的回归建模与实验[J]. 科技进步与对策，34(20)：64-71.
刘宏海. 2017. 绿色金融与实体经济的融合创新[J]. 中国金融，(19)：95-96.
刘金全，徐宁，潘长春. 2016. 金融稳定与宏观审慎政策的非线性关联机制研究[J]. 经济问题探索，(7)：1-7.
刘莉亚，余晶晶. 2018. 银行竞争对货币政策传导效率的推动力效应研究——利率市场化进程中银行业的微观证据[J]. 国际金融研究，(3)：57-67.
刘瑞翔，安同良. 2011. 中国经济增长的动力来源与转换展望——基于最终需求角度的分析[J]. 经济研究，46(7)：30-41，64.
刘瑞兴. 2015. 金融压力对中国实体经济冲击研究[J]. 数量经济技术经济研究，(6)：147-160.
刘淑春. 2019. 高质量发展的浙江实践与启示意蕴[J]. 治理研究，35(1)：55-63.
刘小玄，周晓艳. 2011. 金融资源与实体经济之间配置关系的检验——兼论经济结构失衡的原因[J]. 金融研究，(2)：57-70.
刘燕妮，安立仁，金田林. 2014. 经济结构失衡背景下的中国经济增长质量[J]. 数量经济技术经济研究，(2)：20-35.
刘耀彬，宋学锋. 2005. 城市化与生态环境耦合模式及判别[J]. 地理科学，(4)：26-32.
刘亦文，陈亮，李毅，等. 2019. 金融可得性作用于实体经济投资效率提升的实证研究[J]. 中国软科学，(11)：42-54.
刘迎春. 2013. 后危机时代中国金融创新模式选择[J]. 当代经济研究，(2)：85-87.
卢汉文. 2019. 绿色金融助力环保产业高质量发展[J]. 银行家，(8)：44-46.
陆晨宇，王帆. 2019. 金融发展、科技创新与实体经济增长——基于结构方程模型的实证研究[J]. 中国集体经济，585(1)：19-22.
陆远权，张德钢. 2012. 我国区域金融效率测度及效率差异研究[J]. 经济地理，32(1)：96-101.

陆远权，郑威，李晓龙. 2016. 中国金融业空间集聚与区域创新绩效[J]. 经济地理，36（11）：93-99.

逯进，范云云，王文波. 2017. 我国省域金融生态与经济增长交互作用机制研究——基于系统动力学的实证分析[J]. 上海经济研究，（6）：53-61.

逯进，周惠民. 2013. 中国省域人力资本与经济增长耦合关系的实证分析[J]. 数量经济技术经济研究，（9）：3-19.

逯进，朱顺杰. 2015. 金融生态、经济增长与区域发展差异——基于中国省域数据的耦合实证分析[J]. 管理评论，27（11）：44-56.

罗知，张川川. 2015. 信贷扩张、房地产投资与制造业部门的资源配置效率[J]. 金融研究，（7）：60-75.

罗子嫄，何宜庆，毛华. 2013. 华东地区金融集聚与经济发展耦合关系研究[J]. 企业经济，32（8）：135-138.

吕冰洋. 2008. 中国资本积累的动态效率：1978—2005[J]. 经济学（季刊），（2）：509-532.

马骥. 2011. 知识创新与区域经济增长——一个空间计量经济学的检验框架[J]. 西南民族大学学报（人文社会科学版），32（4）：137-143.

马丽，金凤君，刘毅. 2012. 中国经济与环境污染耦合度格局及工业结构解析[J]. 地理学报，67（10）：1299-1307.

马微，惠宁. 2019. 中国制造业创新模式转换与金融结构转型——来自中国省级面板数据的经验证据[J]. 经济经纬，（1）：1-7.

马孝先. 2017. 区域经济协调发展内生驱动因素与多重耦合机制分析[J]. 宏观经济研究，（5）：118-124.

马耀峰，刘军胜. 2014. 基于供需视角的国内外旅游耦合研究审视[J]. 陕西师范大学学报（自科版），（6）：76-84.

马轶群，史安娜. 2012. 金融发展对中国经济增长质量的影响研究——基于 VAR 模型的实证分析[J]. 国际金融研究，（11）：30-39.

马勇，李镏洋. 2015. 金融变量如何影响实体经济：基于中国的实证分析[J]. 金融评论，（1）：34-50.

马勇，田拓，阮卓阳，等. 2016. 金融杠杆、经济增长与金融稳定[J]. 金融研究，（6）：37-51.

马正兵. 2008. 中国金融发展的经济增长效应与路径分析[J]. 经济评论，（3）：41-47.

孟颖，刘泽东，刘云龙. 2019. 基于政府、企业和金融机构联动系统模型的民企融资模式研究[J]. 金融理论与实践，（8）：54-61.

米什金 F S. 2006. 货币金融学[M]. 11 版. 郑艳文，荆国勇译. 北京：中国人民大学出版社.

聂名华，杨飞虎. 2010. 劳动和资本双重过剩下的中国金融创新与经济增长[J]. 理论探讨，（3）：65-69，2.

宁伟，佘金花. 2014. 绿色金融与宏观经济增长动态关系实证研究[J]. 求索，（8）：62-66.

欧阳秋. 2019. 金融供给侧改革对实体高质量发展的支持效率改善了吗？——基于数据的观察和模型的检验[J]. 北方金融，（10）：35-39.

潘长春，李晓. 2018. M2 指标失效与货币政策转型——基于货币创造渠道结构分解的视角[J]. 经济学家，（2）：28-35.

潘婧，杨山，沈芳艳. 2012. 基于系统动力学的港城耦合系统模型构建及仿真——以连云港为例[J]. 系统工程理论与实践，32（11）：2439-2446.
潘林伟，吴娅玲. 2017. 金融发展、政府作用与经济增长——基于经济水平的视角[J]. 金融与经济，（8）：30-34.
潘伟，熊建武. 2018. 电力消耗、经济增长与 CO_2 排放量的实证分析——基于中国面板数据[J]. 中国管理科学，26（3）：152-159.
潘英丽. 2001. 关于虚拟经济的演进及其两重性的探讨[J]. 华东师范大学学报（哲学社会科学版），（5）：192-203，210-223.
逄锦聚，林岗，杨瑞龙，等. 2019. 促进经济高质量发展笔谈[J]. 经济学动态，（7）：3-19.
逄淑梅，陈浪南. 2016. 金融开放的经济增长效应的实证研究[J]. 系统工程理论与实践，36（9）：2177-2188.
彭慧娟. 2011. 金融创新系统的自组织演化机理[D]. 东华大学硕士学位论文.
彭岚，刘实根，葛正灿，等. 2019. 对绿色金融促进县域经济发展的思考——基于江西省新干县的实践[J]. 金融与经济，（2）：93-96.
彭俞超. 2015. 金融功能观视角下的金融结构与经济增长——来自 1989~2011 年的国际经验[J]. 金融研究，（1）：32-49.
平安银行，中国人民大学. 2020. 平安地产金融白皮书 2021[R].
钱学森. 2011. 一个科学新领域——开放的复杂巨系统及其方法论[J]. 上海理工大学学报，33（6）：526-532.
乔海曙，杨彦宁. 2017. 金融科技驱动下的金融智能化发展研究[J]. 求索，（9）：53-59.
邱奕奎. 2014. 金融系统复杂性度量[J]. 技术经济与管理研究，（4）：94-103.
邱兆祥，张爱武. 2009. 基于 FDH 方法的中国商业银行 X-效率研究[J]. 金融研究，（11）：91-102.
任保平. 2012. 经济增长质量：理论阐释、基本命题与伦理原则[J]. 学术月刊，44（2）：63-70.
任保平. 2013. 经济增长质量：经济增长理论框架的扩展[J]. 经济学动态，（11）：45-51.
单豪杰. 2008. 中国资本存量 K 的再估算：1952 ~ 2006 年[J]. 数量经济技术经济研究，25（10）：17-31.
邵汉华，Liu Y B. 2018. 金融结构与经济增长的非线性门槛效应：基于最优金融结构的视角[J]. 审计与经济研究，33（3）：119-127.
沈军. 2003. 金融效率理论框架与我国金融效率实证考察[J]. 金融论坛，（7）：2-7.
沈军，白钦先. 2006. 金融结构、金融功能与金融效率—— 一个基于系统科学的新视角[J]. 财贸经济，（1）：23-28，96.
沈军，叶德珠，李嘉霖. 2007. 论金融发展理论中的金融效率[J]. 经济体制改革，（5）：111-113.
生柳荣. 当代金融创新[M]. 北京：中国发展出版社.
师博，张冰瑶. 2018. 新时代、新动能、新经济——当前中国经济高质量发展解析[J]. 上海经济研究，（5）：25-33.
施建淮. 2004. 金融创新与长期经济增长[J]. 经济学动态，（9）：7-13.
石丹. 2007. 金融创新系统研究[D]. 武汉理工大学博士学位论文.
史龙祥，马宇. 2007. 经济全球化视角的金融结构变迁研究[J]. 世界经济研究，（6）：30-37，87.
束克东，宋玮. 2016. 区域金融市场竞争与创新关系研究——基于空间面板数据的实证分析[J].

科技进步与对策，33（21）：45-49.
宋清华. 2004. 资本市场与公司治理[J]. 中南财经政法大学学报，（1）：57-62.
宋清华. 2006. 金融体系：一种流行的划分方法及其质疑[J]. 学习与实践，（2）：36-42.
苏屹，安晓丽，雷家骕. 2018. 基于耦合度门限回归分析的区域创新系统 R&D 投入对创新绩效的影响[J]. 系统管理学报，27（4）：729-738.
粟芳，初立苹. 2015. 中国银行业资金使用效率的测度及改进分析[J]. 金融研究，（1）：150-165.
粟勤，魏星. 2017. 金融科技的金融包容效应与创新驱动路径[J]. 理论探索，（5）：91-97.
孙国栋，赵浩. 2012. 中国区域金融发展的空间非均衡与随机收敛检验[J]. 山东财政学院学报，（3）：40-47.
谭伟. 2011. 社会保障与区域经济的耦合时空变异特征研究[J]. 湖北社会科学，（2）：56-59.
谭学瑞，邓聚龙. 1995. 灰色关联分析：多因素统计分析新方法[J]. 统计研究，（3）：46-48.
谭政勋，李丽芳. 2016. 中国商业银行的风险承担与效率——货币政策视角[J]. 金融研究，（6）：112-126.
唐未兵，傅元海，王展祥. 2014. 技术创新、技术引进与经济增长方式转变[J]. 经济研究，49（7）：31-43.
陶长琪，彭永樟. 2018. 从要素驱动到创新驱动：制度质量视角下的经济增长动力转换与路径选择[J]. 数量经济技术经济研究，35（7）：3-21.
田原，陈炜. 2015. 金融创新系统结构模型及实证研究[J]. 技术经济与管理研究，（4）：82-88.
佟贺丰，杨阳，王静宜. 2015. 中国绿色经济发展展望——基于系统动力学模型的情景分析[J]. 中国软科学，（6）：20-34.
童藤. 2013. 金融创新与科技创新的耦合研究[D]. 武汉理工大学博士学位论文.
童文涛. 2017. 银行资产管理业务转型发展之道[J]. 清华金融评论，（10）：88-89.
万存知. 2016. 什么是实体经济？[J]. 金融博览，（2）：40-41.
万广华，郭跃升. 2002. 土壤缺钾饥饿合理施用增产[N]. 山东科技报，（002）.
汪同三，蔡跃洲. 2007. 投资、净出口拉动经济增长的深层次原因从收入分配视角的分析[J]. 东北大学学报（社会科学版），（1）：20-25，43.
汪阳洁，姜志德，王继军. 2015. 基于农业生态系统耦合的退耕还林工程影响评估[J]. 系统工程理论与实践，35（12）：3155-3163.
王广谦. 1999. 1999 年全国优秀博士学位论文介绍《经济发展中金融的贡献与效率》[J]. 中国人民大学学报，（6）：125.
王海兵，杨蕙馨. 2015. 创新驱动及其影响因素的实证分析：1979-2012[J]. 山东大学学报（哲学社会科学版），（1）：23-34.
王家瑶. 2017. 浅谈四川省金融业发展问题及建议——基于与上海市的对比分析[J]. 时代金融，（29）：88-89.
王锦慧. 2008. 金融开放条件下中国的金融效率与经济增长研究[D]. 华东师范大学博士学位论文.
王珏，骆力前，郭琦. 2015. 地方政府干预是否损害信贷配置效率？[J]. 金融研究，（4）：99-114.
王露璐. 2019. 绿色金融发展的“势”“道”“策”[J]. 武汉金融，（4）：1.
王琦，汤放华. 2015. 洞庭湖区生态—经济—社会系统耦合协调发展的时空分异[J]. 经济地理，

（12）：161-167，202.
王仁祥，杨曼. 2015. 科技创新与金融创新耦合关系及其对经济效率的影响——来自35个国家的经验证据[J]. 软科学，29（1）：33-36，41.
王仁祥，喻平. 2002. 论金融创新的扩散机理[J]. 经济评论，（1）：84-86.
王仁祥，喻平. 2004. 金融创新理论研究综述[J]. 经济学动态，（5）：90-94.
王婷. 2016. 区域视角下风险投资对技术创新的促进效应研究[J]. 科学学研究，34（10）：1576-1582，1592.
王微. 2016. 技术创新对海南省经济增长的影响研究[J]. 中国经贸，（5）：60-61.
王伟，孙芳城. 2018. 金融发展、环境规制与长江经济带绿色全要素生产率增长[J]. 西南民族大学学报（人文社会科学版），39（1）：129-137.
王文，曹明弟. 2017. 标准化绿色债券推进"一带一路"建设[J]. 中国金融家，（5）：134-135.
王文波，李鹏，逯进. 2016. 山东省金融生态与经济增长耦合演化机制研究[J]. 青岛大学学报（自然科学版），（3）：128-134.
王文波，刘洋. 2018. 金融发展、能源消费与经济增长——基于系统耦合模型的实证分析[J]. 金融理论探索，（6）：3-14.
王遥，刘苏阳. 2019. 金融支持制造业高质量发展[J]. 中国金融，（12）：83-84.
王永昌，尹江燕. 2019. 论经济高质量发展的基本内涵及趋向[J]. 浙江学刊，（1）：91-95.
王蕴，姜雪，盛雯雯. 2019. 经济高质量发展的国际比较[J]. 宏观经济管理，（5）：5-11.
王振山. 1999. 金融效率论——金融资源优化配置的理论与实践[D]. 东北财经大学博士学位论文.
王宗润，杨梅，周艳菊. 2016. 互联网金融涌现的逻辑：投资人的视角[J]. 系统工程理论与实践，36（11）：2791-2801.
维奇. 2008. 金融复杂性与中国金融效率[D]. 山西大学博士学位论文.
卫平，李江，石大千. 2015. 金融创新对工业经济增长影响的研究[J]. 工业技术经济，34（5）：3-11.
魏敏，李书昊. 2018. 新时代中国经济高质量发展水平的测度研究[J]. 数量经济技术经济研究，35（11）：3-20.
温忠麟，侯杰泰，马什赫伯特. 2004. 结构方程模型检验：拟合指数与卡方准则[J]. 心理学报，36（2）：186-194.
吴大进. 1990. 协同学原理和应用[M]. 武汉：华中理工大学出版社.
吴莹，王成新，张北迪，等. 2017. 中国省域城市化效率与创新能力的空间耦合研究[J]. 华东经济管理，31（9）：68-74.
武永霞. 2019. 绿色金融服务实体经济影响因素与策略研究[J]. 环境保护，（47）：77-80.
武志. 2010. 金融发展与经济增长：来自中国的经验分析[J]. 金融研究，（5）：58-68.
习近平. 2017. 决胜全面建成小康社会 夺取新时代中国特色社会主义伟大胜利——在中国共产党第十九次全国代表大会上的报告[M]. 北京：人民出版社.
夏天添，李明玉. 2019. 环保投入、政策扶持与绿色金融效率[J]. 技术经济与管理研究，（7）：68-72.
谢家智，王文涛. 2013. 金融发展的经济增长效率及其分布特征[J]. 中国经济问题，（1）：74-82.
谢平，张怀清. 2007. 融资结构、不良资产与中国 M2/GDP[J]. 经济研究，2（2）：28-38.

谢廷宇，叶存军. 2017. 金融创新与中国经济增长质量的耦合性研究[J]. 广西师范大学学报（哲学社会科学版），（5）：34-41.

熊勇清，李世才. 2010. 战略性新兴产业与传统产业耦合发展的过程及作用机制探讨[J]. 科学学与科学技术管理，31（11）：84-87，109.

徐丽芳，许志伟，王鹏飞. 2017. 金融发展与国民储蓄率：一个倒 U 型关系[J]. 经济研究，（2）：111-124.

徐义国. 2018. 绿色金融发展的市场逻辑[J]. 中国科技论坛，（4）：3-4.

徐盈之，童皓月. 2019. 金融包容性、资本效率与经济高质量发展[J]. 宏观质量研究，7（2）：114-130.

徐圆，赵莲莲. 2015. 金融发展促进中国经济增长的微观非平衡效应[J]. 统计研究，32（4）：21-27.

徐忠. 2018. 经济高质量发展阶段的中国货币调控方式转型[J]. 金融研究，（4）：1-19.

许弟伟，龚飒. 2019. 经济高质量发展模式下资本市场发展的着力点[J]. 宏观经济管理，（1）：65-70.

许国志. 2000. 系统科学[M]. 上海：上海科技教育出版社.

许昊，万迪昉，徐晋. 2015. 风险投资辛迪加成员背景、组织结构与 IPO 抑价——基于中国创业板上市公司的经验研究[J]. 系统工程理论与实践，35（9）：2177-2185.

许庆. 2005. 金融效率理论研究综述[J]. 武汉理工大学学报（社会科学版），（4）：553-556.

严成樑，李涛，兰伟. 2016. 金融发展、创新与二氧化碳排放[J]. 金融研究，（1）：14-30.

杨德勇. 1997. 论中国金融效率的现状及政策选择[J]. 内蒙古财经学院学报，（2）：54-60.

杨伟民. 2018. 贯彻中央经济工作会议精神推动高质量发展[J]. 宏观经济管理，（2）：13-17.

杨友才. 2014. 金融发展与经济增长——基于我国金融发展门槛变量的分析[J]. 金融研究，（2）：59-71.

杨玉珍. 2011. 区域 EEES 耦合系统演化机理与协同发展研究[D]. 天津大学硕士学位论文.

叶阿忠，陈晓玲. 2017. FDI，自主创新与经济增长的时空脉冲分析[J]. 系统工程理论与实践，37（2）：353-364.

叶纯青. 2016. “Fintech”与互联网金融[J]. 金融科技时代，（8）：88.

易纲. 2019. 继续扩大金融业开放推动经济高质量发展[J]. 中国金融家，（4）：16-18.

殷醒民. 2018. 高质量发展指标体系的五个维度[N]. 文汇报，（2）.

于成永. 2016. 金融发展与经济增长关系：方向与结构差异——源自全球银行与股市的元分析证据[J]. 南开经济研究，（1）：33-57.

于伟，张鹏. 2018. 教育经费投入对经济增长效率的非线性影响——基于门限回归模型的分析[J]. 山东财经大学学报，30（4）：75-82.

俞乔. 1994. 市场有效、周期异常与股价波动——对上海、深圳股票市场的实证分析[J]. 经济研究，（9）：43-50.

喻平. 2004. 金融创新与经济增长的关联性研究[D]. 武汉理工大学博士学位论文.

喻平，严卉靓. 2016. 金融创新与经济增长的耦合关系——基于湖北省数据的例证[J]. 武汉理工大学学报（社会科学版），29（6）：1148-1156.

袁露丹. 2016. 金融资源效率与经济系统风险适配性的统计测度[D]. 湖南大学硕士学位论文.

袁晓玲，李彩娟，李朝鹏. 2019. 中国经济高质量发展研究现状、困惑与展望[J]. 西安交通大学学报（社会科学版），39（6）：30-38.
袁周，方志耕. 2016. 灰色主成分评价模型的构建及其应用[J]. 系统工程理论与实践，36（8）：2086-2090.
云鹤，胡剑锋，吕品. 2012. 金融效率与经济增长[J]. 经济学（季刊），11（2）：595-612.
曾龙. 2009. 基于复杂自适应特征的金融创新系统研究[J]. 生产力研究，（18）：41-43.
曾伟. 2019. 浅析绿色金融助力我国经济高质量发展[J]. 营销界，（38）：8，80.
张兵，李晓明. 2003. 中国股票市场的渐进有效性研究[J]. 经济研究，（1）：54-61，87-94.
张成思，刘贯春. 2016. 最优金融结构的存在性、动态特征及经济增长效应[J]. 管理世界，（1）：66-77.
张大永，张志伟. 2019. 竞争与效率——基于我国区域性商业银行的实证研究[J]. 金融研究，（4）：111-129.
张虎，韩爱华. 2017. 金融集聚、创新空间效应与区域协调机制研究——基于省级面板数据的空间计量分析[J]. 中南财经政法大学学报，（1）：10-17.
张继红，吴玉鸣，何建坤. 2007. 专利创新与区域经济增长关联机制的空间计量经济分析[J]. 科学学与科学技术管理，（1）：83-89.
张健华，王鹏. 2011. 银行效率及其影响因素研究——基于中、外银行业的跨国比较[J]. 金融研究，（5）：13-28.
张杰，郑文平. 2018. 创新追赶战略抑制了中国专利质量么？[J]. 经济研究，53（5）：28-41.
张金清，陈卉. 2013. 我国金融发展与经济增长关系的适度性研究[J]. 社会科学，（5）：39-49.
张景明，朱淑珍，曹馨誉. 2019. 基于传播理论的互联网金融创新产品扩散研究[J]. 财会月刊，（18）：153-157.
张景智. 2018. "监管沙盒"制度设计和实施特点：经验及启示[J]. 国际金融研究，（1）：57-64.
张军，金煜. 2015. 中国的金融深化和生产率关系的再检测：1987—2001[J]. 经济研究，（11）：34-45.
张军，吴桂英，张吉鹏. 2004. 中国省际物质资本存量估算：1952—2000[J]. 经济研究，（10）：35-44.
张林. 2016. 金融发展、科技创新与实体经济增长——基于空间计量的实证研究[J]. 金融经济学研究，（1）：14-25.
张萍，张相文. 2010. 金融创新与金融监管：基于社会福利性的博弈分析[J]. 管理世界，（8）：167-168.
张巍，许家云，杨竺松. 2018. 房价、工资与资源配置效率——基于微观家庭数据的实证分析[J]. 金融研究，（8）：69-84.
张文武，熊俊. 2013. 外资集聚、技术创新与地区经济增长——基于省级面板数据的空间计量分析[J]. 华东经济管理，（7）：48-53.
张阳. 2012. 后危机时代国际金融创新的特征及其借鉴[J]. 商业会计，（1）：21-23.
张夷. 2015. 银行主导型还是市场主导型——对金融结构划分理论的思考[J]. 现代营销（下旬刊），（2）：70-71.
张亦春，王国强. 2015. 金融发展与实体经济增长非均衡关系研究——基于双门槛回归实证分析[J]. 当代财经，（6）：45-54.

张月飞，史震涛，陈耀光. 2006. 香港与大陆股市有效性比较研究[J]. 金融研究，(6)：33-40.

张钟文，叶银丹，许宪春. 2017. 高技术产业发展对经济增长和促进就业的作用研究[J]. 统计研究，34(7)：37-48.

赵剑波，史丹，邓洲. 2019. 高质量发展的内涵研究[J]. 经济与管理研究，40(11)：15-31.

赵璟，党兴华. 2012. 城市群空间结构演进与经济增长耦合关系系统动力学仿真[J]. 系统管理学报，21(4)：444-451.

赵玉龙. 2019. 金融发展、资本配置效率与经济高质量发展——基于我国城市数据的实证研究[J]. 金融理论与实践，(9)：17-25.

郑新立. 2017. 抓住重大问题推进供给侧结构性改革[J]. 北京交通大学学报(社会科学版)，16(4)：1-7.

中国经济增长与宏观稳定课题组，张平，刘霞辉，等. 2007. 金融发展与经济增长：从动员性扩张向市场配置的转变[J]. 经济研究，(4)：4-17.

中国人民银行荆州市中心支行课题组. 2018. 构建绿色金融体系助力长江大保护的调查与思考[J]. 武汉金融，(12)：82-85.

周佰成，朱斯索. 2012. 金融创新对经济增长的动态影响研究[J]. 学习与探索，(7)：109-111.

周道许，宋科. 2014. 绿色金融中的政府作用[J]. 中国金融，(4)：22-24.

周国富，胡慧敏. 2007. 金融效率评价指标体系研究[J]. 金融理论与实践，(8)：15-18.

周海滨. 2013. 基于DFA的中国商业银行国际并购前后效率实证分析[J]. 中国证券期货，(4)：231.

周柯，唐娟莉. 2016. 我国省际创新驱动发展能力测度及影响因素分析[J]. 经济管理，38(7)：24-34.

周孟亮，李明贤. 2016. 民营银行金融创新研究——基于普惠金融发展的视角[J]. 社会科学，(5)：59-67.

周涛，鲁耀斌. 2006. 结构方程模型及其在实证分析中的应用[J]. 工业工程与管理，(5)：103-106.

周新英. 2019. 绿色金融服务经济高质量发展的机理与路径研究[J]. 纳税，34：188-189.

周煊，程立茹，王皓. 2012. 技术创新水平越高企业财务绩效越好吗？——基于16年中国制药上市公司专利申请数据的实证研究[J]. 金融研究，(8)：166-179.

朱宁，梁林，沈智扬，等. 2018. 经济新常态背景下中国商业银行内生性效率变化及分解[J]. 金融研究，(7)：108-123.

朱卫东，周菲，魏泊宁. 2019. 新时代中国高质量发展指标体系构建与测度[J]. 武汉金融，(12)：18-26.

朱蔚青，蔡坚. 2015. 中国企业资本错配对资本边际生产率的影响——基于经济周期和企业规模视角[J]. 改革与战略，31(12)：162-165，196.

朱熹安，李文静. 2019. 金融发展与实体经济区域差异研究——基于夏普利值分解模型[J]. 经济问题探索，(2)：109-117.

朱宗乾，刘彬. 2016. 基于结构方程模型的“互联网+”商业模式创新影响因素[J]. 开发研究，(6)：89-94.

祝继高，陆正飞. 2011. 产权性质、股权再融资与资源配置效率[J]. 金融研究，(1)：131-148.

庄雷，王烨. 2019. 金融科技创新对实体经济发展的影响机制研究[J]. 软科学，33(2)：43-46.

庄汝龙，宓科娜，陈阳，等. 2017. 长三角地区社会福利与经济增长耦合协调时空分异[J]. 长江流域资源与环境，26（2）：171-179.

Abdel-Hameed M B. 2002. The welfare effects of inflation and financial innovation in a model of economic growth：an islamic perspective[J]. Journal of Economic Studies，29（1）：21-32.

Ahmed A D. 2006. The impact of financial liberalization policies：the case of botswana[J]. Journal of African Development，8（1）：13-38.

Akhavein J D，Berger A N，Humphrey D B. 1997. The effects of megamergers on efficiency and prices：evidence from a bank profit function[J]. Review of Industrial Organization，12（1）：95-139.

Alexander B. 2010. Threshold effects of inflation on economic growth in developing countries[J]. Economics Letters，108（2）：126-129.

Allen F，Carletti E. 2006. Credit risk transfer and contagion[J]. Journal of Monetary Economics，53（1）：89-111.

Amore M D，Schneider C，Žaldokas A. 2013. Credit supply and corporate innovation[J]. Journal of Financial Economics，109（3）：835-855.

Ang A，Bekaert G，Wei M. 2008. The term structure of real rates and expected inflation[J]. Journal of Finance，63（2）：797-849.

Anita G. 2006. Financial Innovation and Economic Growth：Some Further Evidence from the UK，1900-2003[C]//Kurihara Y，Takaya S，Yamori N. Global Information Technology and Competitive Financial Alliances. Hershey：Information Science Publishing：52-70.

Annim S K. 2010. Microfinance paradigm：institutional performance and outreach[D]. PhD Thesis at University of Manchester.

Anselin L.1995. Local indicators of spatial association—LISA[J]. Geographical Analysis，27（2）：93-115.

Araújo R D A，Nadia N，de Seixas J M，et al. 2018. Evolutionary-morphological learning machines for high-frequency financial time series prediction[J]. Swarm and Evolutionary Computation，42（3）：1-15.

Arnaboldi F，Rossignoli B. 2015. Financial Innovation in Banking[M]. London：Palgrave Macmillan.

Asteriou D，Spanos K. 2019. The relationship between financial development and economic growth during the recent crisis：evidence from the EU[J]. Finance Research Letter，28：238-245.

Azimova T，Mollaahmetoglu E. 2017. Innovation in financial markets and its impacts on savings[J]. Journal of Business Economics and Finance，6（2）：147-154.

Baba，Y，Shoji S，Berg A. 2001. Micro Total Analysis Systems 2002[M]. Berlin：Springer Netherlands.

Bain A D. 1992. The Economics of the Financial System[M]. Oxford：Blackwell.

Bara A，Mudzingiri C. 2016. Financial innovation and economic growth：evidence from Zimbabwe[J]. Investment Management and Financial Innovations，13：65-75.

Bara A，Mugano G，Le Roux P. 2016. Financial innovation and economic growth in the SADC[J]. African Journal of Science，Technology，Innovation and Development，8（5/6）：483-495.

Beck T T，Chen C，Lin，et al. 2016. Financial innovation：the bright and the dark sides[J]. Journal of Banking & Finance，11：28-51.

Beck T，Levin R，Loayza N. 1999. Finance and the source of growth[J]. World Banking Research，11（4）：55-61.

Bena J，Ondko P. 2012. Financial development and the allocation of external finance[J]. Journal of Empirical Finance，19（1）：1-25.

Bensic M，Sarlija N，Zekic-Susac M. 2005. Modeling small-business credit scoring by using logistic regression，neural networks and decision trees[J]. Expert Systems with Applications，13（3）：133-150.

Berger A N，Humphrey D B. 1994. Bank scale economies，mergers，concentration，and efficiency：the U.S. experience[R]. Center for Financial Institutions Working Papers.

Bernanke B，Gertler M，Gilchrist，S. 1996. The financial accelerator and the flight to quality[J]. The Review of Economics and Statistics，78（1）：1-15.

Bouma J J，Jencken M，Klinker L. 2002. Sustainable Banking：The Greening of Finance[M]. Sheffield：Greenleaf Publishing.

Boz E，Mendoza E G. 2014. Financial innovation，the discovery of risk，and the U.S. credit crisis[J]. Journal of Monetary Economics，62（Supplement C）：1-22.

Brown J R，Martinsson G，Petersen B C. 2013. Law，stock markets，and innovation[J]. Journal of Finance，68（4）：1517-1549.

Bucci A，Marsiglio S. 2019. Financial development and economic growth：long-run equilibrium and transitional dynamics[J]. Scottish Journal of Political Economy，66（3）：331-359.

Capolupo R. 2018. Finance，investment and growth：evidence for Italy[J]. Economic Notes，47（1）：145-186.

Caporale G，Rault C，Sova A，et al. 2015. Financial development and economic growth：evidence from ten new European Union members[J]. International Journal of Finance & Economics，20（1）：38-39.

Cecchetti S，EKharroubi. 2012. Reassessing the impact of finance on growth[R]. BIS Working Paper.

Cetorelli N，Strahan P E. 2006. Finance as a barrier to entry：bank competition and industry structure in local U.S. markets[J]. The Journal of Finance，61（1）：437-461.

Chava S，Oettl A，Subramanian A，et al. 2013. Banking deregulation and innovation[J]. Journal of Financial Economics，109（3）：759-774.

Chemmanur T J，Loutskina E，Tian X. 2014. Corporate venture capital，value creation，and innovation[J]. The Review of Financial Studies，27（8）：2434-2473.

Chemmanur T J，Wilhelm，W J. 2002. New technologies，financial innovation and intermediation[J]. Journal of FinancialIntermediation，（11）：2-8.

Chiu I H Y. 2016. FinTech and disruptive business models in financial products，intermediation and markets-Policy implications for financial regulators[J]. Journal of Technology Law & Policy，21：55-112.

Chiu J，Meh C，Wright R. 2011. Innovation and growth with financial and other frictions[J]. Social

Science Electronic Publishing，56：710-720.

Christensen. 1997. Comment on self-organized criticality in the Olami-Feder-Christensen model[J]. Physical Review Letters，8（3）：31-37.

De Nederlandsche Bank. 2016. Technological Innovation and the Dutch Financial Sector[R]. Research Report.

Deidda L G. 2005. Interaction between economic and financial development[J]. Journal of Monetary Economics，53（2）：233-248.

Deidda L，Fattouh B. 2002. Non-linearity between finance and growth[J]. Economics Letters，74(3)：339-345.

Deng J L. 1989. Introduction grey system theory[J]. Journal of Grey System，1（1）：191-243.

Diamond D W，Dybvig P H. 1983. Bank runs，deposit insurance，and liquidity[J]. Journal of Political Economy，91（3）：401-419.

Dixit A K，Stiglitz J E. 1977. Monopolistic competition and optimum product diversity[J]. The American Economic Review，67（3）：297-308.

Duasa J. 2014. Financial development and economic growth：the experiences of selected OIC countries[J]. International Journal of Economics & Management，8（1）：215-228.

Dubois A，Gadde L E. 2002. The construction industry as a loosely coupled system：implications for productivity and innovation[J].Construction Management and Economics，20（7）：621-631.

Eduardo A，Martin M，Ammar B，et al. 2016. Evaluating machine learning classification for financial trading：an empirical approach[J]. Expert Systems with Applications，54（6）：193-207.

Emre E O. 2006. Financial system structure and economic growth：structure matters[J]. International Review of Economics and Finance，17（2）：292-305.

Evans T. 2001. The Fruits of Interest：Financial Liberalization and Banking in Central America[M]. Basingstoke：Palgrave Macmillan.

Fanti L. 2001. Financial innovation and demand for money：a dynamic IS-LM model with capital accumulation[J]. Studi Economici，56（74）：77-100.

Finnerty J D. 1993. An overview of corporation securities innovation[J]. Journal of Applied Corporation Finance，（4）：23-39.

Fisher I. 1911. The Purchasing Power of Money：Its Determination and Relation to Credit，Interest and Crises[M]. New York：Macmillan.

Fisher I. 1933. Debt-deflation theory of great depressions[J]. Econometrica，（1）：337-357.

Florida R，Mellander C，Qian H. 2008. Creative China：the university，tolerance and talent in Chinese regional development[R]. Royal Institute of Technology Working Paper.

Forrester J W. 1985. Industrial dynamics：a breakthrough for decision makers[J]. Harvard Business Review，36（4）：37-66.

Fostel A，John G. 2008. Leverage cycles and the anxious economy[J]. American Economic Review，98（4）：1211-1244.

Frame W S，White L J. 2013. Reexamining Financial Innovation after the Global Financial Crisis[M]//Acharya V V，Beck T，Evanoff D D，et al. The Social Value of the Financial Sector.

Singapore：World Scientific：215-228.

Francesco C，Giulio D G，Fabio N. 1986. Project selection in project portfolio management：an artificial neural network model based on critical success factors[J]. International Journal of Project Management，33（8）：1744-1755.

Franklin A，Qian J，Qian M. 2005. Law，finance，and economic growth in China[J]. Journal of Financial Intermediation，77（1）：57-116.

FSB. 2016. FinTech：Describing the landscape and a framework for analysis[R]. Financial Stability Board.

Geng Y Q，Wei Z J，Zhang H，et al. 2020. Analysis and prediction of the coupling coordination relationship between tourism and air environment：Yangtze River economic zone in China as example[J]. Discrete Dynamics in Nature and Society，（10）：1-15.

Gennaioli N，Shleifer A，Vishny R. 2012. Neglected risks，financial innovation，and financial fragility[J]. Journal of Financial Economics，104（3）：452-468.

Gertler M，Kiyotaki N. 2010. Financial intermediation and credit policy in business cycle analysis[J]. Handbook of Monetary Economics，3（3）：547-599.

Gertler M, Kiyotaki N. 2012. Banking, liquidity and bank runs in an infinite-horizon economy[J]. The American Economic Review，105（7）：2011-2043.

Getis A，Ord J K. 1992. The analysis of spatial association by use of distance Statistics[J]. Geographical Analysis，24（3）：189-206.

Glassman R B. 1973. Persistence and loose coupling in living systems[J]. Behavioral Science，18（2）：83-98.

Goldsmith R W. 1969. Financial Structure and Development[M]. New Haven：Yale University Press.

Gray G L，Debreceny R S. 2014. A taxonomy to guide research on the application of data mining to fraud detection in financial statement audits[J]. International Journal of Accounting Information Systems，15（4）：357-380.

Greenbaum S C，Haywood C F. 1971. Secular change in the financial services industry[J]. Journal of Money，Credit and Banking，3（2）：571-589.

Gu S H，Kelly B，Xiu D C. 2020. Empirical asset pricing via machine learning[J]. The Review of Financial Studies，33（5）：2223-2273.

Haldane A G. 2012. Control rights（and wrongs）[J]. Economic Affairs，32（2）：47-58.

Hannon T H，McDowell J M. 1984. Market concentration and diffusion of new technology in the bank industry[J]. Review of Economics and Statistics，66（4）：686-691.

Henderson B J，Pearson N D. 2011. The dark side of financial innovation：a case study of the pricing of a retail financial product[J]. Journal of Financial Economics，100：227-247.

Hindy A.1994. Dynamic price formation in a futures market via double auctions[J]. Economic Theory，4（4）：539-560.

Hogan A，Lockie S. 2013. The coupling of rural communities with their economic base：agriculture，localism and the discourse of self-sufficiency[J]. Policy Studies，34（4）：441-454.

Ireland P N. 1994. Economic growth，financial evolution，and the long-run behavior of velocity[J].

Journal of Economic Dynamics & Control, Elsevier, 18（3/4）: 815-848.

Jagtiani J A, Saunders, Udell G. 1995. The effect of bank capital requirements on bank off-balance sheet financial innovation[J]. Journal of Banking & Finance,（3/4）: 647-658.

Jarunee W. 2017. FinTech banking industry: a systemic approach[J]. Foresight, 19（6）: 590-603.

Jean L A, Enrico B, Ugo P. 2015. Too much finance[J].Journal of Economic Growth, 20（2）: 105-148.

Jeucken M. 2006. Sustainable Finance and Banking[M]. London: The Earthscan Publications.

Jeyaraj S G, Habtay Y. 2012. Effective and efficient circuit breaker analysis[C]. London IET 2011 Conference on Reliability of Transmission & Distribution Networks.

Jin X, Wah B W, Cheng X, et al. 2015. Significance and challenges of big data research[J]. Big Data Research, 2（2）: 59-64.

Jonathan H, William C H. 1997. A test of the impact of financial innovation on economic growth[J]. Managerial Finance, 23（1）: 64-78.

Jung W S. 1986. Financial development and economic growth: international evidence[J]. Economic Development and Cultural Change, 34（2）: 333-346.

Kane E J. 1981. Accelerating inflation, technological innovation, and the decreasing effectiveness of banking regulation[J]. Journal of Finance, 36（2）: 355-368.

Kaya E O. 2016. Financial performance assessment of non-life insurance companies traded in Borsa Istanbul via grey relational analysis[J]. International Journal of Economics & Finance, 8（4）: 277-288.

Keynes J M. 1936. The General Theory of Employment, Interest and Money[M]. London: Macmillan.

King R G, Levine R. 1993. Finance and growth: Schumpeter might be right[J]. The Quarterly Journal of Economics, 108（3）: 717-737.

Kiyotaki N, Moore J. 1997. Credit cycles[J]. Journal of Political Economy, 105（2）: 211-248.

Kose E, Burmaoglu S, Kabak M.2011. Grey relational analysis between energy consumption and economic growth[J]. Grey Systems Theory & Application, 3（3）: 291-304.

Koyuncugil A S, Ozgulbas N. 2012. Early warning system for financially distressed hospitals via data mining application[J]. Journal of Medical Systems, 36（4）: 2271-2287.

Kul B L, Mosahid K, Philip A. 2007. Financial structure and economic growth[J].Journal of Development Economics, 86（1）: 181-200.

Kung H, Schmid L. 2015. Innovation, growth, and asset prices [J]. The Journal of Finance, 70（3）: 1001-1037.

Lacasse R M, Lambert B A, Osmani E, et al. 2016. A digital tsunami: FinTech and crowdfunding[R]. Working Paper.

Laeven L, Levine R. 2009. Bank governance, regulation and risk taking[J]. Journal of Financial Economics,（2）: 259-275.

Laeven L, Levine R, Michalopoulos S. 2015. Financial innovation and endogenous growth[J]. Journal of Financial Intermediation, 24（1）: 1-24.

Laurence M, Qian S. 1997. Weak-form efficiency and causality tests in Chinese stock Markets[J]. multinational Finance Journal, 1（4）: 291-307.

Lauretta E. 2018. The hidden soul of financial innovation: an agent-based modelling of home mortgage securitization and the finance-growth nexus[J]. Economic Modelling, 68 (Supplement C): 51-73.

Lee I, Shin Y J. 2017. Fintech: ecosystem, business models, investment decisions, and challenges[J]. Business Horizons, 61 (1): 35-46.

Leibenstein H. 1966. Allocative efficiency vs "x-efficiency" [J]. The American Economic Review, 56 (3): 392-415.

LeSage J P, Pace R K. 2009. Introduction to Spatial Econometrics[M]. London: Chapman and Hall/CRC.

Levine R. 1996. Financial development and economic growth: views and agenda[J]. Policy Research Working Paper Series, 35 (2): 688-726.

Levine R, Loayza N, Beck T. 2000. Financial intermediation and growth: causality and causes[J]. Journal of Monetary Economics, 46 (1): 31-77.

Lewis W A. 1954. Economic development with unlimited supplies of labour[J]. Manchester School, 22: 139-191.

Li J, Wang P P. 2017. Government intervention, credit capital allocation efficiency and the development & transformation of industry[J]. Economic Survey, 34 (1): 81-87.

Liu G C, Zhang C S. 2018. Does financial structure matter for economic growth and income inequality in China[J]. China Economic Review, 61: 101194.

Liudmila Z, Mateusz D, Gerhard S. 2016. The FinTech phenomenon: antecedents of financial innovation perceived by the popular press[J].Financial Innovation, 2 (1): 1-16.

Lorenzo D, Daryna G. 2015. Financial development, real sector, and economic growth[J]. International Review of Economics and Finance, 37: 393-405.

Lucas R E. 1988. On the mechanics of economic development [J]. Journal of Monetary Economics, 22 (1): 3-42.

Lyons C G, Appleyard F N , Morton C, et al. 1939. Untersuchung von eisenpräparaten[J]. Zeitschrift Für Analytische Chemie, 118 (7/8): 301-302.

Mackinnon R. 1973. Money and Capital in Economic Development [M]. Washington: Brookings Institution Press.

Madjid T, Amir-Reza A, Debora D C, et al. 2018. An artificial neural network and bayesian network model for liquidity risk assessment in banking[J]. Neurocomputing, 275 (31): 2525-2554.

McKinnon R I. 1993. The Order of Economic Liberalization: Financial Control in the Transition to a Market Economy[M]. Baltimore: Johns Hopkins University Press.

Merton R C. 2004. Foreword: on financial innovation and economic growth[J]. Harvard China Review, 5, 1: 2-3.

Miguel-Ángel G, María-Teresa M P. 2013. Innovation, entrepreneurship and economic growth[J]. Management Decision, 51 (3): 501-514.

Minsky H P. 1976. John Maynard Keynes[M]. New York: Columbia University Press.

Minsky H P. 1986. Stabilizing an Unstable Economy[M]. New Haven: Yale University Press.

Mishkin F S，Strahan P E. 1999.What will technology do to financial structure?[R]. NBER Working Paper No.w6892.

Mishra P K. 2008. Financial innovation and economic growth–a theoretical approach[DB/OL]. https://ssrn.com/abstract=1262658.

Nanda R，Nicholas T. 2014. Did bank distress stifle innovation during the Great Depression?[J]. Journal of Financial Economics，114（2）：273-292.

Ngai L R，Pissarides C A. 2007. Structural change in a multi-sector model of growth[J]. American Economic Review，97：429-443.

Nicola G，Andrei S，Robert V. 2012. Neglected risks，financial innovation，and financial fragility[J]. Journal of Financial Economics，104（3）：452-468.

Niehans J. 1983. Financial innovation，multinational banking and monetary policy[J]. Journal of Banking and Finance，（7）：537-551.

Nyasha S，Odhiambo N M. 2015. Economic growth and market-based financial systems：a review[J]. Studies in Economics and Finance，32（2）：235-255.

Olanrewaju O A，Jimoh A A，Kholopane P A. 2011. Comparison between regression analysis and artificial neural network in project selection[C]. IEEE International Conference on Industrial Engineering and Engineering Management：738-741.

Olivier B，Laurent D. 2006. The coupling of optimal economic growth and climate dynamics[J]. Climatic Change，79（1/2）：103-119.

Ozturk I. 2015. Financial development and economic growth：empirical evidence from Turkey[J]. Applied Econometrics & International Development，8（49）：209-234.

Pagano M. 1993. Financial markets and growth：an overview[J]. European Economic Review，37（2/3）：613-622.

Patric H T. 1966. Financial development and economic growth in undeveloped countries[J].Economic Development and Cultural Change，34（4）：174-189.

Patrick R，Cairns Jr J，Roback S S. 1966. An ecosystematic study of the fauna and flora of the savannah river[J]. Proceedings of the Academy of Natural Sciences of Philadelphia，118：109-407.

Paulius D，Gintautas G. 2015. Selection of support vector machines based classifiers for credit risk domain[J]. Expert Systems with Applications，42（6）：3194-3204.

Pigou A C. 1917. The value of money[J]. Quarterly Journal of Economics，32（1）：38-65.

Porter D C，Weaver D G. 1998. Post-trade transparency on Nasdaq's national market system[J]. Journal of Financial Economics，50（2）：231-252.

Pradhan R P，Mukhopadhyay B，Gunashekar A，et al. 2013. Financial development，social development，and economic growth：the causal nexus in Asia[J]. Decision，40（1/2）：69-83.

Prasanna G，Sujit K，Stephen M，Ander P. 2008. Financial innovation，macroeconomic stability and systemic crises[J]. The Economic Journal，118（3）：401-426.

Qiao Q F，Beling P A. 2016. Decision analytics and machine learning in economic and financial systems[J]. Environment Systems and Decisions，36（3）：109-113.

Ramsey F P. 1928. A mathematical theory of saving[J]. Economic Journal，38（152）：543-559.

Robert G K，Levine R. 1993. Finance and growth. schumpeter might be right[J]. The Quarterly Journal of Economics，108（3）：717-737.

Robinson M J. 1974. Socialist economies and consumer sovereignty[J]. Journal of Finance，3（1）：10-35.

Rodrik D. 2011. The Globalization Paradox：Democracy and the Future of the World Economy[M]. New York，London：W. W. Norton & Company.

Rodrik D，Subramanian A. 2008. Why did financial globalization disappoint?[R]. Working Paper.

Romer P M. 1986. Increasing returns and long-run growth [J]. Journal of Political Economy，94（5）：1002-1037.

Romer P M. 1990. Endogenous technological change[J]. Journal of Political Economy，98（5）：71-102.

Ronel E. 1995. Welfare effects of financial innovation in incomplete markets economies with several consumption goods[J]. Journal of Economic Theory，65（1）：43-78.

Ross S A. 1989. Institutional markets，financial marketing，and financial innovation[J]. Journal of Finance，44（3）：541-556.

Saad W. 2014. Financial development and economic growth：evidence from lebanon[J]. International Journal of Economics and Finance，6（8）：173-186.

Salazar J. 1998. Environmental finance：linking two world[J]. Financial Innovations for Biodiversity Bratislava，（1）：2-18.

Samargandi N，Fidrmuc J，Ghosh S. 2015. Is the relationship between financial development and economic growth monotonic? Evidence from a sample of middle-income countries[J]. World Development，68（1）：66-81.

Samila S，Sorenson O. 2010. Venture capital as a catalyst to commercialization[J]. Research Policy，39（10）：1348-1360.

Sathye M. 2005. Technical efficiency of large bank production in asia and the pacific[J]. Multinational Finance Journal，9（1/2）：1-22.

Schwartz D A，Newsum L A，Heifetz R M. 1984. Parental occupation and birth outcome in an agricultural community[J]. Scandinavian Journal of Work Environment & Health，12：51-54.

Selcer B. 1974. Group marriage：a study of contemporary multilateral marriage[J]. Family Process，13（1）：125-127.

Shaw E S. 1973. Financial Deepening in Economic Development[M]. New York：Oxford University Press.

Sherman H D，Gold F. 1985. Bank branch operating efficiency：evaluation with data envelopment analysis[J]. Management Science Letters，9（2）：297-315.

Shi T，Yang S Y，Zhang W，et al. 2020. Coupling coordination degree measurement and spatiotemporal heterogeneity between economic development and ecological environment—empirical evidence from tropical and subtropical regions of China[J]. Journal of Cleaner Production，244：118739.

Shleifer A，Vishny R W. 2010. Unstable banking[J]. Journal of Financial Economics，97（3）：306-318.

Silber W L. 1983. The process of financial innovation[J]. American Economic Review，73（2）：956-976.

Sinai A, Stokes H. 1972. Real money balances: an omitted variable from the production functions?[J]. The Review of Economics and Statistics，54（3）：290-296.

Solow R M. 1956. A contribution to the theory of economic growth[J]. The Quarterly Journal of Economics，70（1）：65-94.

Stefan L，Sunga M，Maa T，et al. 2016. Bridging the divide in financial market forecasting：machine learners vs. financial economists[J]. Expert Systems with Application，61（2）：215-234.

Swan T W. 1956. Economic growth and capital accumulation[J]. Economic Record，32（2）：334-361.

Swartz K L. 2017. Stored value facilities：changing the fintech landscape in Hong Kong[J]. Journal of Investment Compliance，18（1）：107-110.

Thakor A V. 2012. Incentives to innovate and financial crises[J]. Journal of Financial Economics，103（1）：130-148.

Thieme R J，Song M，Calantone R J. 2000. Artificial neural network decision support systems for new product development project selection[J]. Journal of Research in Marketing，37（6）：499-507.

Turner G M，Baynes T. 2010. Soft - coupling of national biophysical and economic models for improved understanding of feedbacks[J]. Environmental Policy and Governance，20（4）：270-282.

Valickova P，Havranek T，Horvath R. 2015. Financial development and economic growth：a meta-analysis[J]. Journal of Economic Surveys，29（3）：506-526.

van Vlasselaer V，Bravo V，Caelen O，et al. 2015. APATE：a novel approach for automated credit card transaction fraud detection using network-based extensions[J]. Decision Support Systems，75（7）：38-48.

Wai T U. 1973. U Tun financial intermediaries and national savings in developing countries[J]. Revue Tiers Monde, 14（55）：661-662.

Wainwright T. 2015. Circulating financial innovation：new knowledge and securitization in Europe[J]. Environment & Planning，47（8）：1643-1660.

Wan G H. 2000. Regression-based inequality decomposition：pitfalls and a solution procedure[R]. WIDER Discussion Papers.

Wang J Q，Meng L S. 2011. Financial innovation diffusion and economic growth[J]. Finance，1（3）：63-70.

Wang X，Liu D L. 2020. The coupling coordination relationship between tourism competitiveness and economic growth of developing countries[J]. Sustainability，12（6）：1-8.

Weick K E. 1976. Educational organizations as loosely coupled systems[J]. Administrative Science Quarterly，21（1）：1-19.

West D，Dellana S. 2005. Neural network ensemble strategies for financial decision applications[J]. Computers & Operations Research，32（10）：2543-2559.

World Economic Forum. 2015. The future of financial services – how disruptive innovations are reshaping the way financial services are structured，provisioned and consumed[R].

Wurgler J. 2001. Financial markets and the allocation of capital[J]. Yale School of Management Working Papers，58（1）：187-214.

Yang Z，Zhang P. 2018. Financial structure，industrial structure and economic growth：an empirical test from the perspective of new structural finance[J]. China Economic Quarterly，17（2）：847-872.

Yeboua K. 2019. Foreign direct investment，financial development and economic growth in Africa：evidence from threshold modeling[J].Transnational Corporations Review，11（3）：1-11.

Yongwoon S，Dong-Hee S. 2016. Analyzing China's fintech industry from the perspective of actor-networktheory[J]. Telecommunications Policy，40（2/3）：168-181.

Yuan K，Chou. 2007. Modeling financial innovation and economic growth：why the financial sector matters to the real economy[J]. Journal of Economic Education，Winter 2007，38（1）：78-91.

Zarrouk H，Jedidia K B，Moualhi M. 2016. Is Islamic bank profitability driven by same forces as conventional banks?[J]. International Journal of Islamic and Middle Eastern Finance and Management，9（1）：46-66.

Zhang J，Wang L，Wang S. 2012. Financial development and economic growth：recent evidence from China[J]. Journal of Comparative Economics，40（3）：393-412.

Zhu X Y，Stylianos A，Jaebeom K. 2020. Financial development and innovation-led growth：is too much finance better?[J]. Journal of International Money and Finance，100：102083.

Zimmermann H，Neuneier R，Grothmann R. 2001. Active portfolio-management based on error correction neural networks[J]. Advances in Neural Information Processing Systems，5（3）：103-111.